上海社会科学院
生态与可持续发展研究所

中国绿色发展
理论创新与实践探索丛书
总编／权衡 王德忠

生态文明建设视域下城市绿色转型的路径研究

张文博 ／ 著

Path Analysis of Urban Green Transition:
A Perspective from
Ecological Civilization Construction

上海社会科学院出版社
SHANGHAI ACADEMY OF SOCIAL SCIENCES PRESS

本书系上海市哲学社会科学规划青年项目(2019EGL002)研究成果

中国绿色发展
理论创新与实践探索丛书
编审委员会

—— 编委会 ——

总　编
权　衡　王德忠

副总编
王玉梅　朱国宏　王　振　干春晖

委　员（按姓氏拼音排序）
程福财　杜文俊　李　伟　邵　建　汤蕴懿　于　蕾　周冯琦

—— 编著人员 ——

主　编
周冯琦

副主编
程　进　陈　宁　刘新宇

编写组人员（按姓氏拼音排序）
曹莉萍　陈　宁　程　进　李海棠　李立峰　刘新宇　刘召峰
彭伟斌　尚勇敏　吴　蒙　张文博　张希栋　周冯琦　周伟铎

总　　序

绿色发展是新发展理念的重要组成部分,党的十八大以来,中国深入贯彻绿色发展理念,绿色发展的理论创新和实践探索不断取得新的重大进展。党的十九届五中全会明确了"十四五"时期推动绿色发展、促进人与自然和谐共生的战略目标,对未来五年乃至更长时期的生态文明建设作出战略谋划:生活方式绿色转型成效显著,广泛形成绿色生产生活方式,碳排放达峰后稳中有降,生态环境根本好转,美丽中国建设目标基本实现。站在"两个一百年"奋斗目标的历史交汇点上,中国绿色发展表现出新的理论内涵和实践要求。

碳达峰、碳中和目标彰显了中国绿色发展的新使命。中国从"碳达峰"到"碳中和"的时间只有30年左右,与发达国家相比时间大大缩短,全球尚无成熟的碳达峰、碳中和经验可供借鉴,有必要探索速度快、成本低、效益高的中国碳达峰、碳中和道路。

生态环境治理体系和治理能力现代化彰显了中国绿色发展的新作为。生态环境治理体系和治理能力现代化是生态文明体制改革的具体体现,新时代中国迫切需要建立制度化、法治化、现代化的生态环境治理体系,以适应当今日益复杂的生态环境问题和公众对美好生态环境的新期待。

城市绿色转型彰显了中国绿色发展的新载体。城市是绿色发展的主战场,随着中国经济进入转型换挡的新常态,以要素投入、盲目扩张为特点的粗放发展模式已经难以为继,城市的发展方式、运行模式和空间布局都面临着转型升级的新任务,需要探讨人民城市、零碳城市背景下城市绿色转型的实现路径。

区域生态绿色一体化发展彰显了中国绿色发展的新空间。绿色发展不是一时一地的事情,新时代绿色发展必须发挥区域协同作用,构建完善有利于区域生态绿色一体化发展的体制机制和政策环境。

新时代提出新课题,新课题催生新理论,新理论引领新实践,在迈向全面建成社会主义现代化强国新征程中,深入研究新时代中国绿色发展的理论与实践逻辑,对于抓住百年未有之大变局下的绿色发展机遇,促进经济社会发展全面绿色转型,实现人与自然和谐共生的现代化,具有重要的理论和现实意义。在这样的大背景下,《中国绿色发展:理论创新与实践探索丛书》第二辑应运而生。恰如丛书名所言,这套丛书在第一辑的基础上,进一步将理论探讨和实践解析深度结合,从不同角度解读中国绿色发展的理论内涵与实践特征,为探索中国特色生态经济学学科理论体系建设、推动绿色发展、促进人与自然和谐共生贡献力量。

是为序。

编者

2021 年 12 月 10 日

目　录

总序 ·· 1

前言 ·· 1

第一篇　理　论　研　究

导论　城市绿色转型发展研究的背景和意义 ·························· 9
　　第一节　城市绿色转型发展的时代背景 ······························ 9
　　第二节　城市绿色转型发展的研究意义 ····························· 12

第一章　城市绿色转型发展研究的理论基础 ·························· 14
　　第一节　城市绿色转型发展的相关概念 ····························· 14
　　第二节　城市绿色转型发展研究的相关理论 ······················· 18

第二章　城市绿色转型发展的研究现状 ································ 25
　　第一节　城市转型的内涵和推进机制研究 ·························· 25
　　第二节　特殊类型城市的转型研究 ··································· 27
　　第三节　生态城市的相关研究 ·· 31
　　第四节　绿色低碳城市的相关研究 ··································· 35
　　第五节　新型城镇化的相关研究 ······································· 36
　　第六节　城市生态文明相关研究 ······································· 38

第三章　城市绿色转型的分析框架及目标集成 ……………… 41
第一节　生态文明建设的理论框架及其在城市绿色转型中的作用 …… 41
第二节　城市绿色转型的内涵及分析框架 ………………………… 48
第三节　城市绿色转型的目标集成 ………………………………… 53

第二篇　实证分析

第四章　城市绿色发展现状评价及分析 ……………………… 65
第一节　绿色发展现状评价的方法选择 …………………………… 65
第二节　评价和分析方法——基于非期望产出的 DEA-SBM 模型
　　　　…………………………………………………………………… 68
第三节　城市绿色效率界定及指标选择 …………………………… 73
第四节　评价过程及结果 …………………………………………… 75
第五节　评价结果分析 ……………………………………………… 82

第五章　城市绿色发展的影响因素及转型重点 ……………… 96
第一节　影响因素的理论分析 ……………………………………… 96
第二节　绿色效率影响因素分析方法——Tobit 模型 …………… 98
第三节　影响因素指标选取及模型构建 …………………………… 99
第四节　计算及结果分析 …………………………………………… 100
第五节　基于影响因素的城市绿色转型重点 ……………………… 102

第三篇　路径研究

第六章　城市绿色转型的国际经验及启示 …………………… 109
第一节　国外城市绿色转型发展的成功经验 ……………………… 109
第二节　我国城市与国际绿色发展先进水平的比较——以上海为例
　　　　…………………………………………………………………… 114
第三节　国外城市环境经济协调发展的启示 ……………………… 122

第七章　绿色创新驱动城市绿色转型的路径分析 …………………… 127
第一节　创新驱动城市转型发展机制 …………………………… 127
第二节　绿色创新的内涵及特征 ………………………………… 132
第三节　绿色创新推动城市绿色转型的机理 …………………… 135
第四节　绿色创新推动城市绿色转型的路径和举措 …………… 139

第八章　产业结构优化推动城市绿色转型的路径分析 …………… 143
第一节　城市与产业协同演进的历程及规律 …………………… 143
第二节　产业绿色转型的目标和趋势分析 ……………………… 146
第三节　产业绿色转型对城市转型的作用机理分析 …………… 149
第四节　产业结构优化推动城市转型的典型案例 ……………… 152
第五节　产业绿色转型的路径和策略 …………………………… 155

第九章　空间结构优化推动城市绿色转型的路径分析 …………… 160
第一节　城市空间结构对城市绿色效率的影响 ………………… 160
第二节　城市空间布局的主要问题 ……………………………… 162
第三节　城市空间格局优化的方向和基本原则 ………………… 165
第四节　城市空间优化的案例分析——以贵阳市为例 ………… 168
第五节　城市空间布局优化手段和政策建议 …………………… 171

第十章　城市规模管控推动城市绿色转型的路径分析 …………… 175
第一节　城市规模的影响因素分析 ……………………………… 175
第二节　资源环境约束下城市的最优规模分析 ………………… 180
第三节　资源环境约束下城市的规模管控策略 ………………… 183

附录 ……………………………………………………………………… 188

参考文献 ………………………………………………………………… 224

前　言

　　城市是经济活动的主要集聚区,也是人口和社会活动的主要集中地。随着我国经济进入转型换挡的新常态,以要素投入、盲目扩张为特点的粗放发展模式已经难以为继,城市的发展方式、运行模式和空间布局都面临着转型升级的任务。在生态文明建设背景下推进城市的绿色转型发展,不仅能够更加准确地把握城市绿色转型的关键要素、动力机制、目标体系和支撑系统,更加科学地确定城市绿色转型的模式和路径;而且能够丰富城市绿色发展的理论体系和研究领域,深化和完善生态文明建设的战略框架,具有较强的理论意义和现实意义。

　　本书在梳理城市转型和绿色发展理论的基础上,对生态文明建设、全球可持续发展战略和新型城镇化中城市绿色发展目标进行梳理和总结,在此基础上,提出城市绿色转型的目标体系,从城市绿色转型的内涵和特征出发,从过程和系统两个维度构建城市绿色转型的分析框架,确定了从转型目标设定到现状诊断,再到城市绿色转型路径设计的研究思路,运用基于非期望产出的 DEA 模型对城市绿色效率进行评价,明确城市绿色转型的现状和趋势,并运用 Tobit 模型分析影响城市绿色效率的影响因素,最后在总体分析的基础上,分别从绿色创新驱动、产业生态化改造、空间结构优化和城市规模管控四个方面设计城市绿色转型的实现路径,并提出相应的政策建议。

　　全书共十章,按照理论研究、实证分析、路径研究三个篇次展开。理论研究篇包括导论,以及一—三章,通过梳理和分析城市转型和绿色发展等相关概念的界定和现有研究，系统总结城市绿色转型的理论基础，明确城市绿色转型的内涵，阐释生态文明背景下城市绿色转型的特征和目标，形成生态文明背景下城市绿色转型的理论分析框架。实证分析篇包括四—五章，根据城市绿色转型的理论分析框架和目标体系，结合目前复杂系统分析评价的理论和方法，通过城市绿色效率评价来反映我国城市绿色发展的现状，诊断和分析目前我国城市绿色发展的总体水平、变化趋势、区域特征，找出城市绿色转型的影响因素和重点任务，以此为基础设计城市绿色转型的关键路径。路径研究篇包括六—十章，在对城市绿色转型关键要素识别的基础上，结合国际城市绿色转型发展的实践经验和比较分析，分别从绿色创新驱动城市增长动力转换、产业转型升级推进城市产业生态化演进、空间功能集成推进城市空间结构优化，以及资源环境约束下的城市规模管控四个方面展开城市绿色转型的推进机制和实现路径研究，并提出相应的政策建议。本书的主要观点如下：

第一，从生态文明建设的视角研究城市绿色转型。在对生态文明建设和城市绿色转型的内涵、相关理论进行分析的基础上，笔者认为生态文明建设对城市的转型发展具有理论指导、目标引领、统领协调和政策支撑四个方面作用。一是生态文明建设的理论框架为城市绿色发展现状诊断、指标选择和绿色效率评价提供了依据和标准，生态文明建设中关于生态产品价值实现的"两山理论"、关于生态文明建设系统性的"山水林田湖生命共同体"理论等为城市绿色转型提供理论指导；二是生态文明建设的目标体系为城市绿色转型指明了方向和目标；三是生态文明建设为城市绿色转型提供了协调和"融合"推进的模式，生态文明建设的统领和协调作用能够推动生态文明建设系统与城市系统的深度融合，有利于形成多主体多部门协调机制，降低城市绿色转型的阻力和风险；四是生态文明建设制度体系建设对城市绿色转型具有较强的支撑性，生态文明建设的支撑政策、保障资金和重点项目能够为城市绿色转型带来相应的政策和资金红利。

第二，从过程和系统两个维度构建了研究城市绿色转型的分析框架。笔者认为，城市具有系统性和过程性的特征，从过程性角度来看，城市绿色转型是具有明确方向的持续过程,明确目标—现状诊断—路径设计是实现城市绿色转型的三大环节。本书以生态文明建设目标、全球可持续发展战略目标,以及新型城镇化建设目标为依据,对三大战略的目标进行系统分解,采用系统集成的方法构建城市绿色转型的目标体系,通过绿色效率评价及影响因素分析诊断城市现状,在诊断分析的基础上规划和设计城市绿色转型的路径。从系统性角度来看,城市系统由要素、结构、运行机制构成,在城市绿色转型中应当分别从要素、结构和运行机制三个层面设计推进路径,提出通过技术创新对系统要素进行生态化改造,通过产业结构和空间结构优化对系统结构进行调整和优化,通过城市规模管控实现城市"理性增长"四条转型路径。

第三,从城市绿色效率的视角诊断和分析绿色发展现状。本书在城市绿色转型分析框架的基础上,构建城市绿色效率的评价体系,采用非期望产出的DEA-SBM模型对全国238个地级以上城市2005—2017年的绿色效率进行了评价。评价结果表明,我国的城市绿色效率仍然处于较低水平,效率较低的城市占比较大,效率中等的城市比重最小,呈现"马鞍型"分布特征;城市绿色效率总体呈波动式缓慢上升的趋势。其中,2008年金融危机影响了城市的经济产出和福利产出,城市绿色效率显著下降,2012年生态文明战略的实施显著提升了城市的绿色效率,但政策效果的持续效果不佳,2014—2017年出现持续回落;城市的规模效率在2005—2017年一直呈缓慢下降的趋势,说明外延扩张式的城镇化带来的规模效益和集聚效应不断降低,城市规模管控已成为城市绿色转型的重要任务;东部城市绿色效率最优,西部地区城市次之,中部地区城市最低,其中西部城市绿色效率在2013年后超过东部城市,呈现出后发赶超的态势;以老工业城市、资源型城市和资源枯竭型城市为代表的"问题"城市的绿色效率均低于全国平均水平,仍然是我国城市绿色转型的重点和难点。在城市绿色效率评价的基础上,本书运用Tobit模型对城市绿色效率的影响因素进行分析,认为产业结构、科教投入、城市规模和经济发展水平对城市绿色效率有显著影响,并以此为依据,明确城市绿色转型的重点任务。

第四,总结分析城市绿色转型的国际经验,通过对比分析找出我国城市绿色转型的差距和短板。笔者认为全球各大城市都经历了产业转型升级到能源交通效率提升，再到系统推进环境经济协调的发展历程。全球城市绿色转型的实践可以概括为以产业转型升级为核心的绿色增长、以能源结构调整为重点的低碳转型、以交通体系转型为核心的高效运行、以生态空间建设为核心的空间优化四个方面。与全球城市相比，处于我国城市绿色发展前列的上海市仍然存在产业转型升级进程尚未完成、资源能源利用效率不高、城市生态环境质量尚待提升、环境经济协调战略起步较晚等问题，需要从产业生态化转型、能源利用效率提升、低碳交通体系建设和生态空间布局优化等领域系统推进城市绿色转型发展。

第五，在对城市绿色发展和转型的动因进行分析的基础上，结合创新驱动理论，探讨技术创新驱动城市绿色转型的机制，从提高城市资源生产率、规避技术创新的反弹效应、推动系统创新和制度创新等方面设计城市绿色转型的动力转化路径。笔者认为，技术创新的反弹效应使得技术进步并不必然具有绿色的属性，技术创新在提升资源生产效率的同时也可能带来产品消费的增长，在推动城市绿色转型中应当一方面要在产品和过程层面进行创新，另一方面还要推动产品替代和系统层面的创新，规避技术创新的反弹效应，引导生产和消费模式从产品导向转为服务导向。

第六，就产业结构演进对城市转型的作用机制进行了研究，结合产业结构演进理论和产业链理论，对城市产业结构演进的趋势进行了分析和判断，提出产业绿色转型的方向、目标和实现路径。笔者认为，产业的绿色转型与产业结构的高技术化、服务化一脉相承，并在信息技术和人工智能的推动下，向着融合化、生态化和模块化的趋势演进，产业的生态化加速了城市发展与资源环境消耗的脱钩进程，融合化和模块化推动了城市功能和空间结构的转变，城市应当以集聚创新要素和信息集散为主要目标，与产业的绿色转型协同演进。

第七，采用问题导向的分析思路，在对城市空间结构与城市绿色效率相互关系的分析基础上，找出我国城市空间布局的问题，并提出城市空间结构优化的路径和政策手段。笔者认为，我国城市空间布局的问题主要是由城市服务于生产的城市建设理念导致的，在实际中存在空间系统协调不足、交通与空间布局协同性差，缺乏公共交流空间等问题。在推动城市绿色转型中，应当以统筹协调"三生空间"和提高宜居性为目标推动城市空间结构优化，通过混合开发、城市功能集成来协调城市的生产、生活和生态空间，按照顺应自然的生态文明理念优化城市规划，通过拓展城市的公共空间来促进居民的交流，通过保障性住房和公共服务的优化布局提升城市的公平性和普惠性。

第八，在对城市规模影响因素分析的基础上，结合城市规模分布理论和城市网络体系理论对资源环境约束下城市的最优规模进行分析。笔者认为，城市规模应当与城市所处的资源环境承载力相适应，与城市网络体系相匹配，应当从资源环境承载力和开发强度两个方面确定城市的最优规模，采用生态优化、理性增长、严格管控和缩减疏解四种模式对不同类型的城市进行规模管控。

本书在写作过程中得到了上海社会科学院领导，以及相关高校、科研机构、政府机构各位同志的支持和帮助。上海社会科学院生态与可持续发展研究所周冯琦所长为本研究提出了宝贵的意见和建议。四川大学经济学院的邓玲教授为本研究提供了学术指导，四川大学经济学院的蒋永穆教授、朱方明教授、张衔教授、韩立达教授、龚勤林教授为本研究的修改提出了建设性意见。北卡罗来纳大学教堂山分校的宋彦教授，四川省社会科学院的周江教授、柴剑锋教授、四川农业大学的邱高会教授为本研究在理论框架构建、数据分析、资料收集等方面提供了支持和帮助。本研究还得到了四川大学、同济大学、上海交通大学、中国社会科学院、江西财经大学等高校和科研单位老师和同学的帮助。上海社会科学院生态与可持续发展研究所的各位同事为本研究提供了有益的建议和多方面的帮助。在此对以上各位同志表示衷心感谢！

第一篇 理论研究

导论　城市绿色转型发展研究的背景和意义

随着我国经济发展进入中高速增长的换挡期,以要素投入、规模扩张为特点的粗放发展模式已经难以为继,城市的发展方式、运行模式和空间布局都面临着转型升级的任务。城市是经济活动的主要集聚地,是国家战略的汇聚点和关键点,在生态文明建设和推动国际国内双循环格局背景下,建设人民满意的生态之城已经成为城市发展的主要目标。以城市的绿色转型为研究对象,建立城市绿色转型的研究框架和方法体系,能够丰富城市绿色发展的理论体系和研究领域,深化和完善生态文明建设的战略框架,指导城市绿色转型发展实践,具有较强的理论意义和现实意义。

第一节　城市绿色转型发展的时代背景

一、新常态下经济转型升级的内在要求

在 2008 年全球性金融危机之后,世界经济处于缓慢调整阶段,各国纷纷将经济转型作为走出经济低谷的主要途径,以绿色和智慧为主要特征的经济增长模式成为下一阶段经济发展的主要方向。在世界经济转型调整的背景

下,我国经济在近 30 年的高速发展之后,也进入增速放缓的换挡期,结构性矛盾、社会矛盾以及环境问题集中爆发,经济转型的任务迫在眉睫。在新阶段,以产业结构的优化升级、消费和技术创新驱动、资源节约和环境友好为主要特征的全面转型将成为我国经济发展的新常态。城市一方面是经济转型的主阵地,其作为经济活动大规模集聚的中心,集聚了主要的产业和人口,产业结构的优化升级、消费结构的转变都需要以城市为空间单元进行,经济转型首先要从城市转型入手;另一方面城市也是经济转型的主力,作为区域的经济、政治、文化中心,集聚了资金、人才、技术等经济要素,经济转型所需的科技创新、社会进步、文化活动等驱动力量都以城市为单位集中分布,经济转型需要城市转型的推动。城市转型是经济转型的主要方面和关键环节,研究城市的转型对探索经济转型的路径和模式具有十分重要的意义。

二、城镇化"下半场"破解城市病问题的必由之路

在近 40 年的高速城镇化后,我国城镇化率到 2016 年已经达到 57.35%,城市常住人口达到 7.9 亿,取得了举世瞩目的成就。但随着城镇化进入"下半场",粗放型城镇化模式难以为继,探索新型城镇化背景下城市转型的路径和模式迫在眉睫。传统粗放型的城镇化模式被称为"灰色"城镇化,以高增长、高消耗、高排放、高扩张为特征的粗放型城镇化道路所积累的问题也进入集中爆发期,城市发展出现了无序和低效开发、城乡区域发展失衡等诸多弊端。尤其是在城市化程度较高的特大城市,其集聚作用和吸引力强大,导致城市环境不堪重负,日渐拥挤,环境逐渐恶化,加上我国的城市规划和管理体系不健全,缺乏生态理念的指导,更使城市化的这些问题更加突出,人口膨胀、交通拥堵、环境恶化、住房紧张、就业困难等问题直接影响着市民的工作和生活,影响着城市正常的良性运行。城市的转型发展已经成为新阶段城镇化进程中的首要任务。

针对城镇化中存在的问题,2014 年出台的《国家新型城镇化规划(2014—

2020)》提出"走以人为本、四化同步、优化布局、生态文明、文化传承的新型城镇化道路""推动城镇化由速度型向质量型转型""提高城市可持续发展能力"等新型城镇化的要求,城市转型发展已经成为我国新一轮城镇化的重点任务和主要方向。以城市可持续发展、绿色低碳的经济增长、居民福利改善为目标的城市转型举措也在稳步推进。目前,国家发改委、财政部、国土资源部等部门积极推动资源枯竭型城市转型,已经分三批认定了69个资源枯竭型城市;住建部积极推动城市棚户区改造,2011—2013年年底,全国棚户区改造累计开工1084万户,基本建成668万户。如何整合现有城市转型措施,明确城市转型方向、任务清单和建设进程,是新型城镇化背景下城市转型必须解决的问题。对城市转型的复杂系统进行分解、重构,探索系统推进城市转型的路径和模式具有重要的现实意义。

三、生态文明背景下建设韧性生态之城的必然选择

城市集聚了工业文明带来的文明成果,也承载了工业文明带来的负面效应。工业文明给城市带来大量经济的同时,也造成了城市环境质量的下降,城市逐渐成为人与自然矛盾最突出、最尖锐的区域。2011年UNEP发布的《绿色经济报告》显示:当前城市消耗了全球75%的能源量,相应也产生了全球75%的碳排放量,城市对自然生态系统造成了巨大负担,环境发展矛盾难以调和。随着城镇化进程的加速,城市的生态环境脆弱性问题日渐凸显,城市遭遇的灾害性气候事件也更加频繁,造成了巨大的损失。在资源环境约束趋紧的形势下,以资源环境承载力为基础,推动城市向资源节约和环境友好的方向转型,是城市可持续发展的必然选择。

生态文明建设倡导人与自然和谐共生,追求人与自然共同进步,对经济社会发展具有引导、净化、提升和协调的作用。在生态文明理念下推进城市的绿色转型,在城市转型的全过程贯彻顺应自然和保护自然的理念,能保证城市经济转型的可持续性。推动产业发展的生态化,留足生态空间,优化城市空间布

局,能够保证生态宜居的城市建设目标的实现。贯彻尊重自然的理念,提升城市的社会能力,能够扭转重经济轻生态、重短期轻长远的城市建设理念,激发城市居民的创新潜能和生态需求,实现城市的绿色、循环、低碳发展。同时,城市绿色转型也是生态文明建设的主要任务,在生态文明视域下进行城市绿色转型研究,能够更加准确地把握城市绿色转型的关键要素、动力机制、目标体系和支撑系统,更加科学地确定城市绿色转型的模式和路径,不仅对推动城市绿色转型有重要的指导意义,而且对推动生态文明建设有重要的实践价值。

第二节 城市绿色转型发展的研究意义

城市是经济活动的主要集聚区,也是人口和社会活动的主要集中地,因此也是学者关注的焦点,但目前的对城市的研究大多重视城市的经济转型,强调经济增长与城市发展,对城市的绿色转型、城市环境问题和可持续发展研究较少。以城市的绿色转型为研究对象,建立城市绿色转型的研究框架和方法体系,能够进一步丰富城市经济和城市规划等领域的理论研究,具有较强的理论意义。

一、完善城市绿色转型的理论框架和方法体系

通过深入探讨城市绿色转型的若干理论问题,系统构建城市绿色转型的理论框架和方法体系,对进一步认识城市绿色转型的内在规律和本质具有重要的理论意义。迄今为止,城市绿色转型概念虽然受到国际社会的普遍关注,但基本上仍停留在实践层面,尚未建立完善的理论和方法体系,本书拟通过对城市绿色转型的概念内涵、城市绿色转型的基本内容、城市绿色转型的模式与路径、城市绿色转型的政策工具与支撑系统等质性研究与量化研究,全面阐释城市绿色转型及其影响因素的属性、特点和作用机制,揭示城市绿色转型的内在规律和本质特征,从而全面系统建构城市绿色转型的理论和方法体系。

二、总结和形成绿色城镇化的实现模式

运用案例研究、实证研究及比较研究相结合的方法,识别、分析和评价城市绿色转型的关键问题及政策效果,对于指导人民城市建设实践具有指导意义。城市绿色转型理论构建的根本目的在于推动转变经济发展方式,实现可持续、均衡与包容性的发展。本研究拟对生态文明建设和城镇化两大系统进行要素分解,深入研究生态文明建设融入城镇化的内容、重点、思路、方法、机制等,运用案例研究、实证研究及比较研究相结合的方法,对当前形势下城市绿色转型的关键问题、转型战略和政策需求等进行评估和研究,探索生态文明建设融入不同类型城市经济、社会、环境发展的各方面的新路径和新模式,为相关政策提供理论和实践支撑,对于推进新型城镇化和建设人民满意的生态之城具有重要的决策参考价值和实践意义。

三、丰富和拓展生态文明建设理论和实践

探讨不同类型城市绿色转型基本范式,总结城市绿色转型的实践,对于建设城市生态文明具有应用价值。长期以来,我国都致力于探索城市转型发展的路径与模式,开展了资源枯竭型城市转型与老工业基地城市转型等试点,也在城市可持续发展方面进行了积极探索。本研究试图从生态文明建设这一全新视角为城市转型发展指明新的方向、路径和模式,探索生态文明建设融入城市转型发展、改革创新等各个层面的机制机理,为城市可持续发展探索新路径和新模式。借鉴国内外同类型城市绿色转型的成功实践,总结国内外在不同的发展情况下推动城市绿色转型的成功经验,探索不同类型城市的绿色转型道路,从中提炼出具有科学性、可操作性和借鉴意义的绿色转型范式,形成一系列有针对性的绿色转型政策建议,对推动生态文明建设融入城市发展的各方面和全过程有着较高的应用价值。

第一章 城市绿色转型发展研究的理论基础

城市是人类经济活动的中心,也是资本、劳动力、技术等经济要素的集中地,城市转型可视为经济转型在城市层面的体现。同时,在工业文明背景下,城市的产生和演进往往是由产业的更替和演进推动的,经济转型也是城市转型的动力和原因之一,因此,本研究将经济转型的相关理论作为城市转型的重要理论支撑。城市绿色转型的目标是要实现城市经济效益和生态效益的统一,创新是实现这一目标的根本途径,因此本研究将创新驱动理论作为城市绿色转型的重要理论支撑。生态经济学相关理论对城市绿色转型具有重要的指导意义,脱钩理论和环境库兹涅茨曲线是研究经济发展和环境变化的重要理论模型,在城市绿色转型的研究中,需要运用这两种理论模型对城市经济发展和环境变化进行分析。

第一节 城市绿色转型发展的相关概念

一、城市和城市转型

城市常常被视为与农村相对的概念,泛指与乡村相对的集聚地、经济空间、组织制度与结构、生活景观等,一般被定义为以非农活动为主体,人口、经济、政治、文化高度集聚的社会物质系统(刘国光,1991)。不同学科对城市的定义侧重点各不相同,地理学认为城市是人类活动对自然环境改造的结果,是人类与自然环境联系的总后果之一,城市应当以非农业人口为主,是工业、商业、交通运输业大量集聚的居民点。社会学认为,城市是占据某一特定地区的人口群体,拥有一套技术设施和机构、行政管理体系以及有别于其他集团结构的组织形式(蔡孝箴,1998)。

经济学对城市也没有统一的定义。K.J.巴顿在《城市经济学:理论与政策》一书中将城市视为各种经济活动要素在地理上大规模集中,是坐落于有限空间地区内的各种市场——住房、劳动力、土地、运输等等——相互交织在一起的网状系统(K.J.巴顿,1984)。沃纳·赫希认为,城市是具有相当面积、经济活动和住房集中,以致在私人企业和公共部门产生规模经济的连片地理区域(沃纳·赫希,1990)。山田浩之则将城市视作一个由城市内系统和城市间系统构成的复杂空间系统(山田浩之,1991)。蔡孝箴认为城市具有空间上的密集性和集聚性,经济上的非农业性,以及构成上的异质性,即城市社会的多样性(蔡孝箴,1998)。

二、生态文明和生态文明建设

党的十七大报告首次提出生态文明建设,将生态文明建设作为全面建成小康社会的奋斗目标之一,包括"基本形成节约能源资源和保护生态环境的产业结构、增长方式、消费模式。循环经济形成较大规模,可再生能源比重显著上升。主要污染物排放得到有效控制,生态环境质量明显改善。生态文明观念在全社会牢固树立"等建设要求。在2012年党的十八大报告中,生态文明成为中国特色社会主义建设"五位一体"总体布局的重要组成,其建设目标、实现路径、主要任务等都得到进一步明确,正式提出了"尊重自然、顺应自然、保护自然"的生态文明理念,生态文明建设融入经济建设、政治建设、文化建设、社会建设各方面和全过程,成为推进生态文明战略的主要思路和主要路径。

随着我国对可持续发展的实践探索以及生态文明研究的不断深入,对生态文明的认识主要形成五种代表性的观点:一是以叶文虎(2012)为代表,从历史的角度,认为生态文明是一种社会发展的高级形态,是渔猎文明、农业文明、工业文明之后社会发展所即将到达的必然阶段。二是以刘湘溶(2012)为代表,从人与自然关系的角度,认为生态文明是人与自然之间关系的表现,贯穿于所有的社会形态和文明形态之中。三是以刘建萍(2013)为代表,从文明—文化的角度,认为生态文明是一种以人与自然、人与人、人与社会和谐共生、良性循环、全面发展、持续繁荣为宗旨的文化伦理形态。四是以夏光(2012)为代表,从国家的角度出发,认为在我国生态文明是与物质文明、精神文明、政治文明一起并列构成了中国共产党的治国理念和方法体系,代表了人类社会发展的先进性。五是以邓玲(2012)为代表,立足自然和人类两个平等主体,认为生态文明是人与自然两个平等主体的地球文明,生态文明建设是人与自然和谐发展的进步过程和积极成果,是自然生态系统文明化和人类文明系统生态化的总和。五种观点对生态文明的定义中都将其作为人类发展演进的高级阶段,都包含人与自然和谐、持续发展、全面进步等特征。

生态文明建设的任务和目标。与生态文明的内涵和特征相比,生态文明建设的任务和目标相对较为明晰,党的十七大首次提出建设生态文明,对生态文明建设的主要任务和行动进行了明确,提出"基本形成节约能源资源和保护生态环境的产业结构、增长方式、消费模式。循环经济形成较大规模,可再生能源比重显著上升。主要污染物排放得到有效控制,生态环境质量明显改善。生态文明观念在全社会牢固树立"。党的十八大进一步将生态文明建设的任务明确为"优化国土空间开发格局、全面推进资源节约、加大自然生态系统和环境保护力度、加强生态文明制度建设"四个方面。

三、经济转型

转型,主要指事物从一种运动形式向另一种运动形式转变的过渡过程,或事物的结构形态、运转模式和人们观念的根本性转变过程。转型是主动求新求变的过程,是一个创新的过程。经济转型是苏联理论家布哈林在研究市场经济向计划经济的转型过程中首次提出。经济转型现在的定义是:"在一个时期内,一国或一个地区在经济结构、经济制度发生的变化",包括"经济体制的更新、经济结构的优化、增长方式的转换、支柱产业的更替,是国民经济和结构有量变到质变的过程"(热若尔·罗兰,2002)。经济转型涉及的主体和领域众多,不仅包括经济的根本性转变,还包括与之适应的政治制度、法律、社会、文化等方面的变革。

四、绿色发展

根据生态经济理论的核心思想,我国应该改变之前高能耗、高污染、高排放的粗放发展模式,大力发展绿色经济,"以效率、和谐、持续为发展目标,以生态农业、循环工业和持续服务业"为基本内容,以资源节约和环境友好为目标和特征,优化经济结构、转变增长方式,包括循环经济、低碳经济和生态经济。

胡鞍钢认为:"绿色发展观可视为第二代可持续发展观,强调经济系统、社会系统与自然系统的共生性和发展目标的多元化,即三大系统的系统性、整体性和协调性。"(胡鞍钢、周绍杰,2014)绿色发展的基础是绿色经济增长模式,其特点是"绿色科技、绿色能源和绿色资本带动的低能耗、环境友好、对人类健康有益的相关产业在GDP的比重不断提高,增长模式强调低资源消耗、低污染排放,实现经济增长与资源消耗、污染排放脱钩"(胡鞍钢、周绍杰,2014)。

五、低碳经济与循环经济

低碳经济,最早见于2003年英国能源白皮书《我们能源的未来:创建低碳经济》中,低碳经济被定义为一种以生产、流通、消费各环节的低碳化为主要特征的新经济模式。低碳经济的主要目标是缓解由于大气中温室气体浓度升高带来的气候变化，最终实现经济社会发展与气候治理的双赢。低碳经济主要从三个方面推动低碳化，一是提高能源生产效率和使用效率；二是调整能源结构，提高低碳和非碳燃料的比重，减少煤炭、石油等传统高碳能源的生产和消费比重；三是加快碳封存技术的研发和应用。

循环经济，是生产、流通和消费各环节中的"减量化（Reducing）、再利用（Reusing）、资源化（Recycling）"（简称3R原则）活动的总称。循环经济以3R原则为核心，减量化（Reducing）是指减少生产、消费、流通各环节中的资源消耗和废物排放；再利用（Reusing）是将各环节中的废弃物作为产品继续使用，或者通过翻新、修复后继续发挥其使用功能，也可以将废弃物作为其他产品的部件进行再制造；资源化（Recycling）是将某一环节的废弃物作为其他环节的原料进行生产，或者再生利用。在生产、流通和消费过程中，循环经济通过改进工艺和设备、应用先进技术降低资源消耗和废物排放，通过废物交换利用实现再利用和资源化，通过能量梯级利用降低能源消耗，通过水的逐级分类利用和循环使用降低水资源的消耗，通过共同使用基础设施和其他有关设施实现土地和设备的高效利用。循环经济可以分为企业和个人、园区、社会三个层面的循环，其主要特点是由传统的"资源—产品—废弃物"单向流动的线性经济模式，转向"资源—产品—再生资源"的闭环流动的循环经济模式，由"高开采、低利用、高排放"转变为"低开采、高利用、低排放"。确保所有的资源和能源在生产、流通和消费环节中得到充分高效的利用，从而实现经济社会活动在资源环境承载能力范围内良性循环。

第二节 城市绿色转型发展研究的相关理论

一、经济转型理论

目前来看，经济转型理论主要有华盛顿共识和演化-制度学派两类。华盛顿共识针对东欧转轨国家和拉美国家提出的一整套政治经济理论,这一学派以约翰·威廉姆森(John Williamson)、杰弗里·萨克斯(Jeffrey Sacks)为代表,以一般均衡理论、货币理论、比较经济体制和公共选择理论为基础理论,提倡自由放任主义,主张"政府角色最小化、价格自由化和快速私有化",认为转型的总体目标是建立运行良好的市场经济,可以通过激进的、大爆炸式的、休克式的方式实现这一目标。华盛顿共识在俄罗斯、波兰、捷克等转型国家的实践中并没有取得预期的效果。俄罗斯、中东欧以及美国的大多数学者认为,华盛顿共识倡导的经济转型政策在转轨国家中是失败的、无效的。对经济转型中的制度设计和安排、转型中的路径依赖和制度演化特点等成为研究者关注的重点。这也催生了演化—制度学派。

演化-制度学派以雅诺什·科尔奈(Janos Kornai)、热若尔·罗兰(Gerard Roland)、格泽戈尔兹·W.科勒德克(Grzegorz W. Kolodko)、约瑟夫·斯蒂格利茨(Joseph Stigliz)等为代表,其理论基础来自新古典制度经济学、尼尔森和温特以及哈耶克的演化博弈思想、哈耶克和卡尔·波普尔的批判理性主义。斯蒂格利茨基于不完全和非对称信息理论,认为社会主义难以处理公有与私人财产之间的均衡,由计划经济向市场经济转型是十分必要的。同时,他也认为"瓦尔拉斯一般均衡理论最终是站不住脚的",以新自由主义学说为依据的华盛顿共识误导了转轨国家在经济转型中的政策。在政策建议方面,他坚持"向市场经济过渡并不是要弱化而是要重新定义政府的作用",否定"向市场经济过渡的首要任务是使国有资产私有化",强调激励和竞争的重要地位。科勒德克认为"转轨最具有挑战性的方面是与政治的联系更甚于与经济的联系",强调政治在经济转型中的作用,认为"经济转型既是经济过程,也带有政治特性",经济转型的关键在于宏观经济管理,政府在经济转型中应当重新定位、转换角色,在适度管理、基础设施和人力资本投资方面发挥强有力的作用。罗兰、科尔奈都把"转型"视为综合性社会科学研究领域,重点研究政治、经济、文化和意识形态之间的相互关系。罗兰认为"转型研究必须在与经济学其他领域的相互作用中发展,从不同的专业领域提供的不同视角中受益"(张良、戴扬,2006)。

长波理论也常常被用于解释经济转型。苏联经济学家康德拉季耶夫最早系统的提出了长波理论,在1925年《经济生活中的长期波动》一文中,对英国、法国、美国和德国等的价格、利率、进出口额、煤炭和生铁等时间序列统计资料对经济发展的长波进行实证研究。康德拉季耶夫的研究发现,西方国家经济发展过程中存在48—60年不等的、平均时长为50年的长期波动(张兵,2011)。1780—1920年,这140年中,西方国家的经济运动可以划分为两个半周期。

二、创新驱动理论

创新驱动最早是波特在1990年所著《国家竞争优势》中提出并把它作为一个发展阶段提出来。创新驱动是利用知识、技术、组织管理制度、商业模式等创新要素对现有要素进行改进和重新组合,以知识和技术的创新提高劳动者素质、改造物质资本,进而实现资本、劳动力、物质资源的高效利用和合理配置。各种要素与新知识和新技术结合后,其利用效率和创新能力得到提升,能够实现物质资源投入的减少和经济增长双赢。创新驱动型增长模式的特征是:第一,创新是推动经济增长的根本动力,技术革新带来要素生产率的提高;第二,国家将科技创新作为基本战略,通过鼓励万众创新,在各个层面提高自主创新能力,形成强大的竞争优势;第三,技术、知识、人才、学习、组织能力等内部能力是获得竞争优势的必要条件,并且其重要性日益提高;第四,能源和自然资源依存度低;第五,对外技术依存度低。创新驱动的内容包括:理论创新、制度创新、体制创新、管理创新、商业模式创新,以及更重要的科技创新、技术集成创新,进而提高自主创新、原始创新能力(卫兴华,2013)。

熊彼特在《经济发展理论——对于利润、资本、信贷、利息和经济周期的考察》一书中,以技术创新理论为基础,提出创新长波理论,他认为,企业家是技术创新的主体,企业家的创新活动能够带来超额利润和盈利机会,从而引起大量企业的效仿和跟进,出现"创新浪潮",进而驱动经济繁荣——经济周期进入上升阶段。创新活动逐渐被社会消化,经济出现收缩和不景气——经济周期进入下降阶段,直到下一轮创新开始。50年左右的长波周期源于那些影响巨大的、实现时间长的创新活动,即以产业革命为代表的技术创新活动(张兵,2011),将资本主义经济发展分为三个长波,以主要技术的发明为标志。

荷兰经济学家范·杜因随后提出创新生命周期理论,他认为基本技术创新活动都要经历引进、增长、成熟和下降四个阶段,从而构成基本技术创新的生命周期。基本技术创新生命周期的四个阶段与经济长波的繁荣、衰退、萧条和复苏相对应(尤芬、胡惠林,2007)。

三、生态经济学相关理论

生态经济学是一门新的学科,其内涵和定义还没有统一认识,从现有学者对生态经济学的内涵界定来看,生态经济学是综合不同学科(生态学、经济学、伦理学、生物物理学系统论等)的思想,是对目前人类经济系统所产生的问题及其对地球生态系统的影响,而研究整个地球生态系统和人类经济亚系统如何运行才能达到可持续发展的科学(娄玉芹,2008)。生态经济学最早是由肯尼斯·鲍尔丁在《一门科学——生态经济学》一文中提出的,罗伯特·科斯坦塔认为目前人类社会经济亚系统是整个地球生态系统的一部分,而且这个亚系统的存在和发展是以生态系统为基础的,所以人类的经济系统必须要和生态系统保持相协调,包括物质循环和能量流动,以及规模和尺度的相互协调(Costanzar, King J, Folke C, 1993)。赫尔曼·戴利于1974年提出稳态经济的思想,其中已经具有生态经济的含义:稳态经济就是稳定的物质财富和稳定的人口,每一种都保持低的选择,需要低的通量水平,即低出生率等于低的死亡率,低的物质生产率等于低的折旧率,以使人民长寿和物质存量保持高水平。戴利认为生态经济所要达到的是人的根本目标,为了这个目标,我们的研究重点应该由传统的经济问题转到更大范围的研究即生态经济问题的研究,这是地球生态系统发展的唯一手段。

生态经济学所需要解决的问题包括：可持续发展规模、公平的分配（来自福利经济学的一些思想）和有效配置（来自古典经济学的理论）。三个所需解决的问题是高度相关的，但也存在区别，以一个特殊的优先次序可以很好地解决这三个问题，也可以通过相互作用的手段很好地解决。首先，确立可持续尺度的生态限制和建立确定解决规模在这种限制之内的政策。其次，建立公平和公正的资源分配以及转移的使用系统，这些产权系统可以有各种尺度，从个人到国家，但是对其中集体共同拥有的中等尺度的资源应该特别的注意。最后，一旦尺度和分配问题得以解决，就可以用市场机制来有效地配置资源，包括目前在市场之外的环境服务功能和产品通过市场机制内部化。

四、脱钩理论

脱钩理论主要基于对发达国家工业化进程中经济增长与物质消耗之间关系的研究，粗放型的经济增长依赖于物质的消耗，经济增长与物质消耗处于耦合（coupling）关系。随着技术的进步和产业结构的变化，在 20 世纪 80 年代西方国家出现了经济增长与物质消耗不同步，甚至相背离的情况，经济增长与物质消耗之间的关系由耦合（coupling）转变为脱钩（decoupling），脱钩理论就是对这种关系的研究。脱钩的计算和表征方式有两种：一是通过物质消耗总量与经济增长总量来进行衡量，这种评价模式是在同一时间序列下，比较研究经济总量的变化方向、幅度与物质总量变化之间的关系，通过两个数量之间的"耦合"与"脱钩"变化，反映经济增长过程对物质消耗的依赖程度（邓华、段宁，2004）。二是通过物质消耗强度的 IU 曲线进行衡量，物质利用强度 IU（intensity of use）由会计学中某一具体物质的消耗量计算公式演化而来，表示物质消耗量与附加值的比值：$IU = X_i/GDP = (X_i/Y)(Y/GDP)$，式中 Y 为消耗物质 i 的工业产出，GDP 为经济总产出。IU 由两部分组成，(X_i/Y)是生产的商品中某物质的组成比例，(Y/GDP)是经济总产出中该商品的比例（邓南圣、吴峰，2002）。

IU 的倒数可视为单位物质创造的财富，$Xi=IU\times GDP$，即资源利用效率。对 IU 的关注仅能反映资源利用效率的上升，对变化率的关注并不能说明存在脱钩现象，只有物质消耗下降而经济总量上升时才可认为两者脱钩，同时"脱钩"后"复钩"的现象也较为常见。

五、环境库兹涅茨曲线

环境库兹涅茨曲线用于揭示环境质量随收入变化的关系，在收入水平较低的阶段环境质量随着收入增加而退化，收入水平上升到一定程度后随收入增加而改善，环境质量与收入呈倒 U 形关系（佘群芝，2008）。环境库兹涅茨曲线是 1991 年美国经济学家 Grossman 和 Krueger 对环境质量与人均收入之间的关系进行实证研究时发现的，环境污染与人均 GDP 之间呈现先增加后下降的变化关系。1993 年 Panayotou 引入库兹涅茨提出的倒 U 形曲线概念，将这种环境质量与人均收入间的关系称为环境库兹涅茨曲线（EKC）。

环境库兹涅茨曲线提出后，对环境质量与收入之间倒 U 形关系的理论解释不断丰富，主要有四个方面：

第一，规模效应、技术效应和结构效应。Grossman 和 Krueger 认为经济增长通过规模效应、技术效应与结构效应影响环境质量（Grossman G. M.、Krueger A. B.，1991）。一是规模效应。经济增长不仅需要更多的资源投入，还增加了污染的排放，经济规模的扩张带来了环境质量的下降。二是技术效应。高收入水平与更好的环保技术、高效率技术紧密相连，技术进步一方面提高资源的使用效率，降低单位产出的要素投入，削弱生产对自然与环境的影响；另一方面清洁技术的应用和推广有效地循环利用资源，降低了单位产出的污染排放。三是结构效应。随着收入水平提高，产出结构和投入结构发生变化，经济结构由农业向重工业转变，增加了污染排放，随后经济转向低污染的服务业和知识密集型产业，投入结构发生变化，单位产出的排放水平下降，环境质量改善(Cole M.，1999)。

第二，环境质量需求和环境规制。收入水平低的人群对环境质量的需求较低，收入水平提高后，人们对当前和未来的生活环境更加关注，购买环境友好产品的意愿提高，对环境保护的要求增多。环境质量需求增加也对环境规制提出了更高的要求，政府一方面会采取更加严格的环境管理制度，另一方面也会加强排污信息、环境质量信息的搜集，提升环境保护能力，从而倒逼生产工艺、经济结构发生改变，缓解甚至扭转了环境恶化的趋势。

第三，市场机制。经济发展到一定水平后，由于自然资源稀缺性增加，导致价格上升，社会对资源的需求降低，资源的使用效率也进一步提高，经济发展模式由资源密集型转向依靠其他要素投入驱动，从而缓解了环境恶化的趋势(Torras M.、Boyce J.K.，1998)。同时，随着生态环保需求的增加，市场参与者更加重视环境保护，对施加环保压力起到了重要作用(佘群芝，2008)。

第四，减污投资。收入水平影响了资本充裕度，进而也影响了环保投资的规模，导致环境质量的变化。Dinda从环境保护的角度将资本分为用于产品生产的资本和用于改善环境质量的投资(Dinda S.，2005)。收入水平较低的阶段，资本大量用于生产产品，带来较大的环境污染，降低了环境质量；收入水平升高后，资本较为充裕，用于环境治理的投资比重提高，充裕的减污投资能够改善环境治理。减污投资从不足到充足的变动构成了环境质量与收入间形成倒U形的基础。

对环境库兹涅茨曲线的理论研究说明，随着收入水平和经济发展水平的提高，环境友好的技术逐步应用推广、产业结构向资源利用率高的产业转变、生态需求不断增加、环境规制逐步完善、减污投资比重升高(佘群芝，2008)，进而导致环境质量从下降趋势逐步转向改善，呈现倒U形的趋势。

第二章 城市绿色转型发展的研究现状

城市转型从城市诞生之初就伴随着城市,对城市转型的研究也一直是国内外学者关注和研究的重点。城市转型的实践研究最早始于 20 世纪 30 年代对工矿城镇转型的研究,随后被推广到资源性城市的转型研究。20 世纪 70 年代,资源型城市的转型研究扩展到经济结构、劳动力市场、经济一体化等因素对城市转型的作用方面。20 世纪 80 年代,随着美国芝加哥、匹兹堡,德国的鲁尔地区,法国的洛林和英国伦敦等一批工业城市的成功转型,城市的产业升级和新产业体系的构建成为城市转型研究的焦点。与此同时,大城市郊区化带来的产业、商业、居住空间和模式的变化也成为城市转型研究的新领域,城市的转型研究进入成熟和繁荣时期。

第一节 城市转型的内涵和推进机制研究

城市转型的理论研究是城市研究的重要组成部分,在 20 世纪 20 年代欧美国家城市的扩散阶段,就出现了同心圆理论、扇形理论、多核心理论等城市空间扩散的相关理论,可视为城市转型研究的起步阶段。第二次世界大战后城市发展遭遇瓶颈,城市的协同转型成为此时研究的重点,1957 年法国著名经济学家戈特曼教授提出"大都市圈理论",并成为这一段时间城市发展的主要趋势。

一、城市转型的内涵研究

城市转型是城市多方面的转型,涵盖城市的经济发展、文化风貌、生态环境、社会发展等多个方面。魏后凯(2011)认为城市转型就是指城市在各个领域、各个方面发生重大的变化和转折,它是一种多领域、多方面、多层次、多视角的综合转型。李玲、仇方道、朱传耿、马随随(2012)认为城市发展转型是在市场、政策等外部环境变化背景下城市系统不断调整、优化的过程,是城市重构能力、动态发展能力的反映,包括经济转型、文化转型、体制转型、生态转型、社会转型五个方面。城市转型的基本因素有经济发展阶段、宏观经济环境变迁、行政区划、政府作用、全球化与城市网络化等方面。王雅莉、张明斗(2012)认为城市绿色转型是指城市的转型应当呈现"人"字形趋势,即自然资本消耗强度逐步降低,城市经济增长和福利水平逐步提升,消耗和福利呈现两极分化的趋势,最终目的是实现自然资本消耗与经济增长及福利改善的脱钩。李彦军、叶裕民(2012)按照转型发生的领域把城市转型分为经济转型、社会转型和生态转型,按照转型所涉及的内容把城市转型分为城市发展转型、城市制度转型和城市空间转型。沈清基(2014)从多角度界定了城市转型,宏观或抽象角度看城市转型是指城市发展方向、发展目标、发展战略所发生的重要转折与重大变化,中观或具象角度而言是指城市的空间结构、空间形态的转变,制度角度是指城市治理和城市管制制度的变迁。

二、城市转型的推进机制研究

仇保兴(2012)认为我国已经进入城镇化中后期,应从过去追求经济总量增长的数量型城镇化,向追求经济、社会和生态多种效益全面提升的质量型城镇化转型。城市转型应当以"微降解、微能源、微冲击、微更生、微交通、微绿地、微调控"等新理念为指导。刘平(2012)则指出通过发展文化产业促进城市转型发展,提出文化为灵魂、创意为手段的城市转型路径,着力激发人的创造性,同时注重扩大文化创意的生产与消费,构建全民参与的社会网络。任俊霖、谭霞(2011)则认为,知识城市是城市转型的趋势和方向,城市在转型过程中应紧密结合自身特色,依托城市的区位、产业、文化、形象等优势,推动城市向知识城市转型。李程骅(2014)认为全球性的产业组织从"生产化"转向"服务化",生产模式改变推动城市进入产业城市向服务型城市主动转型的新阶段,提出了服务业推动城市转型的路径。我国在全球城市转型的浪潮中要发挥现代服务业对城市转型的引领作用,通过制度的创新、多重倒逼机制构建城市的现代服务业,实现城市产业转型升级,要素集聚能力提升以及空间重组,提升城市在全球城市体系中的能级。周蜀秦(2014)提出文化创新产业是驱动城市转型发展的重要动力,在科技融合、空间融合、产业融合、社会融合四方面对城市转型发展形成驱动作用。李程骅、郑琼洁(2016)认为服务业整体水平的提高有效促进了中国城市的转型发展,而服务业结构却在短期内阻碍了城市转型。城市整体经济发达程度、城市规模和对外开放度对城市转型发展有正向作用。

第二节　特殊类型城市的转型研究

资源型城市和老工业城市是最早面临转型发展问题的城市,这些特殊类型的城市在主导产业衰退后,面临着经济衰退、社会矛盾激化、环境问题凸显等问题,是典型的问题区域,因此,特殊类型的城市转型也最早进入学者的研究视野,出现了很多针对性的研究成果。由于特殊类型城市的转型相关研究成果较多,研究更具有特殊性和针对性,因此本研究将特殊类型城市的转型研究单独进行梳理。

一、资源型城市的转型

资源型城市是典型的问题城市,目前对城市转型的研究多聚焦于资源型城市的转型。1921年,英国学者奥隆索首先提出了矿业城镇的概念,此后美国学者哈里斯和纳尔逊等又都对这个概念进行了研究和深化,开创了资源型城市转型研究的先河。国外资源型城市的研究主要集中于德国鲁尔工业区、英国伯明翰和美国底特律等城市。柳泽、周文生、姚涵(2011)对国外资源型城市的发展和转型进行述评,认为国外资源型城市的研究经历了理论奠基与初步发展、理论规范性研究、转型研究和可持续发展研究四个阶段。与国内相比,国外对资源型城市的研究多用"依附理论""剥夺理论"等分析资源型城市发展困境的原因,对资源输出地区或者国家与资源进口国家或者地区之间的政治、经济的关系研究较为充分,国外的资源型城市研究更注重对劳动力市场变化、社区发展等社会问题的研究。许信胜、牛妍(2005)对德国鲁尔区、法国洛林、日本九州地区、美国休斯敦等地的资源性城市的转型经验进行总结,并在此基础上提出扩展产业链条、发展接续产业,推进产业结构由单一产业主导向多元主导转变,实施积极的财政政策支持资源型城市经济转型,开展就业培训,改善生态环境五方面政策建议。

我国对于资源型枯竭城市转型的研究始于20世纪90年代,最初的研究集中在对转型内涵、必要性、战略性以及途径等方面。赵新宇(2009)运用产业选择理论,对资源枯竭型地区的接续替代产业发展进行研究,提出协调、稳定、可持续,以及发挥比较优势、产业转换成本最小化五条接续产业发展原则。李洁、王琴梅(2010)等认为资源枯竭型城市的转型能力包括经济、社会、生态、创新几方面的内容,并以柯布-道格拉斯模型为基础构建资源枯竭型城市经济转型能力模型,认为增加人力资本投资和积累,发挥人力资源在城市转型中的作用,是资源枯竭型城市转型的有效路径。张慧琴(2010)以山西省煤炭资源型城市为例探索资源性城市经济转型的路径,提出产业层次提升、循环经济和生态环境建设等煤炭资源型城市的产业转型对策。白雪洁等(2016)通过对国内115个资源型城市实证考察提出,传统金融对资源型城市转型有明显促进作用,而股票融资则存在阻碍效应。衰退型城市转型主要依赖传统金融提供的资金池规模,成长型城市转型则依赖金融系统的资金配置效率。徐君、李巧辉、王育红(2016)提出供给侧结构性改革对资源型城市转型的推动作用主要体现在制度供给、产业供给和要素供给三个方面,应当以制度改革为保障、要素创新为手段、产业转型为核心,实现制度、产业、要素三方供给要素的良性互动,实现资源型城市经济、社会、城市三位一体的转型。

二、老工业城市的转型

老工业城市的转型在城市转型中占有较大比重,欧美许多国家都对老工业城市转型进行了大量研究,我国的老工业城市转型研究也是从借鉴欧美国家经验开始的。杨东峰、殷成志(2013)通过英国老工业城市转型的理论分析和实践总结,认为吸引外部资本,寻找新的增长动力,是老工业城市转型的基本思路,同时,通过废弃地再利用、工业遗产开发、生态环境整治、经济住房建设、地方特色产业挖掘等新的规划措施,为城市的转型发展创造一个平稳的环境。钟贤巍(2007)通过研究欧盟特别是德国鲁尔区产业旅游的发展,认为我国东北老工业基地转型发展应注重对工业遗产资源的开发和工业旅游建设的系统规划,同时加速产业结构调整。周民良(2015)通过分析借鉴国外成功经验,提出东北地区未来转型发展的方向和重点是实施规划先行战略,政策配套战略,提振产业、融合发展战略,以人为本、就业优先战略。

从当前对老工业基地城市转型的研究来看,老工业城市转型的研究聚焦于城市产业的升级、空间布局调整、政策支持等方面。在产业升级方面,主要有两种路径:一是通过传统产业的技术改造、整合实现产业的升级;二是通过新兴产业培育,发展现代服务业调整城市产业结构。在城市空间优化方面,主要是通过老工业企业搬迁改造,优化城市空间开发格局,为城市生态空间和服务业发展留出空间。在政策支持方面，应当调整老工业基地城市政府的考核评价体系，将就业、社会保障、城市环境整治纳入政绩考核指标，国家财政转移支付和资金项目也应当向老工业城市适当倾斜，形成老工业城市发展的外部推动力量。

三、其他类型城市的转型

一是历史文化名城转型。王燕文（2011）以扬州为案例，全面分析历史文化名城转型发展中存在的治理模式重构、保持个性特质等特殊问题，提出通过经济的转"新"、城市的转"特"、社会的转"优"探索一条契合历史文化名城特质的转型发展之路。

二是林业资源型城市转型。刘宇（2010）在全面分析林业资源型城市的特征基础上，提出林业资源型城市应在政府主导推动下，发挥市场的效率优势，延伸林产业的产业链，实现产业复合化转型，并以牙克石市为个案，从政策支撑角度研究了林业资源型城市转型发展的实践路径。

三是旅游城市转型。蔡萌、汪明宇（2010）认为，低碳旅游城市建设是减少旅游城市碳排放量的重要路径，有利于提升城市旅游质量，是旅游城市转型的新趋势，提出了旅游城市低碳转型应当关注城市低碳旅游设施建设、培育城市低碳旅游消费方式、提升城市旅游体验环境、创新低碳旅游服务规则、提升城市低碳旅游吸引能力五个方面。高莉（2013）认为旅游城市转型的主体是政府、旅游企业和游客，转型的目标是通过构建低能耗、低污染、低排放、高环境效益"三低一高"的智慧型低碳旅游发展系统，并对西咸新区的智慧型低碳旅游转型路径进行设计。

四是港口城市。林兰（2016）以德国汉堡这一港口城市成功转型典范为例，构架了城市转型的产业—空间—制度协同演化分析框架。继承性地升级传统优势产业、实行可持续的空间开发计划、注重政策的系统性与协调性是城市成功转型的重要途径。

五是创新型城市转型。王国平、魏伟明(2012)以上海杨浦区为研究对象,提出了创新型城市转型的六个有机内容:从传统转型到现代转型、从提高城市化水平转型到提升城市发展质量转型、从区域性转型到驱动城市整体转型、从单一结构转型到"五位一体"系统转型、从封闭的自我转型到开放的国际化转型、从阶段性转型到可持续性转型,并结合杨浦区的区域特征分析了转型中的困难和障碍。

从这类研究来看,我国学者对于不同类型的城市转型研究主要集中在资源型城市的研究上,对于其他类型的城市转型研究还不多,研究的内容包括城市的产业结构重构、社会转型、发展方式转型、转型的支撑能力建设等方面。

第三节 生态城市的相关研究

城市是人类改造自然的集中体现,也是人与自然相互作用最强的区域。从农耕文明下朴素的自然城市理念,到产业革命后工业城市理念,城市发展的理念随着人类文明的发展步伐不断演进。朴素的自然城市理念是在人类敬畏自然的朴素自然观下产生的,主要运用于城市的规划和建设方面,我国的风水思想、古希腊的自然主义思想都是朴素的自然城市理念。工业城市的理念下,城市的主要功能是为产业发展服务,城市的规划和建设主要依托产业的发展,服务于产业发展,近代的工业城市都是在这样的理念指导下规划和发展的。随着城市发展和环境保护的矛盾日益尖锐,提倡城市发展与自然环境协调的"生态城市理念"日渐为人们所提倡。

一、朴素的生态城市思想

"生态城市"的思想渊源极其丰富,历史也非常悠久。刘力(2002)认为中华传统文明中"道法自然""仁爱万物"等鲜明的生态伦理观中包含了早期的生态城市思想,古代的思想家对城市的发展规模和形态都有朴素的规划思想,例如,公元前390年,秦国的商鞅就提出人口与土地平衡、农业人口与非农业人口比例不超过100∶1等城市发展原则。我国古代城市在建筑物布局、城市供水、绿化以及防火防灾等方面都融入生态理念。据史料记载和考古发现,公元955年,开封城曾经进行过拓宽道路、疏浚河道、改进城市排水系统等城市改建工程,以应对由于人口增加带来的城市问题。

国外古代城市也有对生态城市规划思想。阿尔伯蒂在1452年所著的《论建筑》一书中,强调城市规划与地形地貌、水源、气候等自然要素的关系,并提出了城市选址的最佳形式。托马斯·莫尔认为城市的人口不能过分集中,市场、医院等场所要在城市中均匀分布,家家户户都应当有绿地。英国人埃比尼泽·霍华德(1898)将田园城市定义为"田园城市是为安排健康的生活和工作而设计的城镇,其规模要有可能满足各种社会生活,但不能太大,被乡村带包围,全部土地归公共所有或者托人为社区代管"(原华君,2004)。霍华德的田园城市理论被认为是最早的生态城市理念。

二、生态人居理念

道萨迪斯20世纪60年代提出的人类聚居学认为,人居环境科学是指"以环境和人的生产与生活为基点,研究从建筑到城镇的人口与自然环境的保护与发展的新的学科体系"。生态人居理念在1992年的联合国环境与发展大会上得到认可和推广,会议通过的全球《21世纪议程》提出了对广义的"人居环境建设"纲领,包括进行可持续的土地利用规划与管理、为居民提供供排水、环卫等配套环境基础设置、能源和交通系统的可持续、可持续的建筑活动等八个方面(吴良镛,1998)。

人居环境科学的研究对象是人与自然环境之间的互动关系,从经济、政治、文化、社会等方面对人居进行整体研究和系统研究。人居环境科学认为城乡是统一的经济社会体系,两者是相互作用、相互支持的整体。人居环境科学致力于构建理想的人类聚居环境,实现人类的经济社会发展与自然生态系统相互协调,为"生态城市"理念的产生奠定了理论基础。

三、系统的生态城市理念

国外学者对"生态城市"的概念不断丰富和完善,生态城市的理念逐步系统化。20 世纪 20 年代的以 R.E.Park 和 E.W.Burgess 为首的芝加哥学派,将"竞争、淘汰、演替和优势"等生态学原理引入城市研究,认为城市是由城市的经济、生态、文化构成的有机整体,是人类文明的生息地,并提出"城市生态位"的概念用以衡量城市为人类生存提供的各种条件的完备程度。20 世纪 70 年代,联合国教科文组织首次对"生态城市"的内涵进行了阐释,在"人与生物圈"(MAB)计划研究过程中,将广义的"生态城市"定义为以生态学原理为指导的新型社会关系和新的文化观,从狭义上看则是在城市设计、规划和发展中贯彻生态学原理,构架高效、和谐、健康、可持续的人类聚居环境(张文博、邓玲,2017)。"生态城市"是城市经济、社会、文化的生态化,以及城市生态环境的优化,其最终目标是实现社会-经济-自然-文化复合生态化。

生态城市概念是由苏联生态学家亚尼科斯基(O.Yanitsy)在 1984 年第一次正式提出的,他将生态城市定义为技术与自然充分融合,人的创造力和生产力得到最大限度的发挥,而居民的身心健康和环境质量得到最大限度保护的理想城市模式(程伟,2005)。美国生态建筑学家理查德·瑞杰斯特(Richard Register)认为生态城市是在生态方面更加健康的城市,包含人与自然健康和谐、活力和可持续发展能力等内涵(Richard Register,1984)。美国学者罗斯兰德(Roseland)在 1994 年指出,生态城市应当包含城市的可持续发展、优良的技术、健康的社区、社会的生态化以及土著人世界观等方面(Roseland M.,1997)。澳大利亚建筑师唐顿认为城市生态涉及城市与自然系统、城市内部人与人之间,以及城市与农村社区之间的相互关系。

我国著名生态学家马世俊和王如松认为,城市是经济-社会-自然的复合生态系统(马世骏、王如松,1984)。王如松将生态城市的标准确定为,人类生态学的满意原则,即满足人的生理和心理的需求、现实与未来需要、人类自身进化需要;经济生态学的高效原则,即资源的有效利用、最小人工维护原则、城市物质资源环境多重利用;自然生态学的和谐原则,即人与其他生物、自然共生的共生原则、自净原则、生态系统持续运行的持续原则(王如松,1990)。黄光宇(1999)认为,生态城市是根据生态学原理,并运用生态工程、系统工程等现代科技手段,构建的经济高效、生态良性循环、居民满意,经济、社会、生态协调可持续发展的人类"住所"。生态城市建设的目标通过自然资源和能源的高效合理利用、城市生态系统的自我调节、修复和发展能力提升、城市经济系统与生态系统关系的协调,实现经济生态、社会生态、自然生态,以及人与生态环境互惠共生。陈予群(1997)认为,生态城市是以城市的可持续发展为目标,以人与自然和谐为核心,以城市所属地区的资源环境情况和生态环境条件为基础,生产力的提高有利于城市建设协调发展的人工复合系统。黄肇义、杨东援(2001)认为,生态城市是基于生态学原则建立的经济高效、社会和谐、人与自然和谐共生的复合系统,是自然与人工协调、人与人之间和谐并具有自身人文特色的理想人居环境,是生态系统中分享公平承载系统份额的可持续子系统。仁倩岚(2000)认为,生态城市是现代城市建设的高级阶段,是人类理想的生存环境,一般来讲具备社会生态化、经济生态化、自然生态化等特点。李铁(2013)认为,生态城市是经济、社会、人文、景观的协调发展,是资源的高效利用和基础设施的完善,生态城市建设要遵循自然发展的规律。杨保军(2008)认为,生态城市的衡量指标包括以下几个方面:首先,碳排放,能源利用上尽可能使用可再生能源;其次,当地就业率,方便百姓当地的就业和生活;再次,常用的容积率、绿化率、公共交通、慢行系统、循环利用等指标。

上述观点都强调了城市发展中自然、经济和社会符合系统的协调发展。亚尼科斯基、黄光宇、陈予群等从生态学和城市生态学的角度来阐释生态城市的内涵,而瑞杰斯特、唐顿、杨保军等从城市生态建设和规划目标的角度揭示生态城市的内涵。前者研究城市生态系统的平衡与和谐,后者为城市生态文明建设规划指明了方向。

第四节 绿色低碳城市的相关研究

一、绿色城市相关研究

绿色城市的概念首次出现于 David Gordon 1990 年主编的《绿色城市》，书中系统地论证了绿色城市的概念、内涵以及实现策略探讨了城市空间生态化的途径。绿色城市理念的提出为城市发展提供新的方向。Beatley 在 2000 年将绿色城市进一步提升为"绿色城市主义"，认为绿色城市是一种全新的城市发展理念和价值观，是城市相关利益主体尊重自然、与自然和谐相处的意识和观念。王建国(1997)从发展观的视角，剖析了现代城市设计发展三个阶段的价值观念演变特点，系统论述了绿色城市设计的概念、对象、内容，提出城市建设中要进行绿色城市设计，贯彻整体优先和生态化优先的准则。曲格平(2001)则提出了我国建设绿色城市的基本标准和九条途径。韩强(2003)在对城市发展模式进行总结分析的基础上，对城市生态系统中人与自然、人与社会、人与人三个子系统的结构和系统控制机制进行分析，发掘城市生态、居所、绿色和生活等相关理念的新内涵，将城市人文系统分为人的本性、生态系统、人类实践、文化和生活五个系统，并探讨了它们的同构性，在五度思维空间中概括出人与自然和谐、人与社会和谐、人自身的内在和谐及其统一的新人文精神。张梦、李志红(2016)认为，在中国语境中绿色城市的内涵可概括为：兼具繁荣的绿色经济和绿色的人居环境两大特征的城市发展形态和模式。两者相互支撑促进：繁荣的绿色经济有助于减轻城市社会经济发展对环境的负面影响，是绿色人居环境的基础和保障；而绿色的人居环境有助于提升城市竞争力，促进技术、资本和人才的聚集，为城市社会经济发展提供动力。

这类研究主要是在借鉴国外"绿色城市主义"的基础上剖析了绿色城市的

内涵,提出了绿色城市建设的体系与策略,为绿色城市建设实践提供了支撑。

二、低碳城市相关研究

低碳概念是在全球气候变暖的形势下提出的。1986年,诺贝尔化学奖得主斯凡特·阿列纽斯提出化石燃料的使用,会导致大气中CO_2等温室气体浓度增加,产生温室效应。随后各国纷纷提出以降低温室气体排放为目的的低碳发展计划,英国在2003年《能源白皮书》中提出"低碳经济"概念;日本在《日本低碳社会模式及其可行性研究》中提出以消费方式改变、低碳技术应用等为主要措施的"低碳社会"建设;我国学者也提出以低碳生产、低碳消费为特征的"低碳经济",以低碳生活、低碳建筑、低碳交通为特征的"低碳城市"等概念。"低碳经济"强调能源利用转型和生产方式转型,"低碳社会"强调消费方式和生活方式的转型。"低碳城市"则是"低碳经济""低碳社会"思想在城市发展中的运用,强调在城市范围内,通过技术和政策的双向推动,降低化石能源的消耗,推动生产生活方式的转变、形成良性循环的可持续能源和生态体系。

从目前的低碳城市研究成果来看,低碳城市具有如下一些内涵:一是城市经济发展的可持续化,通过产业结构的低碳化、清洁生产、低碳技术的运用实现城市可持续发展的目标;二是低碳的消费方式的塑造,通过树立低碳消费观念、推行低碳的生活方式,推广绿色建筑和交通工具,增加绿色能源比重等途径,降低城市二氧化碳的排放;三是低碳指标对城市发展的约束和引导,通过碳足迹测定、资源可承载力和自然碳汇等低碳指标的运用,引导和约束城市的发展,将城市构建为良性循环、可持续发展经济-社会-生态复合系统。

第五节 新型城镇化的相关研究

新型城镇化表现在要摒弃过去片面追求规模、数量的单一扩张模式,要转变为以人为本、城乡统筹的发展模式,要以全面提升城镇化水平和质量为目标。虽然目前国内对新型城镇化的概念没有统一的定义,但学者们对其内涵的界定却是基本一致的。魏后凯、张燕(2011)认为,绿色的城镇化应当具有低消耗、低排放、高效有序的基本特征,其目标是要实现城镇的经济发展、人口规模与城市的资源环境承载力相协调,资源集约节约利用、环境友好和经济高效。沈清基、顾贤荣(2013)认为,绿色城镇化可能是从根本上解决我国传统粗放型城镇化的唯一途径。基于生态环境视角的绿色城镇化发展模式及其路径是现阶段我国城镇化的基础路径,健康性、生态性、和谐性特征是正确理解绿色城镇化内涵的重要视角,应以生态学观点指导绿色城镇化的发展。梁俊强、梁浩(2013)从绿色建筑的角度,认为绿色建筑产业是新型城镇化的重要突破口,绿色建筑集中建设和产业的集聚发展是探索新型城镇化模式的有效途径,在产业园区内集中建设发展完善绿色建筑产业链,走出节约集约、生态宜居、产城一体、城乡统筹的发展道路。彭伟明、邹辉霞(2013)认为,绿色城镇化面临着政治推动、文明构建、技术进步、观念更新等多重挑战,提出优先发展资源节约型和环境友好型两大产业,推进城镇经济实现绿色增长;创新建设模式,推进全民参与绿色城镇化建设;建立健全绿色执法体系,以法制建设推进绿色城镇化等。肖宏伟、李佐军(2013)指出,我国城镇化正处于一个新的阶段,即加速阶段的上半场向下半场的转折阶段。上半场是量的扩张阶段,下半场是质的提高阶段,这是城镇化的规律性形象。董战峰、杨春玉(2014)提出,新型城镇化本质上就是绿色城镇化,其战略框架应包括普及生态文化、维护和保育健康安全的自然环境、建设生态型人居、推行绿色低碳生活、加速产业生态化以及建设运营绿色基础设施六大重点领域。张许颖(2014)认为,以人为核心的城镇化基本内涵不仅体现在形式城镇化,即城镇人口数量和比重的增加,而且更重要的是实质城镇化,即城镇化水平和质量的提高,包括人口素质的改善和提高,健康、绿色、可持续、文明的生活方式的养成,基本公共服务体系的全覆盖,稳定的就业岗位和体面的居住。宋连胜、金月华(2016)认为,新型城镇化的内涵集中体现在生活方式城镇化、就业方式城镇化、公共服务城镇化、居住区域城镇化、社会治理城镇化、人居环境优美化六个方面。汪泽波、陆军(2017)认为,加大新能源、环境治理、人力资本创新研发投入,促进生产技术革新、生产方式绿色化,是绿色城镇化的必由之路;鼓励多元参与,构建多中心治理体系,培育居民节能环保生活方式,是绿色城镇化的必要条件。

从众多学者们的观点中,可以将新型城镇化大致归纳为四个方面的内容,也可将其理解为新型城镇化的特征:一是"工业化、信息化、城镇化、农业现代化""四化"协调,实现城镇带动、统筹城乡发展和农村文明延续的城镇化;二是集约化和生态化发展;三是大中小城市和小城镇协调发展;四是坚持以人为本。

第六节 城市生态文明相关研究

一、生态文明战略实现路径的相关研究

生态文明是人类发展和演进的高级阶段,推进经济社会的全面转型也是生态文明建设应有的题中之义,党的十八大明确提出"把生态文明建设放在突出地位,融入经济建设、政治建设、文化建设、社会建设各方面和全过程",通过生态文明建设推动经济社会的转型发展。生态文明背景下的经济发展方式转变有别于工业文明视野下的经济增长,是以区域总收益持续为正的新发展思路。邓玲(2012)指出,中国特色的生态文明发展道路需要从四个层面推进:一是加强生态环境建设,加大节能减排力度,着力缓解当前我国面临的各种生态环境问题;二是加快转变经济发展方式,着力改变不利于生态环境的生产生活方式;三是推进体制机制创新,建立资源节约、环境友好的制度体系;四是在全社会牢固树立生态文明观念,改变不利于人与自然和谐发展的价值取向。努力探索出在生态文明理念下建设生态环境的道路、自然生态系统文明提升的道路、差别化的区域实现道路、开放合作的实现道路。郑文婷(2010)认为,

产业结构生态化是生态文明建设的重要任务和必然选择。产业结构的生态化是要将节约能源资源和保护生态环境的生态化的原则和要求,融入产业发展的进程中,通过技术、制度、文化等方面促进产业结构生态化,推进农业生态化、工业生态化和产业生态化。邓玲(2015)对生态文明建设的战略构建分析中提出,生态文明建设的实现路径包括绿色发展、循环发展、低碳发展的基本路径和两条特殊路径,即"把生态文明建设放到突出地位,融入经济建设、政治建设、文化建设、社会建设各方面和全过程"和"协同推进新型工业化、信息化、城镇化、农业现代化和绿色化"。李慧明(2009)等认为,产业生态化是生态文明建设的重要内容,并提出产业生态化研究的相关理论基础、分析方法和实施的路径选择,即以产业发展与生态环境良性互动为目标,发挥市场机制在生态环境保护中的作用,在空间上进行区域差异化发展,协调整体与局部的关系,在时间上统筹现在与未来的关系。裴玮、邓玲(2017)提出,新型城镇化与生态文明建设是中国特色社会主义现代化建设的战略任务,两者在理论基础、发展脉络、科学内涵等方面一脉相承,可以也应该协同推进。两者应在行动要素层面进行整合归并,以重点建设任务为抓手,在建设机制、评价方法、政策体系等方面消除割裂与掣肘,构建新的发展系统。生态文明建设是文明的演进,这一过程也是经济社会的生态化转型过程,因此,用生态文明的理念、任务、目标、技术指导经济社会的转型实践,应当成为现阶段研究的重点。

二、城市生态文明建设的相关研究

第一,城市生态文明的内涵。作为人类对自然环境改造最多的区域,城市的生态化演进是生态文明建设的重要方面,侯君舒(2008)认为,"生态文明战略的实现主要从三个方面来实施:生态环境保护、生态经济发展、生态城市建设"。城市生态文明不仅仅包括城市生态环境的改善,还应当具有经济活动的生态化、社会活动的生态化、城市运行的生态化等多方面内涵。肖洪(2004)认为,城市生态环境是城市有生命的基础设施,城市的生态文明水平是城市综合竞争力的重要标准,建设生态城市也是城市现代文明的发展方向。城市生态建设表现为现代社会正由以人类中心主义为价值取向的文化转型为人与自然和谐发展的文化。何天祥(2011)认为,城市生态文明是将城市生态伦理和生态文化融入城市的建设和发展过程中,促进人与自然和谐共处,实现共同发展,以及城市的社会经济可持续发展。李志英等(2007)认为,城市生态文明建设是城市的生态化,即在生态经济学原理指导下,以城市的自然生态承载力为基础,运用系统工程的方法推动城市的生产、消费方式的生态化,转变城市的管理方法,实现生产的高效和生态友好,城市景观适宜,城市环境生态健康的城市发展目标。

第二,城市生态文明建设路径的研究。城市生态文明的实现路径研究,是城市生态文明从理论走向实践的基础。实现城市的生态文明,需要明确城市生态文明建设的要求、任务和实现路径。仁致远(2013)认为,城市生态文明建设是人们在发展建设城市的过程中遵循城市生长发展的客观规律、特征和本质要求,城市生态文明建设是城市文明建设的重要组成部分,是城市科学发展的内在要求,包括健康有序的生态机制和制度,协调的人与自然关系,以及经济、社会、环境的有机统一。王如松(2010)认为,城市生态文明包含文明的支撑、彰显、运作和保障四个体系,城市生态文明建设要从生态基础设施建设、生态人居环境建设、生态代谢网络建设、生态能力建设四方面推进。王杰(2015)认为,确立以生态红线为顶层约束的可持续理念、建设"经济—生态—民生"相协调的城市宜居环境、提高生态文明建设的生态效率,以及促进城市与相关利益主体的生态公平是城市生态文明建设的核心内容,也是城市化的发展方向。

第三,城市生态文明建设实践的研究。许多学者对城市生态文明建设的实践进行了研究,总结和提炼出城市生态文明建设的经验和路径。陈剑(2007)以北京为例,认为城市生态文明建设要将产业结构调整作为突破重点。汪涛(2007)以安徽铜陵市的实践为基础,对资源型城市的城市生态文明建设路径进行探究。郇庆治(2008)总结英国城市可持续发展的实践经验,从生态优化和文明传承的角度,探索城市生态文明建设的模式。

第三章 城市绿色转型的分析框架及目标集成

党的十八大后,生态文明建设正式成为统领我国生态环境建设和绿色发展的国家级战略。绿色低碳循环发展、国土空间优化、环境修复和保护等具体工作都将在生态文明建设的总体框架下开展,并服从和服务于生态文明建设的整体战略,城市绿色转型也是这一整体战略的重要构成。同时,城市的绿色转型也是生态文明的重点和关键,2016年,我国城镇化率已经达到57.35%,城市已经成为人口、经济和社会活动的主要集聚地,也是环境污染的重灾区和主要的资源消耗地,城市的生态文明建设直接关系到我国的可持续发展和生态文明建设的成败。在这样的背景下,城市绿色转型的目标也应当与生态文明建设相契合,推进模式也要与"融合式"生态文明建设模式相对接。因此,本研究在分析城市绿色转型特征的基础上,试图从过程和系统两个维度分析城市绿色转型的实现路径。

第一节 生态文明建设的理论框架及其在城市绿色转型中的作用

一、生态文明建设的理论体系和总体构架

生态文明建设是我国对可持续发展战略的继承和超越,2007年在党的十

七大报告首次提出生态文明建设，经过10年的理论和实践探索，生态文明建设的战略构架和理论体系已经趋于完善。2012年，党的十八大对生态文明建设进行了全面的部署，构建了生态文明建设的战略框架，将"尊重自然、保护自然、顺应自然"作为生态文明建设理念，提出"融入经济建设、政治建设、文化建设、社会建设各方面和全过程"的实现路径，并将"优化国土空间开发格局、全面促进资源节约、加大自然生态系统和环境保护力度、加强生态文明制度建设"作为生态文明建设的主要任务。党的十八届三中全会提出"紧紧围绕建设美丽中国深化生态文明体制改革"，党的十八届四中全会要求"用严格的法律制度保护生态环境"，党的十八届五中全会审议通过"十三五"规划建议。《中共中央国务院关于加快推进生态文明建设的意见》《生态文明体制改革总体方案》，首次提出了"新型工业化、信息化、城镇化、农业现代化和绿色化""五化"同步的实施策略，并提出"将节约优先、保护优先、自然恢复作为基本方针，把绿色发展、循环发展、低碳发展作为基本途径，把深化改革和创新驱动作为基本动力，把培育生态文化作为重要支撑，把重点突破和整体推进作为工作方式"。党的中央和国家不断丰富和完善生态文明建设的理论体系，对生态文明建设进行实践探索，形成了以党的十八大报告为基本构架，以习近平生态文明思想为核心的生态文明建设理论体系。

明确了生态文明建设的重要地位和重大意义。生态文明建设进入"五位一体"总体布局，标志着生态文明建设已成为统领全局的国家战略，具有指导、协调和约束的功能。生态文明建设关乎中华民族的永续发展，习近平总书记指出"生态兴则文明兴，生态衰则文明衰"，认为生态文明建设是"关系人民福祉、关乎民族未来的大计"，是"中华民族伟大复兴的中国梦"的重要内容；生态文明建设关乎中国特色社会主义全面发展，生态文明建设既是"加快转变经济发展方式、提高发展质量和效益的内在要求"，也是"全面建成小康社会、建设美丽中国的时代抉择"；建设生态文明也是我国应当承担的国际责任，是"积极应对气候变化、维护全球生态安全的重大举措"。

明确了生态文明建设的根本遵循和根本要求。党的十八大以来生态文明建设的理论创新,重新阐释了发展与保护的关系。习近平总书记提出"绿水青山就是金山银山"和绿色发展理念,将发展与保护统一起来,"更新了关于生态与资源的传统认识,打破了简单把发展与保护对立起来的思维束缚",带来了执政理念的深刻变革。"绿水青山就是金山银山"的指导理念,也"指明了实现发展和保护内在统一、相互促进和协调共生的方法论",带来了执政方式的深刻转变,为生态文明建设提供了根本遵循。这也为生态文明建设提出了根本要求,即坚持"两山论"和绿色发展理念,从根本上处理好经济发展与生态环境保护的关系,努力实现两者协调共赢。

完善了生态文明建设的系统观。生态系统的整体性、复杂性和系统性意味着生态文明建设必要走协同推进、融合共建的道路。习近平总书记强调,"山水林田湖是一个生命共同体""在生态环境保护上,一定要树立大局观、长远观、整体观不能因小失大、顾此失彼、寅吃卯粮、急功近利",从自然生态要素的空间系统性和生态环境保护的时间系统性两个维度,构建了生态文明建设的系统观。推进生态文明建设,必须按照生态系统的整体性、系统性及其内在规律,处理好部分与整体、个体与群体、当前与长远的关系,进行整体保护、系统修复、综合治理。

提出生态文明建设的核心要义是民生。随着经济社会的持续进步,以及人民生活水平不断提高,人们对生态环境和人居环境提出更高的要求,生态产品和生态服务成为人们的新需求,直接关系到人民的生活质量和幸福指数。习近平总书记指出:"环境就是民生,青山就是美丽,蓝天也是幸福。"生态文明建设既关乎民生福祉,也是民意所归。建设生态文明的核心就是增加优质生态产品供给,让良好生态环境成为普惠的民生福祉,成为提升人民群众获得感、幸福感的增长点。

在生态文明建设的理论体系下,生态文明建设制度的体系也逐步完善。生态文明制度改革全面推进,党的中央、国务院出台生态文明体制"1+6"改革方案,从八个方面完善和健全生态文明制度,"十三五"规划纲要将"实行最严格的环境保护制度"作为重要任务。生态文明政绩考评体系逐步建立,生态环境损害赔偿制度改革、自然资源资产负债表编制、自然资源资产离任审计等制度试点陆续启动,生态文明建设"党政同责""一岗双责"正在落地。生态文明监管体系初步形成,生态环境监测网络建设稳步推进,环境监测事权逐步上收,环境保护督察巡视进入常态化。环境法治建设迈上新台阶,新修订的《环境保护法》《大气污染防治法》相继出台,《大气污染防治行动计划》《水污染防治行动计划》《土壤污染防治行动计划》陆续发布实施。

二、生态文明建设与新型城镇化的关系

生态文明建设和新型城镇化战略都是城市绿色转型的指导。《国家新型城镇化规划(2014—2020)》提出"以人为本、四化同步、优化布局、生态文明、文化传承"的指导思想,将生态文明作为新型城镇化的目标和要求,对城市绿色转型进行了比较全面的设计,体现了生态文明建设"融入"的推进思路。新型城镇化和生态文明建设虽然是侧重点各不相同,但两者具有相互促进、相互影响的密切联系。

首先,生态文明建设是新型城镇化的指导方针和基本原则之一,两者在目标和指导思想上具有统一性,生态文明建设和新型城镇化都将可持续发展作为基本理念,在战略构想中将绿色、协调和以人为本作为基本的原则,在《国家新型城镇化规划(2014—2020)》和《关于加快推进生态文明建设的意见》中都明确提出"绿色发展、循环发展、低碳发展"的基本目标,都将资源环境与发展协调作为基本原则,提出"根据资源环境承载能力构建科学合理的城镇化宏观布局"。

其次,新型城镇化是生态文明建设的难点和关键。一方面,城市对生态环境的负面影响远高于农村地区,对大气、水和生态环境带来大量的污染和破坏,是环境污染和生态破坏集中爆发的空间区域,生态文明建设推进难度远高于其他区域,是环境和发展矛盾最为尖锐的区域。另一方面,城镇化和生态文

明建设并非绝对的对立关系,城镇化除了对生态环境带来压力之外,还能通过集聚经济和规模经济提升资源利用效率,也会带来生态环境的正效应:一是生产和生活的集中带来的节能减排效应;二是人口的适度集中有利于土地高效利用和劳动力充分就业,从而带来人口的集散效应;三是人口的集中和信息的汇聚有利于生态文明理念的形成和绿色消费模式的普及,从而带来文明教育效应。

再次,生态文明建设和新型城镇化在内容上具有一致性,两者都将优化布局、集约高效发展作为推进的主要任务,其中《国家新型城镇化规划(2014—2020)》提出"节约集约利用土地、水、能源等资源",《中共中央国务院关于加快推进生态文明建设的意见》提出"经济社会发展必须建立在资源得到高效循环利用、生态环境受到严格保护的基础上,与生态文明建设相协调,形成节约资源和保护环境的空间格局、产业结构、生产方式"。

最后,生态文明对新型城镇化的推动作用,一是通过发展节能环保产业、新能源和新材料产业能够为新型城镇化创造新的经济增长点,推动产业结构的优化升级;二是通过环保类基础设施投资,能够提升城镇化的水平和质量;三是通过对激发生态产品的需求,能够形成新型城镇化的动力。

三、城市层面的生态文明建设特点

生态文明建设并不简单等同于资源节约和生态环境建设,而是经济社会各方面的改革和转型,从根源上扭转造成资源环境问题的粗放发展模式。城市作为经济和社会活动的集聚地,其生态文明建设不仅包括资源节约、生态环境保护,还包括城市生产方式和运行方式的绿色转型,从"传统经济＋资源管理＋污染治理"转向"绿色发展＋循环发展＋低碳发展",与国家层面的生态文明建设相比,城市的生态文明建设在主要任务和建设重点方面都具有鲜明的特点。

一方面,城市生态文明建设的任务应当以发展方式的绿色转型为主。

城市是人类的集聚的中心,经济活动中的产业和人口等要素都在城市中集聚。不仅如此,城市也是一个区域的经济中心、文化中心和政治中心,集聚了资金、人才、技术等经济要素,经济转型所需的科技创新、社会进步、文化活动等驱动力量都以城市为单位集中分布,经济转型中产业结构的优化升级、消费结构的转变都需要以城市为空间单元进行,因此,城市不仅是经济转型的主阵地,也是经济转型的策源地和主要推动力量。作为生产和生活的主要集聚地,城市的生态文明建设应当更加注重生产、生活方式的绿色转型,以及生产、生活、生态空间的协调,以全面推进资源节约和"三生"空间协调为主要任务。

另一方面,生态环境建设的推进模式应当与城市绿色发展相结合。城市的生态环境建设应当与城市的产业生态化、空间优化和生活方式变化相结合,以融合共建的方式为主,生态环境工程建设为辅。城市的主要功能是承载经济要素和人口,而非提供生态产品和服务,因此大规模的生态修复和建设工程并非城市生态文明建设的重点和主要任务,城市生态环境保护和建设应当以降低资源环境压力、治理城市环境污染为主,其具体行动应当与城市的生产生活方式绿色转型、生态空间布局相融合。

四、生态文明建设在城市绿色转型中的作用

第一,为城市绿色转型明确了目标和方向。生态文明建设进入中国特色社会主义"五位一体"总体布局后,其理论体系和制度框架不断完善,提出了"建设美丽中国""形成节约资源和保护环境的空间格局、产业结构、生产方式、生活方式,从源头上扭转生态环境恶化趋势"等总体战略目标,为城市绿色转型设定了总体方向。同时,《中共中央国务院关于加快推进生态文明建设的意见》中,对生态文明建设进行了目标分解和任务安排,这也为城市绿色转型的目标设定提供了依据。城市绿色转型在推进过程中能够根据生态文明建设的理论和实践,制定更具操作性的转型进程,合理安排城市绿色转型的阶段性任

务和推进次序,从而保证城市绿色转型与国家的生态文明建设相同步,形成良性互动。

第二,为城市绿色转型提供了实现模式。城市绿色转型是复杂系统的动态演进过程,不仅需要多主体、多部门的协同,更需要系统的协调和整合。传统的城市建设模式都是以产业集聚区为核心逐渐扩散,城市的交通系统、市政基础设施系统和公共服务系统都是以满足局部生产生活需要为基础进行建设。这种生产导向的城市建设模式导致了城市交通系统运行效率低、市政基础设施冗余度不足,公共服务难以满足居民需求等问题。随着城市规模的进一步扩大,传统城市建设中各自为政的模式已经难以适应城市的管理和发展的需求,统筹协调城市的运行和管理部门、统一规划城市的空间格局已经成为解决城市病问题的必然选择。生态文明的建设理念要求城市建设多系统融合共建。党的十八大提出要"把生态文明建设放到突出地位,融入经济建设、政治建设、文化建设、社会建设各方面和全过程",即要在各项建设中融入生态文明的理念、原则和目标,发挥生态文明建设对四大建设系统的引导、协调、净化和提升作用。这也意味着在传统的"植入式"战略推进模式外,又增加了以系统诊断、分解、整合为主要推进模式的"融合式"战略推进模式。生态文明建设"融合式"的推进模式为城市绿色转型提供新的思路和模式,有利于解决城市绿色转型中的系统协调问题。

第三,为城市绿色转型提供了政策和制度支撑。生态文明建设作为国家战略,一方面以生态文明理念、目标和战略构想作为城市绿色转型的指导,规范其推进方向;另一方面通过制度安排、政策工具和协调机制发挥协调的作用,解决城市绿色转型中的协调和统筹的难题。此外,生态文明建设的丰富的技术储备、实践案例和政策工具,为城市绿色转型的路径设计提供了丰富的选择和参考,为城市绿色转型的推进提供了有力的支撑。在生态文明建设的背景下推进城市绿色转型,能够分享政策和制度红利,减低转型过程中的成本和风险。

第二节 城市绿色转型的内涵及分析框架

一、城市绿色转型的内涵界定

城市的转型问题最初是源自对工矿城镇转型的研究,随着城市产业的演进,因产业集聚而形成的城市面临着主导产业更替,失业人口安置等一系列经济和社会问题,城市转型的研究也逐渐扩展到城市产业、规划和社会问题的研究。城市的绿色转型是在资源环境问题恶化和城市病问题凸显的形势下,对城市发展模式的重新思考和探索。2008年,山西省太原市在我国首次正式提出城市绿色转型的概念,在《太原市推进绿色转型条例》中,将绿色转型定义为"以生态文明建设为主导,以循环经济为基础,以绿色管理为保障,发展模式向可持续发展转变,实现资源节约、环境友好、生态平衡,人、自然、社会和谐发展"。在太原市绿色转型实践的基础上,徐雪、罗勇(2012)认为,城市绿色转型是以经济增长、社会进步和资源环境建设作为目标,以绿色经济、绿色城市建设管理和绿色社会建设为核心内容,实现资源、环境、社会可承受的增长与城市发展可承受的绿色化的统一,在城市发展方式上以思想创新、体制创新和技术创新为主要动力推动城市的可持续发展。诸大建(2013)认为,城市绿色转型就是城市绿色绩效不断提高的过程,即用较少的资源环境代价获得较大的经济产出和社会福利,实现城市经济的增长和福利的提升与资源环境的消耗相脱钩。影响城市绿色绩效的主要有服务效率、结构效率和技术效率,因此推动城市的绿色转型需要通过创新驱动提升资源生产率,通过发展共享经济提升服务效率,通过空间结构和产业结构的优化提升结构效率。综合现有研究和转型的实践,笔者认为城市的绿色转型比城市的产业转型、宜居城市建设、城市可持续发展等概念有更丰富的内涵,城市绿色转型不仅仅包括节能减排、交通运输效率提升、人居环境的改善等内容,还涵盖了城市产业的生态化转型,城市空间格局的优化以及城市治理机制的创新。

综上,笔者认为,生态文明背景下的城市绿色转型是城市在生态文明理念指导下向着可持续发展方向演进的动态过程,通过创新驱动提升城市发展的技术效率,通过产业结构升级和空间结构优化提升城市发展的结构效率,通过城市规模管控发挥城市的规模效益,推动城市发展与资源消耗和环境污染相脱钩,实现以绿色的生产生活方式、资源节约环境友好、协调的城市空间格局、良好的人居环境、合理适度的城市规模为特征的转型目标。

具体来说,城市绿色转型的方向应当是城市的经济效益、社会福利、生态绩效全面提升;其目标是推动生产生活方式的生态化、资源利用效率的提升、环境污染的遏制、城市空间格局的协调、人居环境的改善以及城市规模的合理适度;城市绿色转型的路径是城市发展效率的提升,可以分解为创新驱动带来的技术效率的提升,城市产业结构升级和空间机构优化带来的结构效率提升,城市规模管控带来的规模效应最优。

城市绿色转型的主要表现是城市发展与资源消耗和环境污染相脱钩。在增长动力方面体现为要素投入驱动向创新创意驱动的转换;在经济发展方面体现为产业体系的生态化和服务化,以知识密集型和资金密集型的现代服务业和高端制造业为主导产业;在城市运行层面体现为循环经济、清洁生产、绿色建筑体系、绿色低碳的交通运输体系和绿色健康的消费模式等高资源利用率的生产生活模式;在城市景观层面体现为生产、生活、生态空间的协调和优化;在城市规模和开发强度方面体现为与资源环境承载力相适应的人口规模,开发强度和经济密度。

二、城市绿色转型的特征

根据对城市绿色转型的内涵界定,我们认为城市绿色转型与城市更新、城市绿色发展、城市生态文明建设等概念有明显的不同,一方面,城市绿色转型是一个长期持续的演进过程,具有鲜明的过程性;另一方面,城市绿色转型涉及的主体和领域更多,层面更加宏观,具有鲜明的系统性。

一是过程性。城市从诞生之初就不断经历着演进和转型的过程,近现代城市的第一次转型始于20世纪50年代,第二次世界大战后,因战争催生的美国工业在出现了明显的产能过剩,工业在战后开始衰退,工业城市也因此受到明显的影响,在这样的背景下,美国东北部地区工业城市被迫通过产业升级带动城市转型。20世纪80年代,随着信息革命和互联网时代的到来,全球产业逐步向信息产业、服务型产业发展,经济全球化也推动了全球城市体系和全球生产网络体系的形成,一些国际化大都市进入第二次城市转型。两次城市转型充分体现了城市转型的过程性,纽约、芝加哥、伦敦、曼彻斯特等转型成功的城市都是以对城市现状的诊断为起点,在对发展趋势准确研判的基础上确定转型目标,并最终在此基础上设计可行有效的转型路径,经历了现状—路径—目标的转型过程。城市绿色转型是在全球资源环境形势趋紧、城市病问题凸显的情况下进行被动转型,也是城市为集聚智力资源,增强创新能力而进行的主动转型。因此,城市的绿色转型也必然要遵循现状—路径—目标的转型过程。在这一过程中,首先,要明确城市转型的目标,准确把握城市转型的方向和目的;其次,要根据转型的目标,对城市的发展现状进行诊断,对城市的发展效率、制约因素等进行系统分析和评价;最后,在转型目标和现状诊断的基础上,对城市转型的路径进行规划和设计,对转型的任务和实现进程进一步细化。

图 3.1 城市转型的过程

二是系统性。城市是由生产、居住、交通等多个子系统构成的复杂系统,在不同视角下城市也可以划分为经济子系统、政治子系统、社会子系统、环境子系统等等。每个子系统的构成要素数量多、种类复杂,组织结构多种多样。城市的各个要素之间又相互重叠交织,子系统内部和子系统之间也存在复杂的运行机制,进而实现不同的功能。钱学森曾认为城市有数量巨大的子系统,之间的关系复杂,而且是一个开放的系统,是开放的复杂巨系统。由于城市是一个自我组织、自我调节的"巨系统",是由自然、城、人形成的共生共荣的"综合体",因此推动城市这样一个复杂系统转型,就必须要从系统的角度进行分析和诊断,着眼于城市全部功能的整体性和系统性来全面把握城市经济、政治、社会、文化、环境各领域及其相互联系,在要素、结构、运行机制等层面综合考虑城市转型的路径。

三、城市绿色转型的分析框架

由于城市本身的复杂性和系统性,城市绿色转型的研究大多都通过建立系统分析框架对转型的目标、任务和手段进行梳理,从而保障研究的系统性。从现有研究来看,刘纯彬、张晨(2009)分别从原因、方法、效果三个维度明确了资源性城市的绿色转型的内涵,分别明确了城市绿色转型的主体、目标和特征,即以企业、产业和政府为主体,以实现环境友好、资源节约、社会和谐和经济发展为目的,具有劳动力专业素质和生态道德素质同步提升,社会和谐共融,资源减量循环高效利用,资源产业的绿色改造和新兴产业绿色升级,以及绿色监管和保护体制等方面的特征。朱远(2011)从生产、消费两个维度分析城市绿色转型的关键要素,认为城市绿色转型在生产维度表现为GDP、产业结构、资源消耗强度,在消费维度表现为城市居住的人口总量、城市居民的消费模式、城市的建设与运行模式,因此在城市的绿色转型中应当在生产维度提高资源生产率和调整产业结构,在消费维度转变居民的消费模式和优化城市建设与运行模式,从两个维度推动城市的绿色转型。现有研究多从城市的系统维度展开,通过不同的视角分解城市绿色转型的任务系统,但是从系统构成角度分析城市绿色转型的较少。

本研究试图从城市绿色转型的过程性和系统性特征出发,从过程和系统两个维度构建城市绿色转型的分析框架。过程维度是指城市转型需要经过现状—路径—目标的转型过程,要在现状诊断分析的基础上,结合城市转型的目标,对转型的路径进行规划和设计。系统维度是指城市系统由要素、结构、运行机制构成,城市转型的路径和任务也应从这三个层面展开。

从过程的维度来看,过程维度由现状—路径—目标三个方面内容构成。城市绿色转型是城市向可持续发展和绿色发展方向长期演进的过程,城市绿色转型也要遵循现状—路径—目标的演进过程,在实际推进中要以转型目标为指导,以城市发展现状的诊断和分析为基础,规划和设计城市绿色转型的具体路径,并根据实施的情况和反馈信息,对路径进行及时修正。在目标方面,目前对城市绿色转型的目标虽然表述各有不同,但内容已经基本形成共识,结合现有研究及生态文明战略、新型城镇化和全球可持续发展战略的表述,本研究将城市绿色转型的目标归纳为绿色的生产生活方式、资源节约环境友好、协调的城市空间格局、良好的人居环境,以及合理适度的城市规模五方面。在现状方面,本研究认为,不同城市的规模、结构、区位等都不相同,难以用统一的标准进行衡量,因此可以选择城市的绿色效率衡量城市的绿色发展水平。城市绿色效率通过对城市发展中的投入和产出进行数据包络分析得出较为客观投入产出效率,进而衡量城市的绿色发展水平。其中,投入要素包括资本、劳动力等传统生产要素,也应当包括自然资源、能源等绿色要素,产出包括物质产出、收入等"好产出",也应当包括环境污染等"坏产出"。在路径方面,可以依据城市绿色效率评价结果,进一步分析其影响因素,并根据转型目标进行规划和设计。

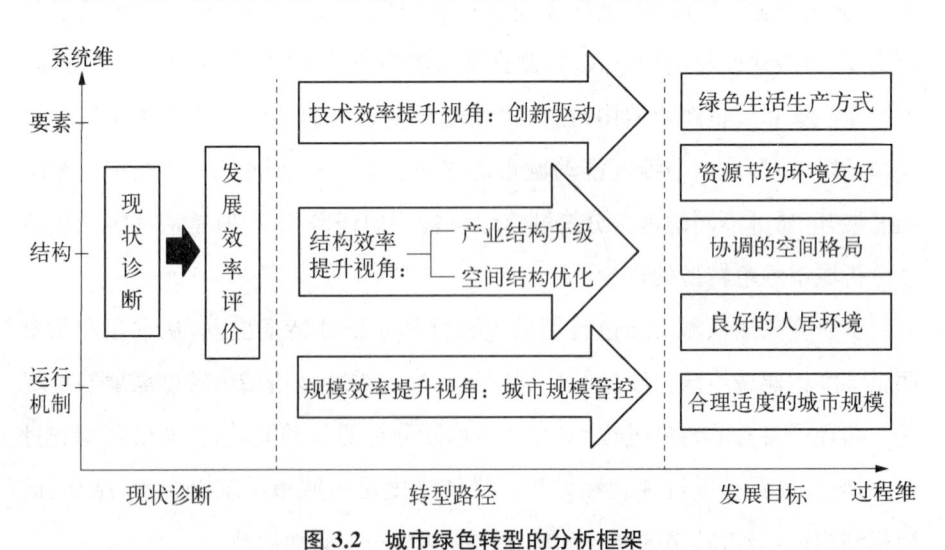

图 3.2 城市绿色转型的分析框架

从系统的维度来看,城市是复杂巨系统,是由要素、结构、运行机制构成,城市绿色转型也要从系统的构成入手,推动构成要素、结构和运行机制的转型。在要素层面,通过技术创新推动生产单位或消费单位的绿色转型和生态化改造,能够提高系统要素的资源利用效率,降低污染排放率。这种由技术进步带来的效率称为技术效率。从提升技术效率的角度来看,城市绿色转型应当将创新创意作为驱动转型的根本动力。在结构层面,通过组织结构的重构优化来促进城市产业结构的升级和空间结构的优化,能够在技术效率不变的情况下,优化结构,调整运行机制,提升系统的运行效率。这种由结构优化带来的效率提升称为结构效率。我国目前提出的供给侧结构性改革就是对结构效率的改进提升举措,从提升结构效率的角度来看,应当将城市的产业结构升级和空间结构优化作为城市转型的主要任务,优化城市系统,进一步释放城市绿色发展的潜能。在运行机制层面,城市系统的运行机制纷繁复杂,鉴于篇幅和专业的限制,本研究仅对城市规模的管控机制进行分析,从提升城市规模效率的角度,分析城市的最优规模及其实现机制。

第三节 城市绿色转型的目标集成

城市绿色转型的目标是进行现状诊断和路径选择的前提和基础,只有先明确了城市绿色转型的方向,才能进一步分析现状和目标的差距,并以此为基础找到实现路径。本节以我国生态文明建设、全球可持续发展以及新型城镇化对城市发展的目标为依据,在对其内容的整合、分析的基础上,进行目标集成,形成城市绿色转型的目标体系。

一、生态文明建设背景下城市的发展目标

生态文明建设对我国经济社会发展的各方面都有指导和约束作用,生态

文明建设的目标和要求也是城市转型的方向和指导目标。在生态文明背景下，城市的发展目标既要体现生态文明建设的总体目标和要求，也要体现城市的特点，形成具有针对性的具体目标。本研究根据国家生态文明建设的任务，对生态文明建设下城市发展的总体发展目标和具体目标进行梳理，作为设定城市绿色转型目标的重要依据。

从总体目标来看，党的十八大提出，"形成节约资源和保护环境的空间格局、产业结构、生产方式、生活方式，从源头上扭转生态环境恶化趋势"。《中共中央国务院关于加快推进生态文明建设的意见》提出，"资源节约型和环境友好型社会建设取得重大进展，主体功能区布局基本形成，经济发展质量和效益显著提高，生态文明主流价值观在全社会得到推行，生态文明建设水平与全面建成小康社会目标相适应"。可以看出，资源节约和环境友好是生态文明建设的基本目标，"努力建设美丽中国，实现中华民族永续发展"和"走向生态文明新时代"是生态文明建设的最终目标，绿色发展、循环发展、低碳发展既是要求也是实现路径。

从具体目标来看，空间格局优化、生产生活方式的生态化、自然生态环境改善是城市生态文明建设的具体目标。空间格局优化即包括城市内部的生产、生活、生态空间的协调和优化，也包括科学合理的城市化格局，《中共中央国务院关于加快推进生态文明建设的意见》就提出"根据资源环境承载能力，构建科学合理的城镇化宏观布局，科学确定城镇开发强度""依托现有山水脉络、气象条件等，合理布局城镇各类空间"两方面的目标。

生产生活方式的生态化包含资源利用方式的生态化和发展方式的绿色转型两个方面，党的十八大报告提出"要节约集约利用资源，推动资源利用方式根本转变，加强全过程节约管理，大幅降低能源、水、土地消耗强度，提高利用效率和效益"将资源利用方式的生态化作为生态文明建设具体目标。《中共中央国务院关于加快推进生态文明建设的意见》提出"构建科技含量高、资源消耗低、环境污染少的产业结构，加快推动生产方式绿色化，大幅提高经济绿色化程度，有效降低发展的资源环境代价""推动科技创新、调整优化产业结构、发展绿色产业",要求从发展动力和结构两个方面推动生产方式的生态化。

自然生态环境的改善是生态文明建设最直接的目标,党的十八大提出"坚持预防为主、综合治理,以解决损害群众健康突出环境问题为重点,强化水、大气、土壤等污染防治",《中共中央国务院关于加快推进生态文明建设的意见》提出"全面推进污染治理"。

表 3.1　　　　　　国家政策文件对城市空间格局的表述

	文　　件	具　体　表　述
主体功能区定位	党的十八大	推动各地区严格按照主体功能定位发展,构建科学合理的城市化格局、农业发展格局、生态安全格局
	《生态文明体制改革总体方案》	统筹国家和省级主体功能区规划,健全基于主体功能区的区域政策,根据城市化地区、农产品主产区、重点生态功能区的不同定位,加快调整完善财政、产业、投资、人口流动、建设用地、资源开发、环境保护等政策
多规合一	《中共中央国务院关于加快推进生态文明建设的意见》	推动经济社会发展、城乡、土地利用、生态环境保护等规划"多规合一"
	《生态文明体制改革总体方案》	支持市县推进"多规合一",统一编制市县空间规划,逐步形成一个市县一个规划、一张蓝图
平衡适宜的空间体系	党的十八届三中全会决议	优化城市空间结构和管理格局,增强城市综合承载能力
	《中共中央国务院关于加快推进生态文明建设的意见》	构建平衡适宜的城乡建设空间体系,适当增加生活空间、生态用地,保护和扩大绿地、水域、湿地等生态空间
	《生态文明体制改革总体方案》	明确城镇建设区、工业区、农村居民点等的开发边界,以及耕地、林地、草原、河流、湖泊、湿地等的保护边界,加强对城市地下空间的统筹规划

资料来源:整理自相关文件。

二、全球可持续发展背景下城市的发展目标

联合国《2030 年可持续发展议程》是世界各国对可持续发展的共识,也是

未来二十年内推动全球可持续发展的基本纲领和目标。联合国《2030年可持续发展议程》已经在2015年9月获得联合国193个成员国一致通过,其目标和要求将为全球的可持续发展提供指导和借鉴,因此本研究也将其作为设定城市绿色转型目标的重要依据。联合国《2030年可持续发展议程》有关城市绿色发展的目标主要来自四个总目标,并涉及诸多子目标,可以归纳为经济可持续增长、提升资源利用效率、减少环境污染、提升企业和公众的环保意识、改善人居环境、减少自然灾害损失六大方面(见表3.2)。

表3.2 《2030年可持续发展议程》关于城市绿色发展的目标

	可持续发展目标	可持续发展子目标
经济可持续增长	8 促进持久、包容和可持续的经济增长,促进充分的生产性就业和人人获得体面工作	8.2 通过多样化经营、技术升级和创新,包括重点发展高附加值和劳动密集型行业,实现更高水平的经济生产力
	9 建造具备抵御灾害能力的基础设施,促进具有包容性的可持续工业化,推动创新	9.b 支持发展中国家的国内技术开发、研究与创新,包括提供有利的政策环境,以实现工业多样化,增加商品附加值
	11 建设包容、安全、有抵御灾害能力和可持续的城市和人类住区	11.a 通过加强国家和区域发展规划,支持在城市、近郊和农村地区之间建立积极的经济、社会和环境联系
	12 采用可持续的消费和生产模式	12.1 各国在照顾发展中国家发展水平和能力的基础上,落实《可持续消费和生产模式十年方案框架》,发达国家在此方面要做出表率
		12.a 支持发展中国家加强科学和技术能力,采用更可持续的生产和消费模式
		12.b 开发和利用各种工具,监测能创造就业机会、促进地方文化和产品的可持续旅游业对促进可持续发展产生的影响
提升资源利用效率	8 促进持久、包容和可持续的经济增长,促进充分的生产性就业和人人获得体面工作	8.4 到2030年,逐步改善全球消费和生产的资源使用效率,按照《可持续消费和生产模式方案十年框架》,努力使经济增长和环境退化脱钩,发达国家应在上述工作中做出表率

续 表

	可持续发展目标	可持续发展子目标
提升资源利用效率	9 建造具备抵御灾害能力的基础设施,促进具有包容性的可持续工业化,推动创新	9.4 到2030年,所有国家根据自身能力采取行动,升级基础设施,改进工业以提升其可持续性,提高资源使用效率
	12 采用可持续的消费和生产模式	12.2 到2030年,实现自然资源的可持续管理和高效利用
		12.c 对鼓励浪费性消费的低效化石燃料补贴进行合理化调整,为此,应根据各国国情消除市场扭曲,包括调整税收结构,逐步取消有害补贴以反映其环境影响,同时充分考虑发展中国家的特殊需求和情况,尽可能减少对其发展可能产生的不利影响并注意保护穷人和受影响社区
减少环境污染	9 建造具备抵御灾害能力的基础设施,促进具有包容性的可持续工业化,推动创新	9.4 更多采用清洁和环保技术及产业流程
	11 建设包容、安全、有抵御灾害能力和可持续的城市和人类住区	11.6 到2030年,减少城市的人均负面环境影响,包括特别关注空气质量,以及城市废物管理等
	12 采用可持续的消费和生产模式	12.4 到2020年,根据商定的国际框架,实现化学品和所有废物在整个存在周期的无害环境管理,并大幅减少它们排入大气以及渗漏到水和土壤的机率,尽可能降低它们对人类健康和环境造成的负面影响
		12.5 到2030年,通过预防、减排、回收和再利用,大幅减少废物的产生
提升企业和公众的环保意识	12 采用可持续的消费和生产模式	12.6 鼓励各个公司,特别是大公司和跨国公司,采用可持续的做法,并将可持续性信息纳入各自报告周期
		12.8 到2030年,确保各国人民都能获取关于可持续发展以及与自然和谐的生活方式的信息并具有上述意识

续 表

可持续发展目标		可持续发展子目标
改善人居环境	11 建设包容、安全、有抵御灾害能力和可持续的城市和人类住区	11.1 到2030年,确保人人获得适当、安全和负担得起的住房和基本服务,并改造贫民窟
		11.2 到2030年,向所有人提供安全、负担得起的、易于利用、可持续的交通运输系统,改善道路安全,特别是扩大公共交通,要特别关注处境脆弱者、妇女、儿童、残疾人和老年人的需要
		11.3 到2030年,在所有国家加强包容和可持续的城市建设,加强参与性、综合性、可持续的人类住区规划和管理能力
		11.7 到2030年,向所有人,特别是妇女、儿童、老年人和残疾人,普遍提供安全、包容、无障碍、绿色的公共空间
		11.c 通过财政和技术援助等方式,支持最不发达国家就地取材,建造可持续的、有抵御灾害能力的建筑
减少城市自然灾害损失	11 建设包容、安全、有抵御灾害能力和可持续的城市和人类住区	11.5 到2030年,大幅减少包括水灾在内的各种灾害造成的死亡人数和受灾人数,大幅减少上述灾害造成的与全球国内生产总值有关的直接经济损失,重点保护穷人和处境脆弱群体
		11.b 到2020年,大幅增加采取和实施综合政策和计划以构建包容、资源使用效率高、减缓和适应气候变化、具有抵御灾害能力的城市和人类住区数量,并根据《2015—2030年仙台减少灾害风险框架》在各级建立和实施全面的灾害风险管理

资料来源:整理自联合国《2030年可持续发展议程》。

三、新型城镇化背景下城市的发展目标

《国家新型城镇化规划(2014—2020)》首次提出"把生态文明理念全面融入城镇化进程",将生态文明作为新型城镇化的指导思想,明确将"城镇化水平和质量稳步提升""城镇化格局更加优化""城市发展模式科学合理""城市生活

和谐宜人""城镇化体制机制不断完善"作为新型城镇化的总体目标。五大目标中,"城镇化格局更加优化""城市发展模式科学合理"和"城市生活和谐宜人"三大目标更加侧重城市的转型发展。

"城镇化格局更加优化"的目标包含两个方面:一是城市规模结构、开发强度的优化,其中,"根据资源环境承载能力构建科学合理的城镇化宏观布局","科学规划建设城市群,严格控制城镇建设用地规模"等内容都是对城市规模管控、城镇体系优化以及开发强度管控的具体目标。二是城市内部空间结构的优化,其中,"将绿色低碳理念融入城市规划全过程""合理控制城镇开发边界,优化城市内部空间结构,促进城市紧凑发展,提高国土空间利用效率"等内容都是对城市内部空间结构优化的具体要求。

"城市发展模式科学合理"的目标指明了城市的发展模式和运行模式转型的方向。其中"密度较高、功能混用和公交导向的集约紧凑型开发模式成为主导""节能节水产品、再生利用产品和绿色建筑比例大幅提高"是对城市资源利用的具体要求。"绿色生产、绿色消费成为城市经济生活的主流"是对城市生产生活方式转型的具体要求,"优化城市产业结构""增强城市创新能力"则是实现这一目标的路径。

"城市生活和谐宜人"的目标更加侧重人居环境和自然环境的改善。"生态环境明显改善,空气质量逐步好转,饮用水安全得到保障""自然景观和文化特色得到有效保护"都是对城市自然生态环境的具体要求。

四、生态文明建设背景下城市绿色转型的目标

生态文明建设、《2030年可持续发展议程》《国家新型城镇化规划(2014—2020)》对城市绿色发展的目标虽然角度不同、表述有所差异,但是对城市未来的发展方向和要求是一致的。本研究从这三个战略构想出发,对城市绿色发展的方向和要求进行了整合,构建了城市绿色转型的目标体系,包括绿色的生产生活方式、资源节约环境友好、协调的城市空间格局、良好的人居环境,以及

合理适度的城市规模五大方面。

一是绿色的生产生活方式。生态文明建设、《国家新型城镇化规划（2014—2020）》都将形成绿色生产生活方式作为城市发展的目标，要求城市摒弃传统的发展模式，向更加绿色低碳、集约高效的发展模式转变。传统高投入、高消耗、高污染的粗放型增长模式是城市环境问题的根源，城市的经济增长以物质资源投入和规模扩张为主要动力，随着城市经济规模和人口规模的迅速增大，城市的资源消耗和环境污染也急剧增加，城市的环境与发展的矛盾十分突出，传统低效的城市运行模式难以为继。绿色的生产生活方式以循环经济、清洁生产、绿色低碳消费为主要特征，能够极大地提升资源利用率，降低环境污染和碳排放，使得城市在有限的环境容量和生态本底下具有更大的资源环境承载能力，从而实现"从源头上扭转生态环境恶化的趋势"。

二是资源节约环境友好。资源节约环境友好是绿色发展的直接体现，也是城市绿色发展最基本的目标。城市是资源和能源的主要消费地，2013年，城市消耗了世界64%的能源，产生了全球70%的碳排放，到2050年，城市将集中全球70%的人口，消耗着全世界约75%的能源。同时，城市也是环境污染和气候变化的重灾区，建筑的采光、保温都以人工方式和主动方式为主，不仅消耗了大量的能源，而且产生了城市热岛效应等局部气候影响。以私家车为主的出行方式也造成了能源消耗和大气污染，城市生产生活产生的废水和固体废弃物也是环境污染的主要来源。城市的绿色发展就是为应对城市资源环境问题而产生的，因而也是城市绿色发展最为基本的目标。

三是协调的城市空间格局。从城市发展中出现的问题来看，不合理的城市空间开发格局不断增加城市的治理和运行成本。由于城市道路和地面的硬化，影响了城市所处的水资源循环，造成了城市内涝、水系污染等问题，雨季来临的时候城市的交通系统往往陷入瘫痪，城市居民的生活受到影响，城市的管理者需要投入大量的人力和物力进行疏浚治理。城市建筑布局的不科学导致城市气候的自我调节能力丧失，造成城市热岛效应、建筑物光污染等问题，增加了城市的运行成本。依托城市的生态本底和自然环境条件优化城市的生产、生活、生态空间结构,利用大气循环和水循环降低城市的环境治理和运行成本,既能够保证城市的可持续发展,也能够缓解城市与自然环境的压力,是城市建设的必然选择。

四是良好的人居环境。随着产业的升级和城市的演进,城市作为居住的功能超越了城市的产业集聚功能,生态文明建设、《国家新型城镇化规划(2014—2020)》、联合国《2030年可持续发展议程》都将良好的人居环境作为城市发展的重要目标。在传统发展模式下,城市的主要功能是承载制造业为主的产业集群,企业通过在城市集聚共享基础设施,形成规模效应,城市发展的主要目标是创造经济效益,从而造成了当前城市生态环境恶化、交通拥堵、居住条件恶劣等问题。随着城市规模的扩大和产业结构的服务化演进。城市作为主要的人口集聚地和经济、社会场所,其功能已经不再局限于生产的集聚地,而是承担了更多的居住、社会交流、信息流通和创新等功能,城市的集聚效应更多地体现在人口和信息的集聚带来的创新能力,城市的竞争力更多地体现在城市在资源配置和资金信息流动中所处的位置,在这种情况下,城市发展目标也由物质产出转向对智力资源,即通过构建优美宜居的居住环境集聚更多的人口和智力资源,通过营造和谐活跃的社会氛围推动信息的流动,激发人口的创新潜力,通过高效便捷的交通降低城市运行的成本。

五是合理适度的城市规模。从生态文明建设的任务来看,城市化格局是全国空间开发格局的重要构成,与农业发展格局、生态安全格局共同构成我国的主体功能区划。国家关于生态文明建设的政策和文件中都将城市的开发强度和空间格局作为生态文明建设的重点。按照生态承载力确定城市的发展强度,能最大限度地缓解城市对自然生态系统的压力,避免城市扩张侵蚀生态空间和农业生产空间,从而为生态系统的保护和修复创造条件。依托城市的生态本底优化城市的生产、生活和生态空间,能够确保城市发展与周围的自然环境形成良性的互动,减少城市对水资源循环和大气循环造成的影响,为生态文明建设全局提供有力的支撑。

第二篇 实证分析

第四章　城市绿色发展现状评价及分析

城市绿色转型的过程性和系统性的特征,意味着城市绿色转型推进周期长、涉及的领域多,这也要求城市绿色转型必须以渐进式推进和重点突破的方式实施。掌握城市绿色发展现状是城市绿色转型的进程安排和路径设计的前提和基础。从过程性的特点考虑,在推动城市绿色转型之前,首先要找准城市绿色转型的起点,对城市目前的经济效率、资源环境效率和社会福利绩效等作出准确的判断,找到其中的薄弱环节,从而为安排城市绿色转型的进程,制定城市绿色转型的目标提供依据。从系统性的特点考虑,分析城市绿色效率的影响因素,能够为设计城市绿色转型的路径找准重点和突破口,为推动城市绿色转型的具体任务安排和实施计划提供参考。

第一节　绿色发展现状评价的方法选择

在城市绿色转型目标集成的基础上,本研究对城市绿色发展的现状进行诊断,分析现状和目标的差异,以及主要影响因素,根据诊断和分析结果选择城市绿色转型的有效路径。目前关于城市绿色转型的评价中,对城市绿色发展现状的表述并不统一,主要集中在城市绿色效率、绿色竞争力、绿色发展水平等方面,评价的对象和侧重点也各不相同。对绿色发展现状的表述和评价对象不同,评价的主要方法也不相同,目前对城市绿色发展水平的评价主要有生产函数法、指标体系法、生态足迹法和数据包络分析(DEA)等。

第一,生产函数法。以城市规模经济性评价和城市综合评价为侧重的城市发展效率评价多采用生产函数法进行评价。Ciccone 和 Hall(1996)、Venanbles(2011)通过对城市的人均产出或者收入反映城市的规模经济性,陈良文(2009)等运用劳动生产率等指标分析城市生产率与经济密度之间的联系,Greenstone et al.(2010)和 Combes et al.(2012)以企业的生产效率为切入点,分析城市人力资本、城市规模和集聚模式对生产效率之间的影响。此类研究侧重分析由集聚带来的规模效应对企业的影响,评价集中在劳动生产效率和企业效率等方面,角度较为单一。王小鲁、夏小林(1999)将城市视为一个生产单元,通过构建城市的生产函数估算城市的规模收益,戴永安(2010)运用SFA(随机前沿生产函数)方法也对城市的综合效率进行了预测。

第二,指标体系法。许多学者将城市绿色效率表述为竞争力和绿色发展水平,通过构建指标体系进行评价。陈静(2012)从低碳环境支撑能力、低碳经济增长能力和低碳社会发展能力三个维度,构建城市低碳竞争力评价指标体系,并运用灰理想关联分析评价模型对北京、上海、天津和重庆四个直辖市进行实证研究。王艳秋(2012)构建了资源型城市绿色转型 TPE 复合系统模型,即推力系统(thrust system)、动力系统(power system)和效果系统(effect system)构成的复合系统模型,从经济、社会、资源、环境、科技五个方面构建了评价指标体系,采用熵值法确定指标权重,对大庆市的绿色转型能力进行评价。卢强、肖宏伟等分别对工业绿色转型水平、绿色转型发展水平进行评价。卢强(2013)提出利用工业资源消耗或污染物排放变化相对工业产值的弹性脱钩值作为测度工业绿色转型水平的评价指标,并进一步细化分解为结构脱钩弹性、技术脱钩弹性和治理(回用)脱钩弹性三个中间变量,以此为基础建立评价指标体系,对"十一五"期间广东省五个区域工业绿色转型升级进展进行评价。肖宏伟、李佐军(2013)认为,绿色转型是解决经济社会发展中的资源与环境约束问题,加快转变经济发展方式的必由之路。从环境保护、资源利用、竞争力提升三个方面构建绿色转型发展评价层次体系,并对我国 30 个省的绿色转型发展水平进行评价。认为在绿色转型发展评价指标体系的构建中应当突出评价的导向性,逐步建立和完善绿色转型发展评价体系。

第三,生态足迹法。生态足迹是 20 世纪 90 年代初由加拿大学者里斯(Willian E.Rees)提出的。在一定的人口单位内(一个人、一个城市、一个国家)所需要的具备生物生产能力的土地或者水域面积,用以生产所需的资源和吸纳排放的废弃物。比较生态足迹的需求和自然生态系统承载力可以判断人类活动对自然生态系统的压力,进而判断某一城市和地区可持续发展的状态。吴健生、李萍、张玉清(2008)应用生态足迹模型对深圳的可持续发展能力进行评价。陈晨、夏显力(2012)对生态足迹模型进行了调整,并用其计算了西部 9 个典型性资源型城市的生态足迹及生态承载力,评价城市的资源利用强度和可持续发展能力。

第四,数据包络分析(DEA)。目前对城市评价使用较多的是 DEA(Data Envelopment Analysis)即数据包络分析法。Zhu(1998)对比了数据包络分析法和主成分分析法对中国城市经济效率的测算结果,认为数据包络法在评价结果上与主成分分析法一致,并具有一定的互补性。肖文、王平(2011)利用 DEA – Manquist 方法测算了我国城市的经济增长效率和城市化效率,认为 2000—2008 年间我国的城市经济增长效率持续提高,但是城市化效率较低,滞后于经济增长。戴永安(2012)运用三阶段 DEA 模型对中国 266 个地级以上城市的效率进行评价,认为城市的空间格局,区位条件、政府竞争环境、人口环境和历史条件等外部环境对城市的效率具有较大影响,外部城市影响程度强或区位条件好有助于降低城市要素投入的冗余水平,政府竞争环境较激烈或历史发展条件较优越会促使城市要素投入的冗余水平提高。王家庭(2012)将环境污染作为城市环境的非期望产出,运用 DEA – SBM 模型对我国 28 个城市的经济效率进行评价,认为该模型在评价环境约束条件下城市综合经济效率方面具有一定的优越性。李艳军、华民(2014)将环境污染纳入经济效率的评价,运用基于非期望产出的 DEA-SBM 模型,测算考虑环境污染时中国 275 个地级以上城市 2011 年的经济效率。卢丽文、宋德勇、李小帆(2016)在城市经济效率评价中将土地、能源、水资源作为投入指标,将城市的环境污染作为非期望产出,运用 DEA-Undesirable outputs 模型对长江经济带 9 省 2 市的城市绿色效率进行了评价,评价结果认为,相比规模效率,技术效率是制约长江经济带绿色效率的主要因素,通过分析资源投入的冗余度和产出的不足度,认为土地和能源的资源冗余度高于其他投入,地方财政预算内的收入产出不足。

综合现有研究,本研究认为由于城市本身具有复杂性和系统性,投入要素涉及资本、劳动力、资源等多个方面,期望实现的产出也包括经济、社会福利等方面,采用生产函数法对城市效率进行评价难以对多种要素的关系进行量化,评价结果具有一定的片面性,以生产效率为重点的城市发展效率评价难以反映企业生产中推向社会的环境治理成本。由于城市之间在经济基础、生态本底等方面都有较大差距,以统一的指标体系对城市发展水平进行评价,容易忽视城市之间的异质性,出现以偏概全的问题。综上,本研究将城市绿色效率作为反映城市绿色发展现状的衡量标准,通过计算城市要素投入和期望产出之间的相对效率来反映城市绿色发展现状,避免了统一指标体系评价中因城市规模、经济基础和生态本底造成的偏差。本研究选择数据包络分析(DEA)方法进行效率评价,由于 DEA 方法是非参数方法,无须构建生产函数,能够更加客观地反映城市这类复杂系统的效率。

第二节 评价和分析方法——基于非期望产出的 DEA-SBM 模型

数据包络分析法(DEA)是基于线性规划的非参数技术效率分析方法。由于数据包络分析法不需要构建城市的生产函数,并对参数和指标权重进行回归分析,而是通过目标函数转换为线性规划问题,通过最优化过程来确定权重,使决策单元的评价结果更具有客观性(ZHU J,1998),Charnes et al.(1989)认为数据包络分析法不需要设计生产函数模型,更加适于城市这种复杂系统的效率评价。DEA-SBM 模型是非角度非径向的 DEA 模型,相比 CCR 和 BCC 模型而言,DEA-SBM 模型的无效率项充分考虑了松弛变量,解决了投入产出的松弛性问题。同时,基于非期望产出的 DEA-SBM 模型(Undesirable Output DEA)进一步将产出分解为期望产出和非期望产出两种,而避免了 CCR 模型和 BCC 模型中选择投入或者产出导向(即径向性)与实际情况的偏差,解决了非期望产出的计算问题,尤其适合于考虑资源环境因素的效率计算。因此本研究将基于非期望产出的 DEA-SBM 模型(Undesirable Output DEA)作为主要的评价方法,同时,出于对比和验证的考虑,本研究选择 CCR 和 BCC 两种传统 DEA 模型作为补充。由于非期望产出的 DEA-SBM(Undesirable Output DEA)模型在计算资源环境代价中的优越性,下文中的绿色效率特指用 DEA-SBM(Undesirable Output DEA)模型计算出的结果。

第一,非期望产出的 DEA-SBM 模型(Undesirable Output DEA)。CCR 和 BCC 模型均属于径向模型,其无效率的测量是与参照标杆相比被评价 DMU(decision making unit,决策单元)的投入指标应等比例减少或产出指标应等比例增加的幅度。径向模型对无效率的测度没有包括松弛变量,得出的效率值可能高估了被评价 DMU 的效率,为了克服径向模型的上述缺陷,Tone(2001)提出了基于松弛变量计算效率值的非径向 DEA 模型,即 SBM(slack based measure)模型(钱振华、成刚,2013),Tone 提出的 SBM 模型是非径向非角度的 DEA 模型,解决了径向模型对无效率测量没有包含松弛变量的问题。

非期望产出的 DEA-SBM 模型,假设有 n 个 DMUs(决策单元),每一个决策单元有投入、期望产出和非期望产出三种要素,分别定义为 $x \in R^m$,$y^g \in R^{s1}$,$y^b \in R^{s2}$。定义三个向量 X,Y^g 和 Y^b 如下:$X = [x_1, x_2, \cdots, x_n] \in R^{m \times n}$,$Y^g = [y_1^g, y_2^g, \cdots, y_n^g] \in R^{s1 \times n}$,$Y^b = [y_1^b, y_2^b, \cdots, y_n^b] \in R^{s2 \times n}$,并假设

$X > 0$, $Y^b > 0$, $Y^g > 0$(钱振华、成刚,2013)。

生产可能性集定义为：

$$P = \{(x, y^g, y^b) \mid x \geqslant X\lambda, y^g \leqslant Y^g\lambda, y^b \geqslant Y^b\lambda, \lambda \geqslant 0\},$$

$$\rho^* = \min \frac{1 - \frac{1}{m}\sum_{i=1}^{m}\frac{s_i^-}{s_{i0}}}{1 + \frac{1}{s_1 + s_2}\left(\sum_{r=1}^{s_1}\frac{s_r^g}{y_{r0}^g} + \sum_{r=1}^{s_2}\frac{s_r^b}{y_{r0}^b}\right)}$$

S.t.

$$x_0 = X\lambda + s^-$$

$$y_0^g = Y^g\lambda - s^g$$

$$y_0^b = Y^b\lambda + s^b$$

$$s^- \geqslant 0, s^g \geqslant 0, s^b \geqslant 0, \lambda \geqslant 0$$

其中,s 表示投入、产出的松弛量;λ 是权重向量。目标函数 ρ^* 是关于 s^-, s^g, s^b 严格递减的,并且 $0 \leqslant \rho^* \leqslant 1$。对于特定的被评价单元,当且仅当 $\rho^* = 1$,即 $s^- = 0$, $s^g = 0$, $s^b = 0$ 时是有效率的。SBM 与传统 CCR 和 BCC 模型的不同之处在于把松弛变量直接放入了目标函数中,解决了投入产出的松弛性问题,也解决了非期望产出的计算问题。

第二,传统 DEA 模型(CCR 模型)。数据包络分析(Data Envelopment Analysis, DEA)最早是由 Charnes、Cooper 和 Rhodes 三人于 1978 年提出的,他们发表在《欧洲运筹学杂志》(*European Journal of Operation Research*)上的论文"Measuring the efficiency of decision making units",开创了数据包络分析(DEA)的理论方法,在后来的文献中,就以 Charnes、Cooper 和 Rhodes 三人姓氏的首字母来命名他们提出的第一个基于规模收益不变假设的 DEA 模型,即 CCR 模型。CCR 模型假设规模收益不变(Constant Return to Scale, CRS),其得出的技术效率包含了规模效率的成分,因此通常被称为综合技术效率。DEA 的评价对象称为决策单元(Decision Making Unit, DMU),DMU 之间的需要具有可比性。

设有 n 个决策单元 $\mathrm{DMU}_j (j=1, 2, \cdots, n)$；每个 DMU 有 m 种投入(输入)，记为 $x_i (i=1, 2, \cdots, m)$，投入的权重表示为 $v_i (i=1, 2, \cdots, m)$；每个决策单元有 q 种产出(输出) $y_r, (r=1, 2, \cdots, q)$，产出的权重表示为 $u_r, (r=1, 2, \cdots, q)$ (钱振华、成刚，2013)。产出导向的 CCR 模型表示如下：

$$\min \sum_{i=1}^{m} v_i x_{ik}$$

$$\text{s.t.} \sum_{s=1}^{s} u_r y_{ij} - \sum_{i=1}^{m} v_i x_{ij} \leqslant 0$$

$$\sum_{r=1}^{q} u_r y_{rk} = 1$$

$$v \geqslant 0; u \geqslant 0$$

$$i=1, 2, \cdots, m; r=1, 2, \cdots, q; j=1, 2, \cdots, n$$

其对偶模型为

$$\max \varphi$$

$$\text{s.t.} \sum_{j=1}^{n} \lambda_j x_{ij} \leqslant x_{ik}$$

$$\sum_{j=1}^{n} \lambda_j y_{rj} \geqslant \varphi y_{rk}$$

$$\lambda \geqslant 0$$

$$i=1, 2, \cdots, m; r=1, 2, \cdots, q; j=1, 2, \cdots, n$$

第三，考虑规模效率的 DEA 模型(BCC 模型)。CCR 模型假设生产技术的规模效益不变，或者虽然生产技术规模收益可变，但是假设所有被评价单元(DMU)都处于最优生产规模阶段，即处于规模收益不变阶段。但实际生产中，许多生产单位并没有处于最优规模的生产状态，因此 CCR 模型得出的技术效率包含了规模效益的成分。1984 年 Banker、Charnes 和 Cooper 3 人在 Management Science 杂志上发表了"Some models for estimating technical and scale Inefficient in date envelopment analysis",提出了估计规模效应的模型(Banker,et al.,1984)。这一方法的提出对 DEA 理论方法具有重要意义,在以后的文献中将此模型成为 BCC 模型。BCC 模型基于规模收益可变(Variable Return to Scale,VRS),得出的技术效率排除了规模的影响,因此成为"纯技术效率"(Pure Technical Efficiency,PTE)。BCC 模型是在 CCR 对偶模型的基础上增加了约束条件 $\sum_{j=1}^{n} \lambda_j = 1 (\lambda \geqslant 0)$ 构成的,产出导向的 BCC 模型表示如下:

$$\min \phi$$

$$\text{s.t.} \sum_{j=1}^{n} \lambda_j x_{ij} \leqslant x_{ik}$$

$$\sum_{j=1}^{n} \lambda_j y_{rj} \geqslant \phi y_{rk}$$

$$\sum_{j=1}^{n} \lambda_j = 1$$

$$\lambda \geqslant 0$$

$$i = 1, 2, \cdots, m; r = 1, 2, \cdots, q; j = 1, 2, \cdots, n$$

BCC 模型的提出是为了求解 VRS 生产技术下 DMU 的技术效率,但同时 BCC 模型也为计算规模效率[①]提供了方法。如果生产技术是规模收益可变的,采用 CRS 模型得出的效率值(Technical Efficiency, TE)并非纯粹的技术效率,而是包含了规模效率的成分,这使得求解规模效率成为可能。对 VRS 生产技术而言,既然 VRS 模型得出的效率值才是技术效率(称为"纯技术效率",Pure Technical Efficiency, PTE),那么通过比较计算 CRS 效率值和 VRS 效率值就可以分离出规模效率值(Scale Efficiency, SE),计算方法为 SE=TE/PTE。

---

① 此处的规模效率是指由于规模收益可变导致的生产效率的改变,是规模经济现象在 DEA 模型中的体现。

第三节 城市绿色效率界定及指标选择

一、城市绿色效率的界定

结合前文对城市绿色转型的系统分析,本研究将城市绿色效率定义为:在一定的资本、劳动力和资源环境要素投入下,城市所能实现的经济、社会和环境三方面"产出"(此处的产出并非传统意义上的产品和收入概念,而是较为广义的产出概念,既包括产品、财富等有形的经济产出,也包括服务、良好的生态人居环境、社会福利等能提升居民幸福感的无形产出)。

在投入要素方面,本研究认为,除资本、劳动力等要素外,自然资源也是推动城市发展的要素之一,无论是从集约发展的角度,还是城市可持续发展的角度,能源、土地资源、水资源等自然资源的投入也是城市发展的重要因素,应当作为城市发展的投入加以衡量。在产出方面,本研究认为城市绿色发展的产出不仅包括物质财富,还包括社会福利和生态福利,环境污染会降低居民的生态福利,应当作为城市发展中的非期望产出。

二、投入指标的选择

新经济增长模型中,经济产出量是物质资本存量,劳动力、人力资本和技术水平四类要素构成的函数,本研究将资本存量、从业人数、科教水平作为城市发展的投入要素。考虑到我国城镇化进程中日益突出的土地资源、水资源和能源保障问题,本研究将土地资源、水资源和能源投入作为城市发展投入要素。考虑到永续盘存法计算资本存量时,不同学者对基年的资本存量及对折旧的差异较大,由于数据包络方法计算的是相对效率,只要保证数据的相对一致性,就可以保证评价结果的准确性,因此本研究直接选择各地区的固定资产投资总额反映资本要素的投入。李培(2007)采用"在岗职工人数"衡量劳动力投入,邵军、徐康宁(2010),卢丽文、宋勇德、李小帆(2016)采用"从业人数"指标衡量劳动力投入,聂玉立、温湖炜(2015)等用"年末单位从业人口"和"私营和个体"之和衡量劳动力投入。综合现有研究,本研究选取"年末单位从业人员数"来反映城市发展中的劳动力投入情况。城市建设用地面积是城市规划中不同类型土地之和,具有一定的预见性,考虑到土地资源的投入应以现状为主,所以选用城市建成区土地面积反映了土地资源供给。城市的水资源、能源等资源投入,则用城市供水总量和全社会用电量两项指标来体现。

三、产出指标的选择

期望产出主要有经济增长和福利增长两个方面,考虑到评价对象城市规模的差异,本研究用城市的 GDP 来反映城市的经济增长状况。城市居民社会福利水平的衡量的标准较为多样,由于城市的社会保障、幸福指数等因素差异性较大,而且目前尚没有较为统一的衡量指标,因此本研究选择城市社会消费品零售总额作为产出指标,通过消费品交易的规模侧面反映城市居民的消费活跃程度和物质福利水平。非期望产出主要考虑城市发展造成的环境污染状况,本研究选择工业废水、二氧化硫(SO_2)、烟(粉)尘三项指标反映城市的环境服务状况。

表 4.1   指标选择

指标类型	投入产出要素指向	表征指标
投入	资本	固定资产投资总额
	劳动力	全部从业人员
	能源	全社会用电量
	资源	城市建成区面积 供水总量

续　表

指标类型		投入产出要素指向	表征指标
产出	期望	经济产出	GDP
		福利产出	社会消费品零售总额
	非期望	环境污染	工业废水排放量 工业二氧化硫排放量 工业烟（粉）尘排放量

第四节　评价过程及结果

本研究选择全国 238 个地级以上城市作为研究对象，收集整理 2005—2017 年各城市的数据，运用基于非期望产出的 DEA-SBM 模型对城市的绿色效率进行评价，运用传统 DEA 模型（CCR、BCC）计算不考虑资源环境因素下的综合技术效率和纯技术效率，作为城市绿色效率的验证和对比，在传统 DEA 模型的计算基础上，进一步分离出规模效率，分析 2005—2017 年城市规模效率的变化趋势。

一、评价对象选择及数据来源

本研究选择全国地级以上城市作为评价对象，其中直辖市 4 个，副省级城市 15 个，地级市 271 个，共 290 个评价单元。由于海东、毕节、铜仁、三沙 4 市的设立较晚，巢湖涉及行政区划变更，统计数据不一致，故不作为本研究的对象；拉萨、金昌等城市数据缺失较多，本研究剔除了数据缺失严重的 47 个城市，最终选取 238 个城市的 10 项指标，对其 2005—2017 年 13 年间的绿色效率进行评价。数据主要来源于《中国统计年鉴》，部分城市缺失的数据来自该城市当年的统计年鉴和统计公报。

在数据收集和整理的基础上,本研究运用 DEA - SOLVER Pro5 软件分别进行基于非期望产出的 DEA - SBM 模型、CCR 模型和 BCC 模型的计算,得出城市绿色效率 GE、综合技术效率 TE、纯技术效率 PTE,并在此基础上分离出规模效率 SE。

二、城市绿色效率评价结果

运用基于非期望产出的 DEA - SBM 模型对全国 238 个地级以上城市 2005—2017 年的绿色效率进行评价,评价结果见表 4.2(此处只列出省会城市和计划单列市 2005—2017 年的效率评价结果,全部评价结果详见附录 1):

表 4.2　　　　　　　　部分城市绿色效率评价结果

年份城市	2005	2006	2007	2008	2009	2010	2011	2012	2013	2014	2015	2016	2017	均值
北京	1.000	1.000	1.000	1.000	1.000	1.000	1.000	1.000	1.000	1.000	1.000	1.000	1.000	1.000
天津	1.000	1.000	1.000	1.000	1.000	1.000	1.000	1.000	1.000	1.000	1.000	1.000	1.000	1.000
石家庄	0.358	0.361	0.460	0.392	0.272	0.378	0.372	0.354	0.399	0.558	0.424	0.449	0.507	0.407
太原	0.538	0.546	0.541	0.515	0.549	0.522	0.536	0.490	0.499	0.503	0.508	0.502	0.664	0.532
呼和浩特	1.000	1.000	1.000	1.000	1.000	1.000	1.000	1.000	1.000	1.000	1.000	1.000	1.000	1.000
沈阳	1.000	1.000	1.000	1.000	1.000	1.000	1.000	1.000	1.000	1.000	1.000	1.000	1.000	1.000
大连	0.789	0.715	1.000	1.000	1.000	0.775	0.608	0.614	0.716	0.595	0.687	1.000	1.000	0.808
长春	1.000	0.723	0.581	1.000	0.640	0.625	0.639	0.587	0.614	1.000	0.669	1.000	0.813	0.761
哈尔滨	1.000	1.000	1.000	0.748	0.806	1.000	0.735	0.665	1.000	1.000	1.000	1.000	1.000	0.920
上海	1.000	1.000	1.000	1.000	1.000	1.000	1.000	1.000	1.000	1.000	1.000	1.000	1.000	1.000
南京	0.669	0.661	1.000	0.700	0.592	0.570	0.603	0.641	1.000	0.577	0.601	0.652	0.789	0.697
杭州	0.667	0.641	0.544	0.623	0.576	0.618	0.592	0.604	1.000	1.000	1.000	1.000	1.000	0.759
宁波	0.672	0.514	0.484	0.553	0.525	0.584	0.523	0.517	0.615	0.590	0.620	0.652	0.609	0.574
合肥	0.728	0.656	1.000	0.748	1.000	1.000	0.550	0.496	0.510	0.489	0.527	0.570	0.532	0.677
福州	1.000	1.000	1.000	1.000	1.000	1.000	1.000	1.000	1.000	1.000	1.000	1.000	1.000	1.000

续 表

年份 城市	2005	2006	2007	2008	2009	2010	2011	2012	2013	2014	2015	2016	2017	均值
厦门	1.000	0.616	0.551	1.000	0.652	0.612	0.557	0.539	0.544	0.504	0.545	0.566	0.546	0.633
南昌	0.454	0.600	0.591	0.614	0.538	0.512	0.482	0.483	0.452	0.450	0.490	0.494	0.511	0.513
济南	1.000	1.000	1.000	1.000	1.000	1.000	1.000	1.000	1.000	1.000	1.000	1.000	1.000	1.000
青岛	1.000	1.000	1.000	1.000	1.000	1.000	1.000	1.000	1.000	1.000	1.000	1.000	1.000	1.000
郑州	0.527	0.570	0.526	0.520	0.501	0.501	0.469	0.466	0.515	0.506	0.476	0.519	0.452	0.504
武汉	1.000	0.684	0.598	0.685	0.693	0.701	0.649	0.648	0.679	0.684	1.000	1.000	1.000	0.771
长沙	1.000	1.000	1.000	1.000	1.000	1.000	1.000	1.000	1.000	1.000	1.000	1.000	1.000	1.000
广州	1.000	1.000	1.000	1.000	1.000	1.000	1.000	1.000	1.000	1.000	1.000	1.000	1.000	1.000
深圳	1.000	1.000	1.000	1.000	1.000	1.000	1.000	1.000	1.000	1.000	1.000	1.000	1.000	1.000
南宁	0.562	0.556	0.442	0.587	1.000	0.554	0.496	0.493	0.535	0.520	0.503	0.511	0.598	0.566
海口	1.000	1.000	1.000	1.000	1.000	1.000	1.000	1.000	1.000	1.000	1.000	1.000	1.000	1.000
重庆	0.498	0.449	0.370	0.470	0.519	0.498	0.544	0.516	0.502	0.482	0.493	0.550	0.605	0.500
成都	1.000	1.000	1.000	1.000	0.702	0.729	0.708	0.687	0.658	1.000	0.714	0.718	0.615	0.810
贵阳	0.331	0.345	0.275	0.392	0.369	0.386	0.378	0.359	0.337	0.387	0.447	0.411	0.370	0.368
昆明	0.653	0.654	0.594	0.507	0.619	0.631	0.591	0.624	0.634	0.633	0.596	0.525	0.539	0.600
西安	0.670	0.630	0.518	0.655	0.679	0.699	0.719	0.652	1.000	1.000	1.000	1.000	1.000	0.786
兰州	0.459	0.455	0.429	0.477	0.532	0.516	0.397	0.458	0.504	0.564	0.504	0.559	0.511	0.490
西宁	0.279	0.373	0.504	0.305	0.450	0.388	0.400	0.408	0.391	0.413	0.416	0.447	0.427	0.400
银川	0.416	0.417	0.448	0.440	0.452	0.447	0.367	0.507	0.368	0.371	0.326	0.352	0.364	0.406
乌鲁木齐	0.575	0.531	0.438	0.468	0.469	0.508	0.539	0.450	0.468	0.489	0.508	0.448	0.438	0.487

注：此处只列出省会城市和计划单列市的效率评价结果，全部238个城市的评价结果详见附录1。

三、不考虑资源环境因素的城市效率

出于对比和验证的目的，本文同时也选择CCR和BCC两种传统DEA模型，对不考虑资源环境因素的城市效率进行评价，评价结果见表4.3、表4.4所示：

表 4.3　　　部分城市综合技术效率 TE 评价结果（CCR 模型）

年份 城市	2005	2006	2007	2008	2009	2010	2011	2012	2013	2014	2015	2016	2017
北京	1.000	1.000	1.000	1.000	1.000	1.000	1.000	1.000	1.000	1.000	1.000	1.000	1.000
天津	0.797	0.840	1.000	0.951	1.000	1.000	1.000	1.000	1.000	1.000	1.000	1.000	1.000
石家庄	0.575	0.566	0.743	0.598	0.458	0.545	0.575	0.574	0.658	0.903	0.693	0.695	0.797
太原	0.775	0.790	0.893	0.759	0.808	0.748	0.806	0.700	0.698	0.700	0.677	0.624	0.849
呼和浩特	1.000	1.000	1.000	1.000	1.000	1.000	1.000	1.000	1.000	1.000	1.000	1.000	1.000
沈阳	1.000	1.000	1.000	1.000	1.000	1.000	1.000	0.900	1.000	0.984	1.000	1.000	1.000
大连	0.958	0.960	0.994	1.000	1.000	0.984	0.832	0.839	0.940	0.895	0.924	1.000	1.000
长春	1.000	0.972	0.955	1.000	0.924	0.868	0.899	0.841	0.907	1.000	0.987	1.000	0.995
哈尔滨	1.000	1.000	1.000	0.948	0.994	1.000	0.921	0.917	1.000	1.000	1.000	1.000	1.000
上海	1.000	1.000	0.933	1.000	1.000	1.000	1.000	1.000	1.000	1.000	1.000	1.000	1.000
南京	0.921	0.923	0.927	0.896	0.825	0.823	0.825	0.826	1.000	0.784	0.842	0.845	0.945
杭州	0.905	0.842	0.803	0.875	0.822	0.807	0.803	0.795	0.957	1.000	1.000	1.000	1.000
宁波	0.910	0.766	0.778	0.749	0.738	0.794	0.760	0.751	0.871	0.832	0.911	0.944	0.935
合肥	0.974	0.949	0.970	0.969	1.000	1.000	0.795	0.757	0.803	0.757	0.777	0.830	0.708
福州	1.000	1.000	1.000	1.000	1.000	1.000	1.000	1.000	1.000	1.000	1.000	1.000	1.000
厦门	0.993	0.971	0.833	0.976	0.911	0.864	0.874	0.867	0.775	0.730	0.717	0.694	0.682
南昌	0.876	0.945	0.802	0.929	0.748	0.768	0.673	0.686	0.596	0.626	0.690	0.687	0.714
济南	1.000	1.000	1.000	1.000	1.000	1.000	0.995	0.993	1.000	1.000	1.000	1.000	1.000
青岛	0.950	0.962	1.000	1.000	0.973	1.000	0.991	0.992	1.000	1.000	1.000	1.000	1.000
郑州	0.774	0.797	0.904	0.761	0.725	0.634	0.621	0.642	0.763	0.760	0.714	0.728	0.718
武汉	1.000	0.852	0.803	0.868	0.856	0.917	0.866	0.878	0.963	0.969	1.000	1.000	1.000
长沙	1.000	1.000	1.000	1.000	1.000	1.000	1.000	1.000	1.000	1.000	1.000	1.000	1.000
广州	1.000	1.000	1.000	1.000	1.000	1.000	1.000	1.000	1.000	1.000	1.000	1.000	1.000
深圳	1.000	1.000	1.000	1.000	1.000	1.000	1.000	1.000	1.000	1.000	1.000	1.000	1.000
南宁	0.845	0.764	0.756	0.797	1.000	0.712	0.737	0.708	0.730	0.713	0.691	0.658	0.779
海口	1.000	1.000	1.000	1.000	1.000	1.000	1.000	1.000	1.000	0.868	1.000	1.000	1.000
重庆	0.680	0.631	0.547	0.588	0.649	0.696	0.716	0.687	0.684	0.700	0.689	0.732	0.834
成都	0.877	1.000	1.000	1.000	0.856	0.868	0.876	0.841	0.889	1.000	0.970	0.917	0.810

续 表

年份 城市	2005	2006	2007	2008	2009	2010	2011	2012	2013	2014	2015	2016	2017
贵阳	0.514	0.526	0.500	0.572	0.554	0.523	0.567	0.517	0.540	0.537	0.594	0.558	0.499
昆明	0.849	0.952	0.924	0.710	0.778	0.882	0.862	0.893	0.902	0.893	0.895	0.676	0.723
西安	0.929	0.966	0.902	0.921	0.915	0.938	0.986	0.949	1.000	1.000	1.000	1.000	1.000
兰州	0.688	0.686	0.689	0.653	0.790	0.698	0.534	0.619	0.654	0.854	0.681	0.680	0.663
西宁	0.522	0.651	0.709	0.524	0.664	0.510	0.533	0.542	0.519	0.561	0.586	0.593	0.650
银川	0.565	0.560	0.621	0.594	0.691	0.615	0.538	0.785	0.486	0.527	0.500	0.571	0.537
乌鲁木齐	0.867	0.823	0.761	0.697	0.753	0.729	0.851	0.632	0.640	0.694	0.718	0.622	0.666

注：此处只列出省会城市和计划单列市的效率评价结果，全部238个城市的评价结果详见附录2。

表4.4　部分城市纯技术效率PTE评价结果（BCC模型）

年份 城市	2005	2006	2007	2008	2009	2010	2011	2012	2013	2014	2015	2016	2017
北京	1.000	1.000	1.000	1.000	1.000	1.000	1.000	1.000	1.000	1.000	1.000	1.000	1.000
天津	1.000	1.000	1.000	1.000	1.000	1.000	1.000	1.000	1.000	1.000	1.000	1.000	1.000
石家庄	0.579	0.572	0.755	0.605	0.482	0.545	0.579	0.586	0.664	0.958	0.703	0.713	0.797
太原	0.784	0.810	0.916	0.773	0.820	0.764	0.827	0.704	0.710	0.717	0.695	0.651	0.951
呼和浩特	1.000	1.000	1.000	1.000	1.000	1.000	1.000	1.000	1.000	1.000	1.000	1.000	1.000
沈阳	1.000	1.000	1.000	1.000	1.000	1.000	1.000	1.000	1.000	1.000	1.000	1.000	1.000
大连	0.983	0.977	1.000	1.000	1.000	0.985	0.911	0.927	0.952	0.963	0.975	1.000	1.000
长春	1.000	0.973	0.970	1.000	0.924	0.893	0.925	0.878	0.921	1.000	0.989	1.000	1.000
哈尔滨	1.000	1.000	1.000	0.948	0.995	1.000	0.926	0.947	1.000	1.000	1.000	1.000	1.000
上海	1.000	1.000	1.000	1.000	1.000	1.000	1.000	1.000	1.000	1.000	1.000	1.000	1.000
南京	0.991	0.996	1.000	0.991	0.937	0.900	0.969	0.974	1.000	0.820	0.856	0.867	0.957
杭州	0.951	0.896	0.862	0.894	0.837	0.829	0.835	0.806	1.000	1.000	1.000	1.000	1.000
宁波	0.997	0.830	0.810	0.792	0.793	0.804	0.767	0.761	0.878	0.854	0.913	0.944	0.937
合肥	0.980	0.951	1.000	0.986	1.000	1.000	0.887	0.790	0.841	0.812	0.794	0.832	0.716
福州	1.000	1.000	1.000	1.000	1.000	1.000	1.000	1.000	1.000	1.000	1.000	1.000	1.000
厦门	1.000	0.972	0.854	1.000	0.947	0.934	0.940	0.956	0.803	0.757	0.775	0.815	0.754

续表

年份城市	2005	2006	2007	2008	2009	2010	2011	2012	2013	2014	2015	2016	2017
南昌	0.947	0.947	0.891	0.953	0.762	0.775	0.686	0.700	0.615	0.635	0.691	0.690	0.732
济南	1.000	1.000	1.000	1.000	1.000	1.000	1.000	1.000	1.000	1.000	1.000	1.000	1.000
青岛	1.000	1.000	1.000	1.000	1.000	1.000	1.000	1.000	1.000	1.000	1.000	1.000	1.000
郑州	0.788	0.856	0.921	0.829	0.769	0.719	0.696	0.682	0.764	0.798	0.766	0.773	0.721
武汉	1.000	0.924	0.834	0.912	0.915	0.919	0.938	0.941	0.963	0.995	1.000	1.000	1.000
长沙	1.000	1.000	1.000	1.000	1.000	1.000	1.000	1.000	1.000	1.000	1.000	1.000	1.000
广州	1.000	1.000	1.000	1.000	1.000	1.000	1.000	1.000	1.000	1.000	1.000	1.000	1.000
深圳	1.000	1.000	1.000	1.000	1.000	1.000	1.000	1.000	1.000	1.000	1.000	1.000	1.000
南宁	0.872	0.854	0.807	0.821	1.000	0.715	0.741	0.719	0.748	0.723	0.704	0.686	0.819
海口	1.000	1.000	1.000	1.000	1.000	1.000	1.000	1.000	1.000	1.000	1.000	1.000	1.000
重庆	0.795	0.739	0.739	0.812	0.812	0.777	0.912	0.849	0.811	0.787	0.774	0.834	0.875
成都	1.000	1.000	1.000	1.000	0.914	0.870	0.920	0.875	0.891	1.000	0.996	1.000	0.810
贵阳	0.515	0.551	0.517	0.617	0.608	0.580	0.619	0.538	0.568	0.557	0.630	0.586	0.520
昆明	0.850	0.953	0.927	0.714	0.780	0.886	0.862	0.941	0.902	0.899	0.897	0.677	0.727
西安	0.938	0.966	0.919	0.924	0.928	0.940	0.991	0.969	1.000	1.000	1.000	1.000	1.000
兰州	0.695	0.698	0.707	0.668	0.811	0.723	0.560	0.622	0.681	0.885	0.708	0.694	0.711
西宁	0.550	0.700	0.824	0.611	0.756	0.585	0.610	0.653	0.659	0.693	0.705	0.708	0.732
银川	0.606	0.569	0.660	0.617	0.707	0.638	0.557	0.887	0.512	0.554	0.513	0.599	0.582
乌鲁木齐	0.887	0.826	0.764	0.702	0.753	0.736	0.856	0.636	0.652	0.700	0.732	0.627	0.685

注：此处只列出省会城市和计划单列市的效率评价结果，全部238个城市的评价结果详见附录3。

CCR模型得出的是规模不变情况下的综合技术效率TE，效率由规模效应和纯技术效应两部分构成，BCC模型得出的是规模可变情况下的纯技术效率PTE，因此可以通过两者之比，分离出规模效率SE。

表4.5　　　　　　　　部分城市规模效率SE评价结果

年份城市	2005	2006	2007	2008	2009	2010	2011	2012	2013	2014	2015	2016	2017
北京	1.000	1.000	1.000	1.000	1.000	1.000	1.000	1.000	1.000	1.000	1.000	1.000	1.000
天津	0.797	0.840	1.000	0.951	1.000	1.000	1.000	1.000	1.000	1.000	1.000	1.000	1.000

续 表

年份城市	2005	2006	2007	2008	2009	2010	2011	2012	2013	2014	2015	2016	2017
石家庄	0.993	0.989	0.984	0.989	0.950	0.999	0.992	0.979	0.990	0.943	0.985	0.975	1.000
太原	0.989	0.976	0.975	0.981	0.986	0.980	0.974	0.994	0.983	0.976	0.975	0.958	0.892
大同	0.997	0.999	0.940	0.921	0.921	0.999	0.999	0.965	0.934	0.928	0.904	1.000	1.000
呼和浩特	1.000	1.000	1.000	1.000	1.000	1.000	1.000	1.000	1.000	1.000	1.000	1.000	1.000
沈阳	1.000	1.000	1.000	1.000	1.000	1.000	1.000	0.900	1.000	0.984	1.000	1.000	1.000
大连	0.974	0.983	0.994	1.000	1.000	1.000	0.913	0.905	0.988	0.929	0.947	1.000	0.995
长春	1.000	0.999	0.984	1.000	1.000	0.972	0.971	0.958	0.985	1.000	0.998	1.000	1.000
哈尔滨	1.000	1.000	1.000	1.000	0.999	1.000	0.995	0.969	1.000	1.000	1.000	1.000	1.000
上海	1.000	1.000	0.933	1.000	1.000	1.000	1.000	1.000	1.000	1.000	1.000	0.974	0.988
南京	0.930	0.927	0.927	0.904	0.881	0.914	0.852	0.848	1.000	0.956	0.984	1.000	1.000
杭州	0.952	0.940	0.932	0.979	0.983	0.974	0.962	0.986	0.957	1.000	1.000	1.000	0.998
宁波	0.913	0.923	0.961	0.945	0.931	0.988	0.991	0.987	0.992	0.975	0.998	0.999	0.988
福州	1.000	1.000	1.000	1.000	1.000	1.000	1.000	1.000	1.000	1.000	1.000	1.000	1.000
厦门	0.993	0.998	0.976	0.976	0.962	0.925	0.930	0.906	0.965	0.965	0.925	0.852	0.905
南昌	0.925	0.998	0.900	0.975	0.982	0.991	0.982	0.981	0.970	0.986	0.998	0.995	0.976
济南	1.000	1.000	1.000	1.000	1.000	1.000	0.995	0.993	1.000	1.000	1.000	1.000	1.000
青岛	0.950	0.962	1.000	1.000	0.973	1.000	0.991	0.992	1.000	1.000	1.000	1.000	1.000
郑州	0.982	0.930	0.982	0.919	0.942	0.882	0.892	0.941	0.999	0.953	0.932	0.942	0.996
武汉	1.000	0.921	0.962	0.953	0.936	0.998	0.923	0.933	1.000	0.974	1.000	1.000	1.000
长沙	1.000	1.000	1.000	1.000	1.000	1.000	1.000	1.000	1.000	1.000	1.000	1.000	1.000
广州	1.000	1.000	1.000	1.000	1.000	1.000	1.000	1.000	1.000	1.000	1.000	1.000	1.000
深圳	1.000	1.000	1.000	1.000	1.000	1.000	1.000	1.000	1.000	1.000	1.000	1.000	1.000
南宁	0.969	0.895	0.936	0.971	1.000	0.997	0.995	0.985	0.976	0.986	0.983	0.959	0.950
海口	1.000	1.000	1.000	1.000	1.000	1.000	1.000	1.000	1.000	1.000	0.868	1.000	1.000
重庆	0.855	0.854	0.740	0.724	0.799	0.896	0.786	0.809	0.844	0.890	0.890	0.878	0.954
成都	0.877	1.000	1.000	1.000	0.936	0.998	0.952	0.961	0.999	1.000	0.974	0.917	1.000
贵阳	0.999	0.955	0.968	0.927	0.910	0.902	0.916	0.962	0.951	0.965	0.943	0.952	0.960
昆明	0.999	0.999	0.997	0.994	0.998	0.996	1.000	0.949	1.000	0.993	0.997	0.999	0.995

续表

年份 城市	2005	2006	2007	2008	2009	2010	2011	2012	2013	2014	2015	2016	2017
西安	0.991	1.000	0.982	0.996	0.986	0.998	0.995	0.979	1.000	1.000	1.000	1.000	1.000
兰州	0.990	0.983	0.975	0.978	0.975	0.966	0.955	0.995	0.961	0.965	0.962	0.979	0.933
西宁	0.948	0.930	0.861	0.859	0.877	0.870	0.873	0.830	0.789	0.810	0.831	0.837	0.888
银川	0.933	0.984	0.941	0.963	0.977	0.964	0.965	0.884	0.951	0.951	0.975	0.952	0.923
乌鲁木齐	0.977	0.997	0.997	0.992	0.999	0.991	0.994	0.994	0.981	0.991	0.981	0.992	0.973

注：此处只列出省会城市和计划单列市的效率评价结果，全部238个城市的评价结果详见附录4。

第五节　评价结果分析

一、总体评价结果分析

从总体来看，我国238个地级以上城市绿色效率的均值处于中低水平，2005—2017年的13年间，绿色效率的均值在0.5597—0.6844的区间内，城市的绿色发展水平整体不高，距离绿色循环低碳发展的目标仍然有一定的差距。

表4.6　城市绿色效率、纯技术效率及规模效率均值

年　份	绿色效率均值	纯技术效率均值	规模效率均值
2005	0.5804	0.7776	0.9397
2006	0.5855	0.7804	0.9303
2007	0.6426	0.8378	0.8684
2008	0.5634	0.7628	0.8989
2009	0.5597	0.7701	0.9018
2010	0.5931	0.7736	0.9008
2011	0.5901	0.7837	0.8820

续　表

年　份	绿色效率均值	纯技术效率均值	规模效率均值
2012	0.6075	0.7954	0.8705
2013	0.6844	0.8459	0.8691
2014	0.6519	0.8312	0.8701
2015	0.6414	0.8308	0.8653
2016	0.6246	0.8416	0.8806
2017	0.5894	0.8579	0.8478

从不考虑环境因素的传统 DEA 模型的评价结果来看，我国城市 2005—2017 年的传统经济效率均值在 0.76—0.86 的区间内，处于中上水平，远高于考虑资源环境因素的绿色效率值。传统 DEA 模型与 DEA-Undesirable 模型的评价结果差距较大，一方面说明了 DEA-Undesirable 能够更加准确地反映资源环境因素对城市发展影响，评价结果比传统 DEA 模型更加接近实际；另一方面也说明，在充分考虑资源投入和环境污染等情况下，我国城市的实际效率并不高，城市发展中对资源储量和环境容量的依赖仍然较重，资源环境代价较高，城市的发展以粗放型发展模式为主。这也可以从城市的规模效率评价

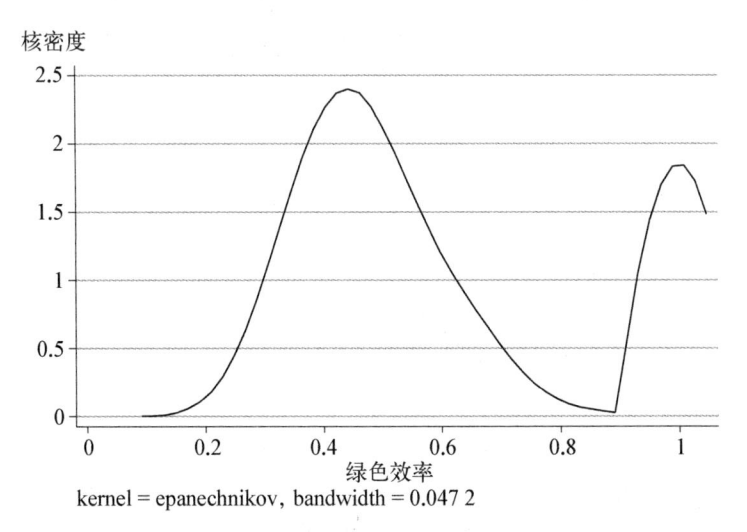

图 4.1　城市绿色效率的核密度图

结果得到验证,2005—2017年,城市的规模效率的均值都在0.9左右,城市规模扩张带的规模效率和集聚效应对城市传统经济效率贡献最大,说明在2005年到2017年的这13年间,我国城市仍然是外延扩张式增长模式,在要素的运用水平和组织结构等方面仍然需要进一步提升。

从城市绿色效率的分布区间来看,绿色效率的核密度分析显示,绝大多数城市的绿色效率集中在0.2—0.6的区间内,0.6—0.9范围内城市数量最少。核密度图呈现出双峰的特征,说明我国城市的绿色效率呈现出明显的两极分化,即绿色效率较低的城市占城市的大多数,处于生产前沿面的城市次之,绿色效率处于中上水平的城市最少,呈现出马鞍形的分布特点。

城市绿色效率的分布区间也可以直观地看出绿色效率分布的两极分化现象,处于效率前沿面的城市占城市总数的比例在23%—35%,效率值在1—0.8区间的城市比例最低,仅占城市总数的2.5%以下,效率值在0.8—0.6的城市比例为7%—14%,效率值较好和中等的城市在城市总数中的比例最小,绝大多数城市的绿色效率值在中等以下的区间内。除了少部分城市外,其余绝大多数城市的绿色效率较低,说明我国城市整体处于较低的绿色发展水平。绿色效率较好和中等的城市比例最少,说明我国绝大多数城市尚未找到绿色转型的路径,或者目前的转型发展模式效果,大多仍处于城市绿色转型的探索和起步阶段,城市向绿色发展演进的趋势并不明显。

表 4.7　　　　　　　　城市绿色效率的分布区间

年份		1	1—0.8	0.8—0.6	0.6—0.4	0.4以下	效率均值
2005	城市数量	60	1	19	87	71	0.5804
	比例	24.79%	0.84%	7.98%	36.55%	29.83%	
2006	城市数量	56	1	29	88	64	0.5855
	比例	23.53%	0.42%	12.18%	36.97%	26.89%	
2007	城市数量	72	3	25	98	40	0.6426
	比例	30.25%	1.26%	10.50%	41.18%	16.81%	

续 表

年份		1	1—0.8	0.8—0.6	0.6—0.4	0.4以下	效率均值
2008	城市数量	46	2	27	92	71	0.5634
	比例	19.33%	0.84%	11.34%	38.66%	29.83%	
2009	城市数量	46	3	22	96	71	0.5597
	比例	19.33%	1.26%	9.24%	40.34%	29.83%	
2010	城市数量	55	2	32	91	58	0.5931
	比例	23.11%	0.84%	13.45%	38.24%	24.37%	
2011	城市数量	56	2	20	99	61	0.5901
	比例	23.53%	0.84%	8.40%	41.60%	25.63%	
2012	城市数量	61	0	21	105	51	0.6075
	比例	25.63%	0.00%	8.82%	44.12%	21.43%	
2013	城市数量	82	3	33	100	20	0.6844
	比例	34.45%	1.26%	13.87%	42.02%	8.40%	
2014	城市数量	67	6	24	113	28	0.6519
	比例	28.15%	2.52%	10.08%	47.48%	11.76%	
2015	城市数量	67	5	26	110	30	0.6414
	比例	28.15%	2.10%	10.92%	46.22%	12.61%	
2016	城市数量	43	12	43	117	23	0.6246
	比例	18.07%	5.04%	18.07%	49.16%	9.66%	
2017	城市数量	33	18	31	121	35	0.5894
	比例	13.87%	7.56%	13.03%	50.84%	14.71%	

从处于生产前沿面的城市来看，各年度绿色效率为1的城市数量变化较大，不同年度处于生产前沿面的城市排名并不稳定，变动较为频繁，其中仅有北京、天津、上海、广州、深圳、青岛、海口、三亚等10个城市在2005—2017年的绿色效率值为1，仅占城市总数的4.2%左右，这也说明目前我国的城市都还没能找到较为成熟的绿色发展路径，缺乏可复制和推广的绿色发展模式。这主要是由于我国在城镇化初期主要是以粗放式的城市扩张为主要形式，在产

业布局、城市规划等都是为经济增长服务,对城市的可持续发展认识较晚,对城市绿色发展的模式和路径仍处于探索中。同时,我国城市在经济基础、资源环境承载力、城市的发展历程等方面的具有较大的差异,制约城市绿色发展的因素各不相同,也导致目前我国尚未形成具有推广性和复制性的城市绿色发展模式,城市绿色转型任重道远。

从具体城市来看,绿色效率较高的城市中,以北京、上海、广州、深圳为代表的一线城市产业结构更加趋于服务化和高级化,城市发展以技术和创新要素驱动为主,对资源环境的压力较小,城市正在向绿色发展的方向逐步转型。青岛、海口、三亚等城市的具有良好的自然环境条件且产业以第三产业为主,因而能够在2005—2017年都处于效率前沿面。固原、定西等城市由于发展滞后、产业基础薄弱,虽然在部分年份能够处于效率前沿面,但属于低水平的绿色发展状态,其绿色效率的提升是以发展滞后为代价的。总之,目前我国的城市都未形成成熟的绿色发展模式,城市的绿色转型仍处于探索和起步阶段。

二、绿色效率变化趋势分析

从绿色效率的变化趋势来看,我国城市的绿色效率在2005—2017年波动性较大,绿色效率进步的趋势并不稳定。从纯技术效率(PTE)的变化来看,我国城市的绿色效率(GE)与纯技术效率(PTE)变化趋势较为相近,说明城市发展的技术效率影响城市绿色效率的重要因素,技术效率的提升往往也伴随着资源产出率的提升和废物率的降低,提升绿色效率必然要以技术进步和创新作为根本动力。从规模效率(SE)的变化来看,我国城市的规模效率均值一直保持较高水平,效率均值一直维持在0.9左右,但从总体趋势来看,我国城市的规模效率一直处于下降趋势,说明城市扩张带来的集聚效应和规模经济效益正在不断降低。根据绿色效率(GE)、纯技术效率(PTE)、规模效率(SE)的变化趋势,可以分为三个阶段:

第一阶段,2005—2007年。这一阶段我国城市的绿色效率均值从0.5804,上升到0.6426,提升了10.7%,三年间呈现出不断上升的趋势,这主要是由于高速的城镇化带来城市规模的迅速增大,城市的规模经济和集聚效应提高了城市的生产率和资源利用效率,而在这一阶段我国城市发展中的资源环境问题尚未凸显,环境与发展的矛盾较为缓和,从而表现为城市绿色效率的持续提升。从城市的规模效率和纯技术效率的变化也可以看出,这一阶段规模效率明显高于纯技术效率,说明城市规模的扩张给城市带来了较大的经济效益和社会效益,在绿色效率评价中表现为期望产出的增加,因此,这一阶段表现为城市绿色效率的快速改善。

第二阶段,2008—2012年。这一阶段我国城市的绿色效率出现了较大幅度的下跌,2008年全国城市绿色效率均为0.5634,较2007年下降了12%,并长期保持在0.55—0.6的中低水平,这主要是由于从2007年开始的美国次贷危机在2008年演变成为金融危机,并影响到我国的对外贸易,其中2008年前三季度贸易顺差同比减少2.5%,出口增速回落4.8个百分点。2008—2012年,我国城市的产业结构中制造业占有较高的比重,外贸市场的萎缩对传统制

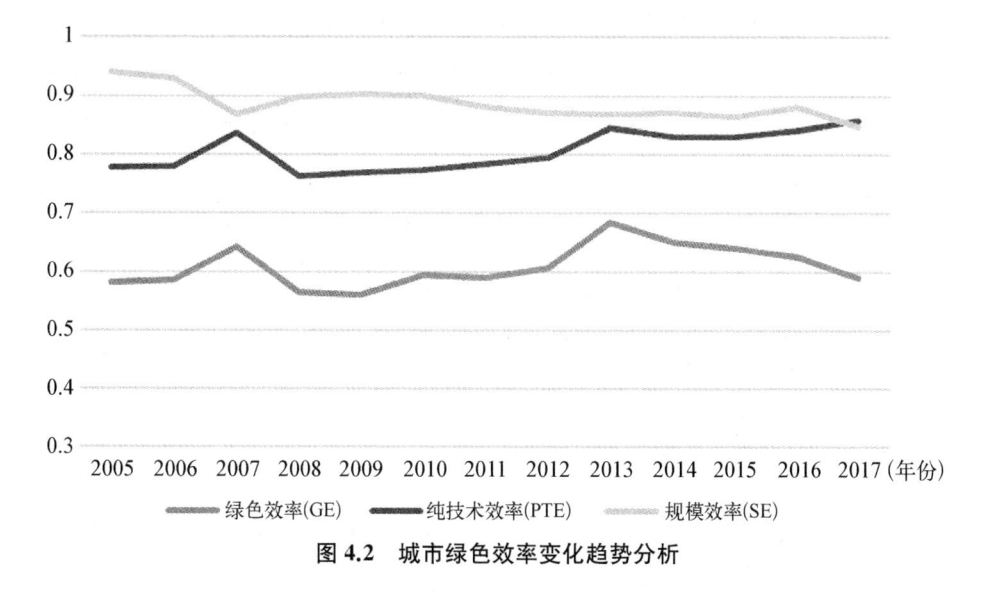

图4.2 城市绿色效率变化趋势分析

造业产生较大冲击,严重影响了我国城市的经济增长。为应对经济危机,我国出台了一系列经济刺激措施,可以看出规模效率(SE)在2008年有明显的反弹。在经济刺激政策和粗放式的城镇化模式下,城市的扩张带来的资源消耗、环境污染等问题仍在加剧,工业废水、粉尘和SO_2等非期望产出仍然持续增加,从而导致我国城市的绿色效率长期在较低水平徘徊,城市绿色发展陷入困境。

第三阶段,2013—2017年。这一阶段我国城市的绿色效率呈现快速上升后逐步回落的变化趋势,2013年全国城市绿色效率均值为0.6844,较2012年上升了12.7%。综合现有文献、统计数据,本研究认为2013年的城市绿色效率的提升得益于生态文明战略的提出和推进。2012年末党的十八大首次将生态文明建设纳入五位一体总体布局,2013年党的十八届三中全会进一步提出"深化生态文明体制改革,建设生态文明制度",生态文明建设的地位被提升到前所未有的高度。2012—2013年,国家先后出台了《推进生态文明建设规划纲要》《大气污染防治行动计划》等多项政策法规,批准建设生态文明建设示范区等绿色发展先行试验地区。国家战略的倾斜、政策的支持和法规的约束,有力地遏制了环境污染的势头,形成一定的倒逼机制,促进了城市的绿色发展[①]。但这种提升是短期的、不可持续的,从图4.2中可以看出绿色经济效率在2014—2017年出现了下降,说明2013年并不是城市绿色效率持续提升的拐点。这一方面是由于我国城市在粗放式城镇化过程中积累的资源环境问题进入集中爆发的时期,另一方面也说明生态文明建设政策的短期成效显著,但仍未从根本上扭转城市发展的模式,以产业绿色转型、城市空间结构优化和创新驱动的城市绿色发展模式尚未形成。值得注意的是,2017年我国城市发展的纯技术效率(PTE)超过规模效率(SE),说明技术进步和管理创新带来的纯技术效率(PTE)对城市发展的贡献已经超过了规模效应,下一阶段我国城市发展将进入转型发展的关键时期。

[①] 张文博,邓玲,尹传斌."一带一路"主要节点城市的绿色经济效率评价及影响因素分析[J].经济问题探索,2017(11):84-90.

综合绿色效率(GE)、纯技术效率(PTE)和规模效率(SE)的变化可以发现两方面特征：一是在城镇化初期规模效率(SE)对城市发展的贡献较大,随着城镇化水平的不断提升,规模效率(SE)的贡献逐渐下降;二是绿色效率(GE)和纯技术效率(PTE)的变化趋势基本相同,说明绿色发展的动力源自技术进步和管理创新带来的纯技术效率进步。随着城市病的暴露,以传统外延扩张为主的城镇化模式已经难以为继,制约城市发展效率的主要因素已经由要素投入的规模,转向要素的运用水平和组织结构等因素,城市发展战略面临着由"做大增量"向"优化存量"的转型。

三、城市绿色效率的区域特征

我国国土空间广阔、区域经济发展水平各不相同,城市在资源环境承载力、经济发展水平、区位和交通条件等方面也有明显的地区分异,不同区域城市的绿色效率也具有较大差异性。本研究按照《中国区域经济统计年鉴》对地域的划分,分别对东部、中部、西部和东北地区四大区域的城市绿色效率进行分析。

表 4.8　　　　　　　　不同区域城市的绿色效率均值

年　份	全　国	东部地区	中部地区	西部地区	东北地区
2005	0.5804	0.6319	0.5047	0.5929	0.6109
2006	0.5855	0.6330	0.4889	0.6376	0.5738
2007	0.6426	0.6792	0.6071	0.6513	0.6016
2008	0.5634	0.6226	0.4739	0.5820	0.5931
2009	0.5597	0.6064	0.4976	0.5669	0.5786
2010	0.5931	0.6439	0.5069	0.6172	0.6240
2011	0.5901	0.6358	0.5160	0.6162	0.5916
2012	0.6075	0.6557	0.5203	0.6521	0.5858
2013	0.6844	0.7285	0.5852	0.7378	0.6892
2014	0.6519	0.6706	0.5643	0.7145	0.6806

续　表

年　份	全　国	东部地区	中部地区	西部地区	东北地区
2015	0.6414	0.6604	0.5479	0.6985	0.7071
2016	0.6246	0.6579	0.5493	0.6281	0.7489
2017	0.5894	0.6312	0.5162	0.5754	0.7327
各年均值	0.6088	0.6505	0.5291	0.6362	0.6298

2005—2017年，各区域城市绿色效率的均值来看，除了中部地区外，其他区域城市的绿色效率均值都高于全国平均水平，其中东部地区城市的绿色效率最高，为0.6516，中部地区城市的绿色效率最低，为0.5284，比全国平均水平低13.2%。东部地区是我国经济发展起步最早的区域，产业的转型升级都超前于其他地区，随着高污染、高能耗的低端制造业向中西部地区转移，东部地区的产业结构更趋于高端制造业和服务业，经济发展对资源环境的压力较小，同时，东部地区的生态本底也相对较好，具有较强的资源环境承载力，这也缓解了东部地区的环发矛盾，因此该区域内城市的绿色效率普遍较高，具有较高的绿色发展水平和绿色转型潜力。

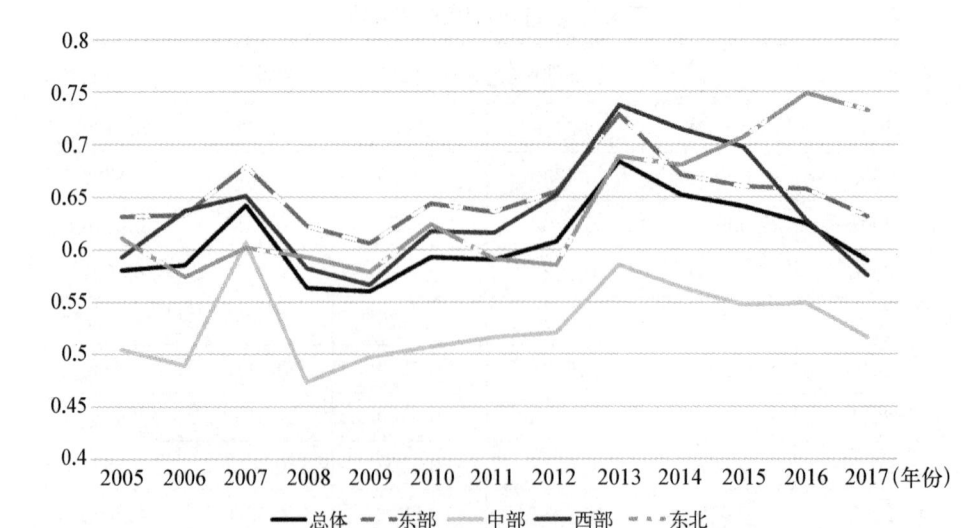

图4.3　不同区域城市绿色效率的变化趋势

西部地区城市的绿色效率均值仅次于东部地区。本研究认为西部地区发展起步较晚,开发强度和人口规模相对其他地区较小,具有较为充裕的资源储量和环境容量,因此西部地区城市的绿色效率较高。西部地区城市的绿色效率较高,是以经济发展滞后甚至经济衰退为代价的,是低水平的绿色发展,城市绿色转型的任务依然艰巨,仍需要进一步探索城市绿色发展的模式。

中部地区城市的绿色效率低于全国平均水平,是我国城市绿色效率最低的区域。本研究认为造成这一现象的原因在于,中部地区的人口规模高于西部地区,开发强度也比西部地区高,经济发展对资源环境造成的压力远高于西部地区,同时中部地区的经济水平和技术水平又落后于东部地区,城市的环发矛盾比全国其他地区更为尖锐,随着东部地区落后产能的梯度转移,这种情况会进一步加剧,中部地区城市的绿色转型将更加困难,需要引起高度的重视。

从变化趋势来看,东、中、西和东北地区各城市绿色效率的变化趋势与全国总体趋势相同,都呈现出波浪式缓慢上升的趋势,东部地区和西部地区城市的绿色效率最高,中部地区城市的绿色效率在2005—2017年均低于全国平均水平。其中东部地区城市的绿色效率在2012年前一直优于其他地区,主要是这一时期,东部地区城市仍然保持较好的发展势头,经济发展水平高于其他地区,同时资源储量和环境容量尚未接近极限,因此相对绿色效率最好,高于中西部城市。西部地区城市的绿色效率在2012年接近东部地区,并在2013—2015年均超过了东部地区,结合前文对全国绿色效率变化趋势的分析,本研究认为生态文明战略对西部地区城市的成效更加显著,这主要是由于西部地区发展相对滞后,产业结构和发展模式的可塑性更强,转型中的路径依赖更弱,生态文明战略实施带来的绿色效率的提升具有一定的延续性。根据阿布拉莫维茨的追赶理论,西部地区城市能借鉴其他城市的经验教训,以较低的转型成本实现绿色转型和赶超。东北地区城市绿色发展效率在2013年赶上全国平均水平,并呈现逐渐上升的势头,本研究认为主要有两方面原因,一方面东北地区城市的高污染、高能耗和资源型的企业逐步衰退,降低了经济活动对资源环境的压力;另一方面人口的流出也带来了城市的资源消耗和环境污染的降低,城市的绿色效率呈现改善的趋势,在摆脱东北地区经济转型的阵痛后,东北地区良好的高等教育资源和劳动力素质将会为东北地区城市转型发展提供新的动力。

四、资源型城市和老工业城市绿色效率的特点

老工业城市和资源型城市是我国城市中重要的类型。一方面这两类城市在我国城市总数中占有较大比重,根据《全国老工业基地调整改造规划(2013—2022)》和《全国资源型城市可持续发展规划(2013—2020)》,目前共确定老工业城市120个(包含直辖市、计划单列市和省会城市的市辖区)、资源型城市126个(地级以上城市),占我国地级以上城市总数的40%左右。另一方面老工业城市和资源枯竭型城市也是城市绿色转型的重点和难点,两类城市都是计划经济下形成的特殊类型城市,产业以重工业和资源型产业为主,在现阶段都面临着发展后续动力不足、资源储量持续下降和生态环境问题恶化等困难,亟须通过城市绿色转型实现城市的可持续发展。为此,本研究重点对老工业城市和资源型城市的绿色效率进行分析。资源枯竭型城市同时面临着支柱产业衰退、资源开发导致的生态环境问题恶化双重难题,因此本研究将其单独作为一种特殊类型的城市进行分析。本研究所指的资源型城市、老工业城市和资源枯竭型城市根据《全国老工业基地调整改造规划(2013—2022)》《全国资源型城市可持续发展规划(2013—2020)》和《国家发展改革委国土资源部财政部关于印发第三批资源枯竭城市名单的通知》等文件确定。

表 4.9　　　　　　　　　特殊类型城市的绿色效率

年　份	总体均值	资源型城市	老工业城市	资源枯竭型城市
2005	0.5804	0.5042	0.4376	0.3684
2006	0.5855	0.5117	0.4459	0.3689
2007	0.6426	0.5872	0.5389	0.4743

续 表

年 份	总体均值	资源型城市	老工业城市	资源枯竭型城市
2008	0.5634	0.4895	0.4488	0.3756
2009	0.5597	0.4938	0.4388	0.4195
2010	0.5931	0.5310	0.4936	0.4515
2011	0.5901	0.5132	0.4727	0.4606
2012	0.6075	0.5446	0.4744	0.4529
2013	0.6844	0.6323	0.5635	0.5715
2014	0.6519	0.5960	0.5274	0.5340
2015	0.6414	0.5851	0.5165	0.5380
2016	0.6246	0.5657	0.5516	0.5682
2017	0.5894	0.5497	0.5498	0.5935
平均	0.6088	0.5465	0.4969	0.4559

从绿色效率的均值来看，资源型城市、老工业城市和资源枯竭型城市在2005—2017年的绿色效率值均低于全国平均水平，其中资源型城市的绿色效率均值为0.5465，比全国平均水平低10%，老工业城市的绿色效率均值为0.4969，比全国平均水平低18%，资源枯竭型城市的绿色效率均值为0.4559，比全国平均水平低25%，说明这三类特殊类型城市环境和发展矛盾较为突出，城市的经济发展付出了较大的资源环境代价。其中资源枯竭型城市的绿色效率均值最低，主要是由于资源枯竭型城市的主导产业以资源的开采和加工为主，在资源开发利用中，除了环境污染之外，还常常伴有较为严重的生态破坏和地质灾害，城市发展的环境代价较其他类型城市更为严重。另一方面，资源枯竭型城市大多缺乏明确的产业接续替代战略，随着资源型产业的衰退，城市的接续替代产业尚未形成，城市难以度过转型的阵痛期，最终导致城市的衰退，因此，资源枯竭型城市的绿色效率低于其他类型的城市，是绿色转型最紧迫、最困难的"问题"城市。

老工业城市的产业多以重工业为主，产业发展中资源和能源的消耗更高，污染物排放量更大,经济增长所带来的环境代价更高,因此相对其他类型城市绿色效率更低。但相比资源枯竭型城市,老工业城市的产业基础更好,转型所需的资本积累和智力资源更加充裕,资源配置能力和创新能力更强,具有较强的绿色转型潜力,有希望通过产业生态化改造和转型升级实现城市的绿色发展,是城市绿色转型的突破口和关键点。德国鲁尔区,英国利兹、曼彻斯特等城市的成功转型就是成功的典范。

资源型城市的绿色效率低于全国平均水平,说明资源型城市也是典型的"问题"城市,其发展路径与绿色发展的要求尚存在较大差距,城市绿色转型势在必行。资源型城市可依照自身特征归类为成长型、成熟型、再生型和衰退型,其中以呼伦贝尔、昭通、榆林、庆阳为代表的成长型资源型城市,资源储量仍然相对丰富,城市发展中还能够享受到"资源红利",资源开发能够实现经济效益的快速增长,生态环境问题也尚未凸显,因此相对于老工业城市和资源枯竭型城市来说,其城市绿色效率相对较高,这也是资源型城市的绿色效率均值高于老工业城市和资源枯竭型城市的原因。

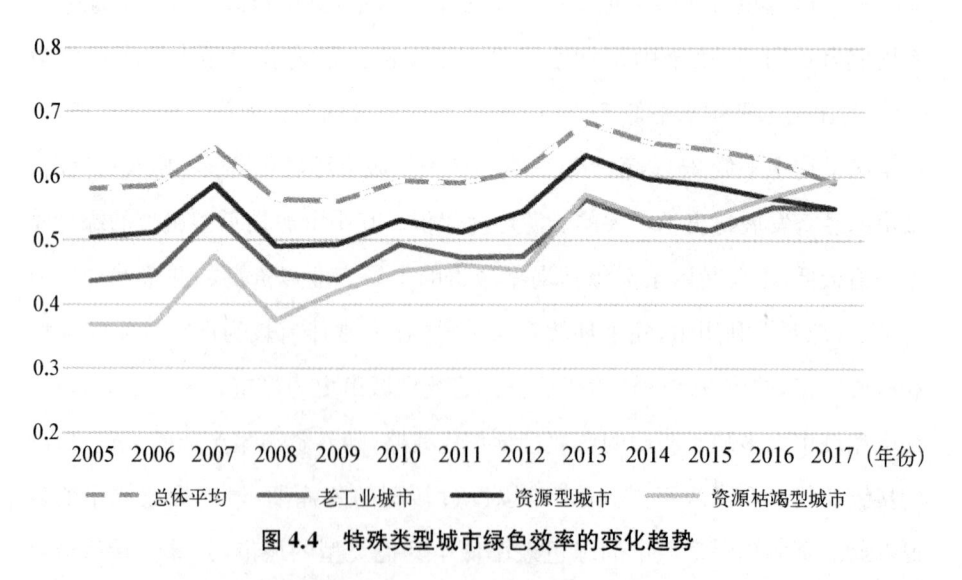

图 4.4 特殊类型城市绿色效率的变化趋势

从绿色效率的变化趋势来看,三种特殊类型城市的绿色效率变化趋势与其他城市的变化趋势基本相同,都经历了波浪式缓慢上升的变化趋势。值得注意的是资源枯竭型城市在 2013 年绿色效率均值的提升较快,并在 2013—2017 年都超过了老工业城市,本研究认为造成这一现象的原因是资源枯竭型城市大多面临资源产业萎缩,地方财力薄弱的问题,资金、政策等外部力量推动的效果更为明显,也更具有延续性。反之,老工业城市的路径依赖更为严重,绿色转型的成本更高,因此生态文明发展战略实施的效果不如资源枯竭型城市显著。

第五章　城市绿色发展的影响因素及转型重点

为进一步分析影响城市绿色效率的因素，找出城市绿色转型的主要影响因素和重点突破口，本研究在绿色效率评价的基础上，对城市绿色效率的构成及影响因素进行分析，运用面板数据 Tobit 模型分析各因素对绿色效率的影响。

第一节　影响因素的理论分析

首先，从 DEA 模型的分析方法来看，DEA 评价的效率是由技术效率和规模效率两部分构成。数据包络分析从决策单元投入产出的角度分析决策单元的效率，通过线性规划的数学手段计算决策单元投入和产出的相对关系，找出生产前沿面，处于生产前沿面的决策单元被认为是有效单元。DEA 模型具备较强的经济背景，模型中涉及的"技术有效"与"规模有效"概念，分别来源于生产函数和生产函数的规模收益不变性质，因此可以利用 DEA 模型和方法，进行生产可能性研究，深入分析在多输入、多输出的情况下各决策单元的规模收益情况。DEA - BCC 模型的提出为 DEA 效率的分解提供了手段，最早的 CCR 模型未考虑单元的规模收益变化，只是假设所有的评价单元都处于最优生产规模状态,因此由 CCR 模型分析得出的效率包含了规模效率的部分,即技术效率(Technical Efficiency,TE),而 BCC 模型则以规模收益可变为基础,因此可得到排除了规模影响的技术效率,即"纯技术效率"(Pure Technical Efficiency,PTE)。于是,比较分析规模收益不变的效率值(PE)与规模收益可变的效率值(PTE)即可分离出规模效率值(Scale Efficiency,SE)。

其次,从城市经济学和资源环境经济学的相关理论来看,影响城市绿色效率的因素主要有城市规模、经济发展水平、产业结构、创新能力、政府管控能力等。一是城市规模。城市的集聚效应和规模效应是城市形成和发展的主要动力,适度合理的城市规模能够充分发挥集聚带来的规模效应,能够实现更加细化的分工,从而提高城市资源利用效率;反之,过大的城市规模则会导致拥挤效应,加剧环境污染和交通成本等,可见城市规模是影响城市绿色效率的最重要的因素之一。二是城市经济发展水平。经济发展水平是环境库兹涅茨曲线的主要变量,城市经济发展水平能够反映城市的生产力水平,城市发展水平越高,则说明城市的资本和劳动力等要素的单位产出越高,经济发展的集约和高效程度更佳。同时,城市的经济发展水平也与居民的消费水平直接相关,不同的消费水平和消费方式对资源消耗和环境污染的影响也有显著差异。三是产业结构。第二产业需要消耗更多的资源、能源,对环境的压力较大,对城市的绿色经济效率有负向影响,第三产业以智力资源和创新创意为主要增长动力,具有较低的资源消耗和更高的产品附加值,能够推动城市发展方式的绿色转型,是影响城市绿色效率的重要因素。四是城市的创新能力和潜力。迈克尔·波特将技术创新视为经济增长的源泉,创新也是提升资源利用效率的根本动力,清洁生产、循环经济等绿色转型任务都需要技术创新的推动,环境污染治理、城市空间格局优化等也需要技术创新进行指导,创新能力应该是影响城市绿色效率的根本因素。五是政府的管控能力。资源环境问题具有显著的外部性,必须通过政府的引导和约束才能消除资源环境问题的负外部效应,从而推动企业和个人行为的绿色化,因此,本研究认为政府的管控能力对城市绿色效率具有重要的影响。

综上分析,基于 DEA 模型的评价原理,本研究将城市的绿色效率分解为技术效率和规模效率,认为城市绿色效率的直接影响因素包括城市的技术创新能力、组织结构效率和规模。具体来看,根据城市经济学、资源环境经济学的理论和相关研究,除了创新能力、产业结构和城市规模外,城市的经济发展水平和政府的管控能力也是影响城市绿色效率的重要因素。因此,本研究运用面板数据模型对上述影响因素进行进一步的验证和分析。

第二节 绿色效率影响因素分析方法——Tobit 模型

Tobit 模型又称受限因变量模型,此模型由 James Tobin 1958 年提出,主要用于解决被解释变量有上限、下限或者存在极值等问题。由于绿色效率是大于 0 小于 1 的受限因变量,因变量为截断值,OLS 不再适用,结合现有文献,本研究选择面板数据 Tobit 模型,以城市绿色效率为因变量进行回归分析。Tobit 模型的形式如下:

$$y_i^* = \beta_0 + \sum_{j=1}^{k} \beta_j \chi_{ij} + \varepsilon_i$$

当 $y_i \leqslant 0$ 时,$y_i^* = 0$;当 $y_i > 0$ 时,$y_i^* = y_i$。

式中:y_i^* 为潜变量;

y_i 为观测到的因变量;

β_0 为常数项;

χ_{ij} 为自变量向量;

β_j 为相关系数向量;

ε_i 为随机误差项。

第三节 影响因素指标选取及模型构建

根据以上分析,本研究根据数据的代表性和可得性分别选择反映城市规模、经济发展水平、产业结构、技术创新和政府管控能力的具体指标:一是城市规模。城市规模有人口规模、经济规模、用地规模等多种衡量方式,本研究选择城市研究中普遍选择的人口规模反映城市规模,用 Pop 表示,指标选择城市年末总人口,考虑到城市规模是城市集聚效应和拥挤效应共同作用的结果,城市规模与城市经济效率之间应该具有倒 U 形关系,因此本研究加入人口规模的平方项进行验证,用 Pop2 表示。二是经济发展水平。本研究选择人均 GDP 作为经济发展水平的指标,用 PeGDP 表示,同时为了验证城市绿色效率与城市发展之间是否存在环境库兹涅茨曲线所揭示的倒 U 形关系,本研究加入人均 GDP 的平方项进行验证,用 PeGDP2 表示。三是产业结构。本研究选择城市第二产业占 GDP 的比重作为城市产业结构指标,用 InS 表示。四是科教投入。科技和教育投入一方面可以反映城市人力资本的情况和创新能力,另一方面也对劳动力素质和居民环保意识直接相关,本研究选择科教投入占财政支出的比重反映城市科教投入力度,用 S&E 表示。五是财政收入。财政收入能够反映城市管理者宏观调控能力,为消除城市间经济发展水平的差异,本研究使用财政收入占 GDP 比重反映城市的财政收入,用 Revenue 表示。

由于城市绿色效率是大于 0 小于 1 的受限因变量,结合现有文献,本研究选择面板数据 Tobit 模型计算各因素对城市绿色效率的影响。模型设置如下:

$$GE_i = \beta_0 + \beta_1 Pop_i + \beta_2 Pop2_i + \beta_3 InS_i + \beta_4 PeGDP_i + \beta_5 PeGDP2_i + \beta_6 S\&E_i + \beta_7 Revenue_i + \varepsilon_i$$

其中，GE_i 表示城市的绿色效率，Pop_i 表示城市的人口规模，InS_i 表示城市的产业结构，$PeGDP_i$ 表示城市的经济发展水平，$S\&E_i$ 表示城市的科教投入水平，$Revenue_i$ 表示城市的财政收入，β 表示回归系数，ε_i 表示随机误差项。

第四节　计算及结果分析

采用 stata14 软件进行 Tobit 面板数据回归得到下表结果。

表 5.1　　　　　　　　　　Tobit 回归结果

自变量	系　　数	z	p
Pop	0.0003437	4.37	0.000
Pop2	$-1.18e-07$	-2.10	0.036
InS	$-.0101776$	-3.06	0.002
PeGDP	$3.59e-06$	5.50	0.000
PeGDP2	$-5.35e-12$	-4.16	0.001
S&E	0.4970006	4.48	0.000
Revenue	-1.002203	-6.07	0.000

城市人口规模 Pop 的系数为正，且通过水平 1% 的显著性检验，说明城市的集聚效应和规模效应能够带来技术的外溢和资源利用效率的提升，从而提高城市的绿色经济效率；城市人口规模的平方 Pop2 的系数为负，且通过水平 5% 的显著性检验，说明城市的绿色经济效率与城市人口规模呈倒 U 形关系，在到达拐点之前，城市的集聚效应和规模效应较优，城市的绿色经济效率随城市规模的增大而增大，到达拐点后，城市拥挤效应开始凸显，绿色经济效率随城市规模的增大而降低。从分析结果来看，目前全国地级以上城市大多均处于左侧的上升区域，可以适度扩大城市规模，采取理性增长的城市发展模式。

第二产业占GDP比重系数为负,且通过水平1%的显著性检验,说明产业结构对城市的绿色经济效率有显著影响,第二产业资源能源投入多、环境污染较重,且处于价值链的低端环节,对城市的资源环境造成较大的压力,应当加快城市的产业转型升级,大力发展以技术和人力资本投入为主的高端制造业和服务业。

人均GDP的系数为正,且通过水平1%的显著性检验,说明经济发展水平对城市绿色经济效率具有正向的影响,经济发展水平的提高能够带来技术效率的提升,从而促进城市绿色经济效率提升;人均GDP的平方PeGDP2的系数为负,且通过水平为1%的显著性检验,说明城市绿色效率与经济发展的关系呈现倒U形关系,即城市绿色效率随着经济水平的提高呈现出先增长后降低的变化趋势。经济发展水平的提高也可能带来生产和消费规模的提高,从而导致资源消耗和环境污染总量的增加,经济水平提升并不必然的带来效率的提升,需要系统创新来实现城市绿色效率的提升。

科教投入占财政支出的比重系数为正,且通过水平为1%的显著性检验,说明科教投入比重与城市的绿色效率显著相关,科教投入能够增加城市的人力资本和智力资源的积累,提升城市的创新能力,从而能够推动城市资源利用效率和要素配置效率的提升,带来城市整体效率的提升。同时,科教投入的增加也能够带来城市居民环保意识的提升,从而减少城市的碳排放、生活污水和生活垃圾等排放,提升城市的绿色效率。

财政收入占GDP的比重系数为负,且通过水平为1%的显著性检验,说明城市的财政收入占GDP的比重与城市的绿色效率显著相关,财政收入占GDP比重的增加会带来城市绿色效率的下降,本研究认为财政收入增加虽然会增强政府的宏观调控能力,有利于政府消除经济发展带来的外部性,但是由于政府在决策中面临着信息不对称和时滞,政府的宏观调控也存在政府失灵的问题,因此在城市绿色转型中,还应当充分发挥市场在要素配置中的主导作用,提升城市的资源利用效率,避免政府过度干预造成的负面作用。

第五节　基于影响因素的城市绿色转型重点

经过生态文明发展战略、新型城镇化战略及全球可持续发展战略的丰富和完善，城市绿色转型的目标已经基本形成共识。根据城市绿色转型的目标，本研究对城市绿色发展的现状进行了分析和诊断，从现状评价的结果来看，我国城市的绿色效率评价结果处于中低水平，说明现阶段我国城市的绿色发展水平仍然不高，与生态文明战略和绿色发展的要求尚存在较大差距。绿色效率呈现出明显的两极分化，即绿色效率较低的城市占城市的大多数，处于生产前沿面的城市次之，绿色效率处于中上水平的城市最少，呈现出"马鞍形"的分布特征。不同年度城市绿色效率的排名并不稳定，绿色效率为1的城市变动较为频繁，这也说明目前我国的城市都还没能找到可复制和推广的绿色发展模式，需要加快对城市绿色转型的实现路径和模式的研究。根据城市绿色转型的目标和现状评价分析，本研究认为城市绿色转型应当以经济绿色转型为主，应当从创新驱动、产业结构升级、空间结构优化和城市规模管控四个方面推动城市绿色转型。

一、城市绿色转型应当以经济绿色转型为主

经济发展水平与城市绿色效率显著正相关，说明经济发展水平对城市绿色经济效率具有正向的影响，经济发展水平的提高能够带来技术效率的提升，从而促进城市绿色经济效率提升。但是在传统的经济发展模式下，城市发展主要以要素投入为主要动力，城市效率的提升主要是规模效益和集聚经济带来的。评价结果中传统DEA模型下城市的规模效率均在0.9以上，也说明了这一现象。在以外延扩张为主的粗放经济模式下，高投入、高消耗也带来了高污染，导致城市资源环境问题难以得到根本解决。因此，本研究认为城市经济

的绿色转型应当是城市绿色转型最重要的任务,只有改变粗放的经济增长模式,推动经济发展方式转型与环境污染治理相互协同,才能从根本上扭转城市资源环境恶化的趋势。本研究也主要从城市经济绿色转型的角度,对城市绿色转型的路径进行探索。

二、城市绿色转型的根本动力是绿色创新

城市绿色效率由技术效率和规模效率构成,技术创新的应用和转化直接影响城市的绿色效率。通过 Tobit 回归表明,城市绿色效率与科教投入呈正相关关系,科技投入比重越大,城市的人力资本越丰富、创新能力更强,这也进一步说明技术创新对城市绿色效率的显著影响。在传统城镇化背景下,资本、劳动力和自然资源等要素的投入是城市增长的动力来源,城市的发展必然导致资源消耗加大、环境污染加剧。从创新驱动理论和资源环境经济学的理论来看,技术进步带来了生产效率、资源产出率的提升,能够对污染物进行高效处理和再利用,同步提升经济效益和生态效益。因此,创新正是实现城市绿色转型的根本动力,运用技术创新对城市系统的构成要素或者子系统进行生态化改造,通过提升资源利用效率,减少环境污染,来推动城市的增长模式由要素投入驱动转向创新驱动,从而在有限的资源投入和环境代价下,实现经济产出、社会福利和环境福利的倍增。同时,我们也应该认识到,创新并不必然具有绿色属性,应当从绿色发展的角度对技术创新进行评估和衡量,推动绿色创新,减少技术创新的反弹效应带来的负面影响。

三、城市绿色转型的首要任务是产业结构优化升级

产业结构是城市经济子系统的基础,城市的资本、劳动力和资源等要素通过城市的产业结构发挥作用。城市的产业结构直接影响城市的资源消耗和环境污染排放,第二产业占 GDP 比重与城市绿色效率显著负相关,说明城市的

绿色效率在很大程度上受到城市产业结构的影响，第二产业具有资源能源投入多、环境污染重、处于价值链低端环节等特点，因此第二产业比重越高会导致城市经济增长对资源环境的压力越大，城市的绿色效率也就越低。特殊类型城市绿色效率的评价结果也说明了这一点，老工业城市、资源枯竭型城市等城市都以第二产业为主，城市发展中对资源储量和环境容量消耗过度，其绿色效率的评价结果也都在全国平均水平以下。产业结构的高端化、生态化和服务化以智力资源和创新创意驱动，是城市绿色转型的必然选择和必由之路，不仅能够在有限的要素投入下实现产出的倍增，而且可以大幅降低资源消耗和减轻环境污染，因此，应当将产业结构升级作为城市绿色转型的首要任务，通过升级产业结构、生态化改造传统产业，推动以技术和人力资本投入为主的高端制造业和服务业发展，充分发挥城市在集聚人力资本、激发创新活力等方面的作用，达到提升城市经济效率的目的。

四、空间结构优化提升城市的空间结构效率

城市系统的要素和子系统都需要空间载体，都通过空间结构进行组织和分布，空间结构不仅关系城市的运行效率，也直接影响到城市与外部生态环境的相互作用。早期的城市大多是围绕单一生产功能进行布局，随着城市功能的增加，城市的空间布局出现"摊大饼"式的无序扩张，从而导致了城市发展中产业转型困难、土地利用效率不高、交通系统负荷过重等问题。城市空间结构优化能够通过对城市的生产、生活空间布局进行优化，解决通勤成本过高、交通系统压力过大等问题，提高城市运行的效率。城市空间结构优化通过生产、生活、生态空间的统筹规划，能够缓解建筑、道路对生态环境的影响，提高生态系统的自我修复能力，进而从根本上解决城市热岛效应、内涝等生态问题。因此，城市空间结构优化是统筹解决城市交通、环境、人居等问题的根本手段，是实现城市绿色转型的重要路径。

五、城市规模管控是城市绿色转型的必要手段

城市人口规模与城市绿色效率显著相关,并呈倒 U 形关系,说明城市的绿色效率随城市人口规模的增加呈现先增长后降低变化趋势,城市规模过大会造成城市资源环境承载力不足、城市拥挤、人居环境恶化等"城市病"问题,城市规模过小则难以发挥城市的集聚效应和规模效应,不利于城市经济效率的提升。城市的规模效率在 2005—2015 年一直呈缓慢下降的趋势,说明外延扩张式的城镇化带来的规模效益和集聚效应不断降低,而由于规模扩大带来的城市拥堵、环境污染等问题则日渐突出,因此要在城市的资源环境承载力基础上合理确定城市的规模,通过规模控制以达到缓解城市经济发展与生态环境保护间矛盾的目的,有效防止城市规模的不合理扩张导致新的资源环境难题。

第三篇 路径研究

第六章 城市绿色转型的国际经验及启示

城市是经济和产业的集聚中心,在集聚效应和规模经济的驱动下,全球各国的产业最初都首先在城市集中和集聚。产业和人口的集聚给城市的资源环境造成严重的环境问题,20世纪全球城市都经历了惨痛的教训,"洛杉矶光化学烟雾事件""伦敦烟雾事件""日本的水俣病事件"等都发生在城市。在认识到城市的环境问题后,全球城市纷纷制定环境保护战略,积极探索城市绿色转型发展的路径,并取得了一系列经验和教训。

第一节 国外城市绿色转型发展的成功经验

纽约、伦敦、东京等全球城市在发展中都曾暴露出严重的环境问题,也通过积极探索实现了成功转型。从发展阶段和主要举措来看,主要有产业优化升级、能源结构转型、绿色低碳交通建设和生态空间格局优化等四个方面的经验。

一、以产业转型升级为核心的绿色增长

工业革命后,城市是重化工业、制造业等产业的集聚地,工业生产所需要

的化石燃料、排放的化学污染物是城市资源环境问题的主要原因。英国作为工业革命的发源地,是城市环境问题爆发最早的国家之一,随着城市资源环境状况恶化,城市的产业也出现衰退,失业问题逐步加剧,英国伯明翰曾在 5 年时间内流失了近 1/3 的制造业,伦敦 1952 年爆发了著名的"伦敦烟雾事件",期间空气中烟雾浓度的峰值达到了 4460 $\mu g/m^3$,SO_2 的浓度峰值达到 3830 $\mu g/m^3$,有超过 4000 人由于污染而导致死亡。在经济、环境和社会多重压力倒逼下,英国城市积极尝试通过产业结构调整和升级推动城市经济与资源环境协调发展。伦敦从 20 世纪 60 年开始推动城市主导产业从重化工业向制造业和服务业转型,到 20 世纪 80 年代,伦敦的商品生产部门就业下降到 29%,金融业的就业人数上升至 23%,商务服务业就业岗位增加 30%,1986 年,伦敦 80% 的就业岗位集中在服务业,仅有 15% 的就业集中在制造业,产业结构的升级也带动了伦敦的污染物减排,伦敦二氧化硫的浓度从 1950 年的 400 $\mu g/m^3$,下降到 1970 年的 50 $\mu g/m^3$,在 1992 年已经下降到 30 $\mu g/m^3$。产业结构的转型升级对环境污染改善作用显著。

利兹是英国的传统工业城市,在城市转型的战略设计时,利兹将生态环境作为重要的因素和目标,认为城市环境管理是城市重新定位的关键因素。20 世纪 90 年代中期,利兹政府编制《利兹愿景:基于可持续发展的框架》(*Vision for Leeds: A Framework for Sustainable Development*),将环境的议题整合到城市的转型和治理工作中,1991 年提出"绿色战略"(Green Strategy)对公共服务设施和基础设施的环境绩效进行提升和考核;由政府和企业合作建立"利兹环境事业论坛"(Leeds Environment Business Forum)、"利兹环境行动计划"(Leeds Environment Initiative)等对话体系和伙伴组织,推动环境问题的商讨和解决,以经济竞争力提升和生态重建双重目标为导向,实现城市的绿色发展。利兹也因其在城市绿色转型中的有益尝试,于 1993—1996 年被评为英国执行"环境城市"(Environmental Cities)计划最成功的城市之一,2000 年被国际地方环境行动理事会推选为"全球地方行动奖"(杨东峰、殷成志,2013)。

北美的五大湖城市群是北美制造业的核心区域,包括加拿大的多伦多、蒙特利尔,美国的底特律、克利夫兰、芝加哥等城市,与美国东北部大西洋沿岸的城市群共同支撑起美国的工业制造业。第二次世界大战后,随着城市资源环境形势的恶化,城市的人口逐渐流失,产业和经济也出现衰退,曾经繁华的都市圈逐步被美国西海岸的高新技术产业所超越,成为与加州的"阳光地带"形成鲜明对比的"铁锈地带"。经济转型、产业升级和环境保护成为这些城市的迫切需求。匹兹堡是"铁锈地带"典型城市,20世纪70年代,在经济危机和失业等社会问题的倒逼下,匹兹堡通过产业的转型升级带动城市的转型,从以钢铁和制造业逐步向服务业转型,通过产业的高技术改造,培育教育、医疗、金融等服务业逐步实现城市产业的"退二进三",并以此为契机,优化城市空间格局,将工业区改建为居民住宅和商业中心,依托教育和绿色环保优势吸引公司的总部入驻。

纽约市通过引导投资的重点和方向,推动产业的转型,2018年1月11日,纽约宣称未来要减少社保基金在化石能源方面的投资,从社保基金中剥离出投向化石能源的50亿美元。同时,纽约市长也宣称计划要求英国石油公司、雪佛兰、康菲等化石能源公司支付赔偿,用于减少企业对气候变化的影响,通过减少投资、增加化石能源企业环境质量成本两个方面的举措倒逼城市产业的转型。

二、以能源结构调整为重点的低碳转型

城市是资源能源的主要消费地,也是碳排放的主要来源地,用更多的可再生能和清洁能源替代传统的化石能源,改善城市的能源消费结构,是多数城市缓解资源环境压力的共同选择。英国通过建立"碳信托基金"整合企业和公共部门资源,推动低碳技术的研发和应用,在英国的"碳信托基金会"与"能源节约基金会"(FST)联合推动下,英国开展了低碳城市项目,为城市的低碳转型提供专家和技术支撑,并在布里斯托、利兹和曼彻斯特三个城市率先编制低碳城市规划。布里斯托市的《气候保护与可持续能源战略行动计划》提出,将能

源利用作为控制碳排放的重点,通过推行能源适度消费、提升能源利用效率、推广可再生能源等途径实现低碳转型。伦敦也于2007年颁布了《市长应对气候变化的行动计划》,开展"低碳伦敦"建设。伦敦的"贝丁顿零化石能源发展"社区,通过推广太阳能、建设节能建筑,降低煤炭和石油等化石能源使用,建设"零碳社区",目前已经成为全球能源转化和低碳建筑领域的标杆。

逐步减少和替代化石能源来实现经济和资源环境的协调,已经成为全球各个城市的共识。调整城市能源结构,使用更加清洁的能源,能够在保障经济发展和居民生活水平的同时,降低碳排放,减少城市发展的资源环境代价。瑞典的维克舒尔在全球率先实施了能源结构调整项目。1996年,瑞典维克舒尔颁布了"维克舒尔零化石燃料计划",通过逐步取消电力直接供热,提高环保型机动车采购和租赁比重,环保型机动车免费停放,向市民提供能源建议,在交通和道路设计中充分考虑自行车、公共交通系统等措施改变城市的能源消费结构。同时"维克舒尔零化石燃料计划"也包括了低碳发展理念的推广、公众能源消费意识提升、新能源消费需求的发掘等能源需求结构的转型。目前,瑞典的维克舒尔已经成为欧洲人均碳排放量最低的城市,"维克舒尔零化石燃料计划"的目标是在2025年实现碳排放比1993年减少70%(陈柳钦,2011)。

在能源结构调整的同时,提升能效也是降低城市总体能耗的重要举措,美国纽约出台了绿色建筑税收减免政策和绿色建筑门槛,一方面容许在绿色建筑的开发上抵扣税收,另一方面也要求建筑必须符合绿色建筑的标准,2005年纽约市规定造价200万美元以上的非住宅公共建筑、吸收1000万美元以上公共基金的私人建筑都要符合LEED标准。同时,纽约市也发起了能效计划,以立法的形式强制要求市政部门购买节能办公设备,替换路灯、灯塔等交通基础设施中的低效光源,替换公共住房项目中的低效电器等。

三、以交通体系转型为核心的高效运行

拥堵的交通是"城市病"的重要表现,汽车尾气也是造成城市的雾霾和增

加碳排放的根源之一,根据相关组织的测算,英国空气污染总量的一半是由城市的道路交通所造成(The Future, Department for Communities and Local Government),因此城市交通的绿色转型也被视为城市绿色转型的关键环节之一。目前全球各大城市正在积极推广快速公交系统(BRT)、新能源汽车、城市综合交通体系等构成的城市低碳高效交通系统。巴西南部巴拉那州首府库里蒂巴是城市快速交通系统(BRT)的先行者,20世纪80年代,库里蒂巴市就推动公交系统整合,逐步形成由340条线路和1500余辆各类公交车构成的城市公共交通网。库里蒂巴市的公共交通系统也较早地运用信息技术,将公交车和公交站通过移动通信设备接入本地网络,便于公共交通指挥中心根据实时数据调度车辆、优化配置公交资源,避免交通系统的局部拥堵,降低乘客等待时间。便捷高效的公共交通改变人们的生活方式,在库里蒂巴这座总人口320万,私家车保有量超过50万的城市,公交系统每天的客运量超过190万人次,只有不到三成的私家车主选择自己开车。公共交通系统的发展也明显改善了城市的生态环境,库里蒂巴市的人均燃油消耗量仅为巴西同等规模城市的75%左右,城市的空气污染指数也低于巴西的绝大多数城市。

纽约市实行公共交通优先的发展城市交通战略,来解决城市空间布局带来的通勤问题,纽约地铁全年24小时运营,并在同一条线路上设计3—4条并行轨道,分别供快车和慢车行驶,提高了地铁的运输效率。纽约市还积极倡导自行车出行和共享交通出行,纽约市的新泽西港务局和民间组织积极推动"共乘一辆车"活动,提高私家车的运行效率。纽约公共交通优先的战略大大缓解了由于职住分离带来的交通负荷和通勤压力。

四、以生态空间建设为核心的空间优化

随着城市规模的扩大和城市人口的增加,城市人居环境恶化、生态空间不断减少等问题不断加剧,成为"城市病"的重要方面。城市中的河湖湿地在城市发展中,不仅被严重污染,而且往往会被建设用地和交通用地所侵占,韩国

首尔的清溪川就是典型的例子,清溪川位于首尔的城市中心,在首尔工业起步时期,清溪川受到严重污染,成为城市的排污道和"臭水沟"。随后由于首尔城市交通体系建设的需要,清溪川又被埋入地下,建成高架桥。2002年,首尔启动了清溪川生态修复工程,3年后清溪川重新流淌在首尔的市中心,成为首尔气温调节的"空调",市民休憩娱乐的公园和生态环境,在城市的生态系统中发挥着重要的功能。

巴黎在城市发展中较为重视利用城市空间规划解决城市的交通和环境问题,巴黎于1956年在《巴黎地区国土开发计划》(PARP)中,限定了城市的人口规模和城市建设区范围,从而降低城市中心区人口和建筑密度。1962年又在全国的规划中重点保留了大巴黎地区的绿色森林生态系统。1964年大巴黎地区成立后,新的城市规划将塞纳河谷地作为城市建设区中的保留绿地,并较早地运用了混合开发的思路,强调住宅区与就业岗位、交通基础设施的协调配套。城市的高密度使得巴黎市区的"年人均交通耗能"是伦敦的1/2、多伦多的1/5、休斯顿的1/10。在20世纪90年代的城市规划中,巴黎将城市生态空间作为关注的重点,强调要在城市规划中兼顾建设空间、农业空间和自然空间。

伦敦早在20世纪50年代就启动了环城绿化带建设,在城市外围兴建了8—10英里的绿化带,面积约占大伦敦面积的23%和大都市绿化带的15%,环城绿化带的建设也限制了城市的盲目扩张。伦敦在城市生态空间建设中十分重视利用废弃土地和建筑地营建绿色空间,2002—2009年伦敦的废弃土地下降了22%,建筑地利用面积增加了100公顷。屋顶绿化也是伦敦增绿的重要举措,据估计,在2008年,伦敦就已经实现了50万平方米的屋顶绿化。

第二节 我国城市与国际绿色发展先进水平的比较——以上海为例

伴随着经济的高速发展和城市规模的急剧扩张,上海市的环境与发展矛盾日渐尖锐,上海从20世纪90年代开始重视城市的环境污染问题,在环境污染末端治理和城市环境改善方面做了大量的工作,并取得了突出成效。但由于起步时间晚、环境问题历史欠账多等原因,上海市在产业结构高端化水平、资源能源效率、整体环境质量等方面与各个全球城市仍然存在较大差距,在推进城市绿色转型发展举措的系统性方面仍然相对落后,手段仍待进一步丰富。

一、产业转型升级进程

产业结构是影响城市绿色转型发展的重要因素,以制造业、重化工业为主的第二产业往往会消耗大量的资源和能源,并产生大量的环境污染物,导致城市发展与资源环境的矛盾加剧。上海市曾是中国的工业中心和产业基地,产业结构中第二产业占比较高,城市环境也不断恶化。随着城市产业的演进和升级,上海开始进入去工业化的产业结构转型进程,资源消耗低、环境污染少的服务逐步在城市经济发展占据重要地位,这也从源头上遏制了上海环境恶化的趋势。但与其他全球城市相比,上海的产业结构优化升级起步较晚,转型升级的进程仍然相对落后。

从起步时间来看,1998年上海服务业就业人口首次超过工业部门,就业人数占比达到41.2%(蒋荷新、邓继光,2015),而纽约、伦敦、东京等全球城市早在20世纪五六十年代就开始了去工业化的进程。1977—1996年的20年间,纽约制造业占城市总就业的比例从21.9%下降至9%,下降了12.9%,同期伦敦制造业的就业比例从22%下降至8.4%,下降了13.6%。而第三产业就业比重分别上升了25.6%和15.5%(蒋荷新、邓继光,2015)。东京的去工业化进程相对滞后,制造业就业比例从1981年的21.26%下降到2006年的9.74%。可以看出,上海在服务业大幅增长的时期,其他全球城市已经基本完成了去工业化进程,产业转型升级的起步时间远远晚于其他城市。

表 6.1　　　　上海与三大全球城市产业结构升级进程比较　　　　（%）

	纽约		伦敦		东京		上海	
	1977	1996	1977	1996	1981	2006	1998	2016
制造业	21.9	9.0	22.0	8.4	21.26	9.74	41.1	29.95
第三产业	63.7	89.3	73.0	88.5	70.62	84.78	41.2	63.46

备注：表中的纽约是指纽约城，包括纽约、曼哈顿、国王区、皇后区、布朗克斯和里士满区 6 个区；伦敦是指伦敦大都市，包括伦敦市和 32 个自治市镇。

数据来源：纽约、伦敦数据，蒋荷新(2015)摘自丝奇雅·沙森《全球城市——纽约、伦敦、东京》；东京数据，蒋荷新(2015)摘自东京统计年鉴；上海数据，笔者摘自上海统计年鉴。

从现状来看，上海的第三产业就业人口比例 2016 年为 63.46%，远低于纽约 2010 年水平，与 1977 年纽约的就业比例相当，也低于东京 2008 年的水平。按照三次产业的增加值来衡量，上海 2016 年第三产业增加值占比为 69.8%，远远低于伦敦 2008 年的 93.58%，与新加坡的水平相当。从各大全球城市产业结构演进和升级的过程来看，以制造业为代表的第二产业在城市产业结构中的比重将持续下降，纽约、伦敦、东京等城市制造业的就业比例将持续下降到 10% 左右，上海产业结构优化升级的进程尚未完成。

表 6.2　　　　　　上海与全球城市产业结构比较　　　　　　（%）

	东京（就业）	纽约（就业）	上海（就业）	伦敦（产值）	新加坡（产值）	上海（产值）
第一产业	0.04	0.2	0.41	1.38	9.97	0.4
第二产业	13.33	12.5	36.12	1.83	23.24	31
第三产业	73.3	87.3	63.46	93.58	66.79	69.8

数据来源：东京的数据为 2008 年从业人员数据，张婷麟等(2014)摘自东京产业劳动局；纽约的数据为 2010 年从业人员数据，张婷麟等(2014)摘自美国联邦普查局；伦敦的数据为 2008 年产值数据，张婷麟(2014)摘自英国 ONS 普查办公室；新加坡、上海的数据为 2016 年数据，作者摘自新加坡统计年鉴、上海统计年鉴。

从三次产业的内部结构来看，以金融、保险、房地产为代表的生产性服务业在上海仍然有提升和发展的空间。上海市 2016 年金融、房地产业就业人口比重为 10.07%，而纽约在 1977 年和 1996 年的金融、保险、房地产就业人口比重分别为 15.9% 和 17%。上海生产性服务业就业人员比重与伦敦 1977 的

9.9%,日本2012年的9.3%相当。发达的全球城市中依然有相当比例的制造业,但制造业内部的结构也在不断演进和优化,都市型工业所占的比重不断提升。上海目前规模最大的五大制造业中没有都市型工业(张婷麟、孙斌栋,2014)。

表6.3　　　　　　　　上海与全球城市主要制造业比较

位次	东京	纽约	伦敦	上海
1	印刷业	金属产品制造	食品制造	电子设备制造
2	金属制品	印刷及相关产业	印刷及相关产业	交通运输设备制造
3	电气机械	食品制造	基础金属制造	通用设备制造
4	食品制造	家具及其相关产品制造	化工工业	电气机械
5	交通运输设备制造	服装生产业	药物及试剂产品	金属制品

数据来源:东京产业劳动局;美国联邦普查局;英国ONS普查办公室;上海统计年鉴,张婷麟(2014)等整理。

与全球城市相比,上海的产业结构中仍然有相当比例的传统制造业,现代服务业的发展仍然有提升和演进的空间,产业结构优化升级的进程仍然相对落后,这意味着,上海仍需要在产业的高级化和绿色转型方面追赶全球城市。

二、资源能源利用效率

全球城市在能源消费强度、碳排放强度和土地开发利用强度方面都领先于其他城市,能够以较小的能源环境代价实现经济的增长。上海在之前的发展中经历了一段以高投入、高产出的粗放型发展模式为主的发展历程,城市的扩张进程中速度较快,经济增长中消耗的能源较多,产生的污染物和碳排放也远远高于全球城市。在联合国人居署发布的《全球城市竞争力报告(2017—2018)》中,上海市的可持续竞争力排名27,低于纽约、伦敦、东京等传统全球城市,在2017年"全球实力城市指数"(GPCI)中,上海在生态系统建设、空气质量、自然环境水平等多项指标中表现均不佳。

虽然上海市已经开展了一系列转型发展的举措,但是由于绿色转型的起步较晚,目前的发展效率仍然低于全球城市。上海的能源消费强度是东京的 7.28 倍,伦敦的 14.3 倍,纽约的 3.1 倍;碳排放强度是伦敦的 6.77 倍,纽约的 8.9 倍。上海的建设用地利用效率都低于东京、巴黎、伦敦、纽约等全球城市,上海市的地均 GDP 仅为巴黎的 1/3、东京的 1/9,2016 年上海单位面积 GDP 为 14.73 万元,低于香港 2011 年的水平(17.52 万元/平方千米),建设用地利用效率与全球城市相比差距十分显著,说明上海在土地集约利用水平和产业附加值等方面与全球城市仍然存在较大的差距。

单位面积GDP（万元/平方千米）

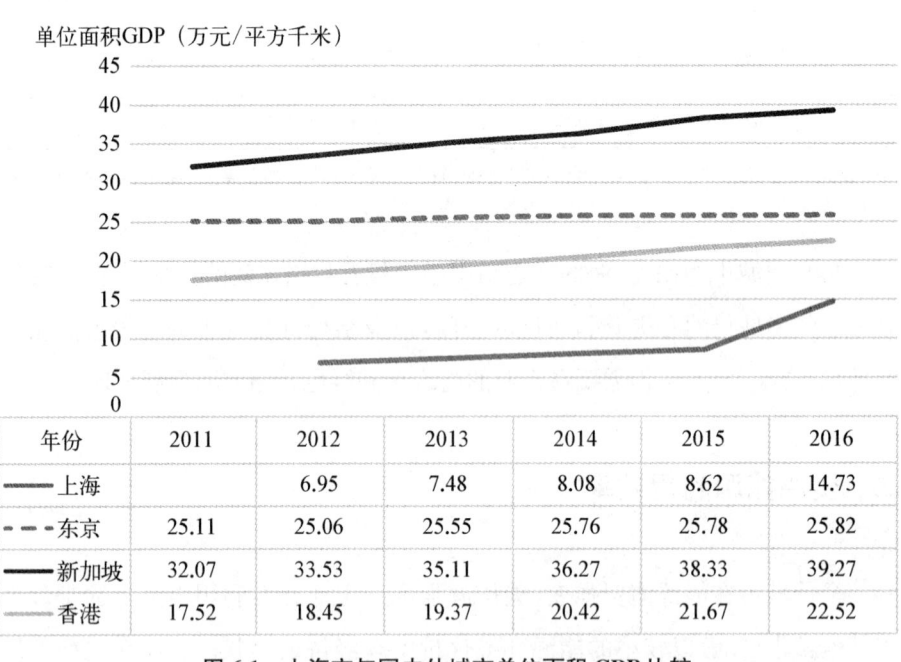

年份	2011	2012	2013	2014	2015	2016
上海		6.95	7.48	8.08	8.62	14.73
东京	25.11	25.06	25.55	25.76	25.78	25.82
新加坡	32.07	33.53	35.11	36.27	38.33	39.27
香港	17.52	18.45	19.37	20.42	21.67	22.52

图 6.1　上海市与国内外城市单位面积 GDP 比较

三、城市生态环境质量

城市是环境和发展矛盾最为尖锐的地区,全球各大城市在发展中也经历了环境质量下降到综合治理,再到全面绿色发展的演进历程,城市的环境质量

第六章 城市绿色转型的国际经验及启示

也经历漫长的改善过程。本书选择东京、伦敦、香港、巴黎等城市与上海进行比较,反映上海生态环境质量与全球城市的差距。

以空气质量来看,伦敦、巴黎、东京、新加坡等全球城市的主要空气污染物浓度均低于上海目前的水平。其中,东京的 SO_2(二氧化硫)浓度在 2013 年已经达到 6 $\mu g/m^3$,远低于上海的 15 $\mu g/m^3$,NO_2(二氧化氮)的浓度在 2013 年为 37 $\mu g/m^3$,低于上海的 43 $\mu g/m^3$,可吸入颗粒物的浓度是上海的 1/4。从三种污染物的浓度看,上海的环境质量相当于东京 1990—2000 年的水平,仍处于粗放式的环境治理向综合的环境管理迈进阶段。

表 6.4　　　　　　上海 NO_2 浓度与全球城市比较　　　　单位:$\mu g/m^3$

年　份	2010	2011	2012	2013	2014	2015	2016
上　海	50	51	46	48	45	46	43
香　港	62	63	60	63	57	55	53
东　京	20	19	18	18	17	17	16
新加坡	23	25	25	25	24	22	26
伦　敦	40	35	36	35	35	31	32

数据来源:笔者整理。

上海与香港同为人口高度密集的大城市,但空气质量依然相对落后,香港 2015 年城区 SO_2(二氧化硫)的浓度为 11 $\mu g/m^3$,NO_2(二氧化氮)的浓度为 55 $\mu g/m^3$,微细悬浮颗粒物 $PM_{2.5}$ 的浓度为 25 $\mu g/m^3$,低于上海的 45 $\mu g/m^3$,可吸入悬浮颗粒物 PM10 的浓度为 38 $\mu g/m^3$,低于上海的 59 $\mu g/m^3$,四种空气污染物的浓度,除了 NO_2 之外均低于上海水平。

表 6.5　　　　　　上海 $PM_{2.5}$ 浓度与全球城市比较

年　份	2010	2011	2012	2013	2014	2015	2016
上　海	—	—	48	62	52	53	45
香　港	46	49	42	47	43	38	33
东　京	—	15.7	14.2	15.8	16	13.8	12.6

续 表

年 份	2010	2011	2012	2013	2014	2015	2016
新加坡	17	17	19	20	18	24	15
伦 敦	14.70	16.15	13.88	14.23	14.17	11.33	10.96
巴 黎	18.25	17	15.75	17.25	14	15	12.83

数据来源：笔者整理。

年份	2010	2011	2012	2013	2014	2015	2016
上海	79	80	71	82	71	69	59
香港	71	74	62	65	30	25	22
东京	21	21	20	21	20	19	17
新加坡	26	27	29	31	30	37	26
伦敦	20.05	21.72	19.90	20.73	19.25	17.40	17.71
巴黎	25.54	27	25	24.36	21.09	20.75	20.36

图 6.2 上海 PM10 浓度与全球城市比较

从公共绿地面积和水环境来看，上海市人均公共绿地面积为 7.83 平方米/人，仅为纽约的 1/3。上海市的水环境质量也与东京有较大差距，从化学需氧量、生化需氧量与溶解氧的指标看，东京主要河流都达到我国地表水 I 类水标准，而上海市区的达标水质要求为 V 类水，上海的地表水优于 III 类的比重仅占 29.2%。

上海的生态环境质量与各大全球城市相比依然有一定的差距，目前的水平大约相当于东京、香港等主要全球城市 5—10 年前的水平。从城市绿色发展所处的阶段来看，上海市目前尚处于从城市环境综合治理向全面绿色发展的过渡阶段,绿色发展的系统性、环境治理的协同性尚需进一步加强。

四、城市绿色转型发展战略

与各大全球城市相比,上海市在推进城市绿色转型发展中面临着起步较晚,环境治理历史欠账较多的问题。巴黎、东京、纽约等全球城市由于城市发展较早,早在20世纪60年代就开始着力解决城市发展中面临的环境问题,巴黎早在1956年就在城市规划中对城市空间蔓延和人口规模增长做出了限制,并在1963年的巴黎大区城市规划中划定了生态用地。20世纪70年代以来,生态城市理念就在美国开展了实践,并经历了理念探索、目标设定和应用、指标评价体系构建和试验,以及完善和务实推进四个发展阶段,实现了从构想和理念到城市发展目标和要求的转变,绿色发展的规划体系、环境治理体系已经基本完善。

上海市以绿色发展和生态文明建设作为城市发展指导思想的时间远远晚于其他全球城市。上海市对城市环境治理和保护最初体现在对"五年"规划中环境保护任务的落实和执行,"八五"和"九五"规划对城市环境的治理主要体现在控制工业污染物排放等领域,主要手段仍然集中于末端治理。由于上海环境基础设施建设的基础薄弱,城市环境污染治理的"历史欠账"过多,城市绿色转型发展主要是以解决城市突出的环境问题为主要任务。与其他全球城市相比,上海市在城市产业绿色转型、低碳发展、生态空间优化等方面尚未进行统筹计划和安排,与巴黎、伦敦、纽约等全球城市20世纪50年代的城市环境战略相类似。

进入21世纪以后,全球许多城市已经在可持续发展、能源节约、提升宜居性等方面开展了探索和实践。丹麦的哥本哈根,巴西的库里蒂巴,美国的伯克利、西雅图、萨克拉门托以及澳大利亚的布里斯班等都是生态城市建设的先行者。西雅图早在2004年就提出"可持续西雅图"(Sustainable Seattle)发展目标,波特兰在其规划"Metro Plan 2040"中提出精明增长、Grey to Green 等绿色发展思路。纽约在其规划"OneNYC"中也将可持续和宜居性列入城市发展的五大目标,在城市战略和目标体系设定时,已经开始运用更新的理念和手段,呈现出建设行动系统化、参与主体多元化、运行管理信息化、先进技术手段普遍化的趋势,例如更加突出目标体系的公众参与性和政策导向性,强调其提升公众生态意识、提高公众参与度、协调各类主体等方面的作用,在推进模式上更加注重系统性,强调参与主体多元化转变,强调先进技术手段的运用以及信息化管理,更加倾向于采用"目标—行动"路线的务实推进模式。

上海市在这一阶段仍处于环境末端治理向系统治理转变的过程中,在《上海市城市总体规划(1999—2020)》中仍然较为重视城市突出环境问题的治理,仍然以"环境保护三年行动计划"等行政手段为主要的推进方式。在城市生态环境建设方面,上海市这一阶段主要是通过公共绿地建设以点带面改善城市的生态空间,并将崇明生态岛建设作为城市生态空间预留和保护的重要举措,城市河道沿岸的环境治理和生态空间修复等历史遗留问题依然是这一阶段上海环境工作的重要内容。与巴黎、纽约等全球城市相比,上海在生态空间优化和保护方面的起步时间已经远远滞后,面临的问题和困难也更加复杂,治理手段也相对单一。在新一轮城市规划中,上海市提出了建设韧性生态之城的建设目标,推进城市绿色转型发展的举措更加系统,上述问题正逐步得到解决。

第三节 国外城市环境经济协调发展的启示

从国外城市推进环境经济协调发展的实践来看,各大全球城市都经历了从产业转型到能源交通效率提升,再到系统推进环境经济协调的发展历程。城市产业转型升级决定了经济发展的模式是否具有资源节约环境友好的特征,是城市环境经济能否协同的关键。在城市产业升级后,城市的能源消耗和交通体系成为了环境经济矛盾的焦点和难点,国外许多城市都逐步将城市绿色转型的重点集中于能源交通效率的提升。城市的空间布局是城市生态环境的基底，政策制度创新是推动环境经济协调发展的保障，新阶段城市绿色转型发展需要空间规划和制度创新等多措并举。

一、产业转型升级是促进环境经济协调的根本途径

全球各大城市的整体环境质量改善，都伴随着产业的升级和演进，产业结构的演进使得经济增长的动力由资源驱动，转向劳动力、资本等要素驱动，再转向创新和人力资本驱动。这一趋势使得城市作为资源集聚中心的作用不断降低，以资源和能源兴起的城市大多在这一过程中不断衰退，并伴随有重化工业遗留的严重环境问题，美国的匹兹堡、英国的曼彻斯特、德国的鲁尔地区等都经历了这一过程。随着城市由资源集聚地向资本和劳动力等要素集聚地的转型，城市的产业逐步以资本和劳动力密集型产业为主，由此不仅带来了城市交通拥堵、人居环境恶化等问题，而且资本和劳动力密集的制造业也往往是主要的资源能源消费者、环境污染物的主要排放者，这一阶段城市的资源环境问题有所缓和，但仍然是环发矛盾最为尖锐的地区，城市的资源环境恶化的趋势并未扭转。

当产业演进步入创新和人力资本驱动的阶段，城市的主要作用转变为信息集散地和人力资本集聚地，以金融、商贸、技术服务为代表的生产性服务业逐步成为城市经济增长的新动力，生产性服务业不仅具有资源节约、环境友好的特征，而且还进一步细化了制造业的分工，使得制造业的生产、设计、集成等环节不再需要在空间上高度集聚，从而便于城市空间布局的调整和优化。纽约、伦敦、东京等城市都是在第三产业成为城市主导产业之后，才扭转了城市资源环境形势恶化的趋势。因此，城市环境经济协调发展的根本途径是以产业的转型升级带动城市经济发展方式的转变，通过培育和发展高技术产业、技术服务业、金融业、商贸业等现代服务业，充分发挥城市作为创新高地、信息集散地和人力资本集聚地的功能，实现资源节约和环境友好的经济增长，进而推

动城市环境经济协调发展。

二、能源交通效率提升是破解环境经济矛盾的重点

在城市有限的资源环境承载力条件下，城市不断扩张的经济和人口规模进一步增加了城市资源环境的负担。随着工业技术的进步和城市向服务业转向，城市主要环境污染源逐步从生产活动转向交通。由于城市人口激增、职住分离、消费水平提升等因素，城市的交通运输量出现爆发式增长，汽车数量也急剧增加，汽车尾气污染逐步成为城市环境污染的主要来源。以伦敦为例，20世纪70年代伦敦的汽车保有量约为170万辆，到80年代末已增加到270万辆，到20世纪90年代，汽车尾气排放对伦敦大气的污染已经超过燃煤。交通拥堵不仅带来了尾气污染和噪声污染，也占用了城市的土地资源。人口的激增同时带来的是额外的能源供应，建筑耗能和生活用能逐步超过工业用能，成为城市资源问题的新挑战。因此，在城市产业逐步转向服务化后，能源和交通问题将是城市环境经济协调发展的主要挑战。从国外城市的发展历程来看，许多城市都是在产业去工业化进程接近尾声的时候开始重视城市的交通污染问题，例如，伦敦1990年的制造业占就业岗位的比重为8.24%，基本完成了产业结构的转型，而同期汽车尾气排放也代替工业废气成为伦敦的主要大气污染源。上海目前虽然仍然处于服务化转型的进程中，但汽车保有量、建筑能源消耗量都已经接近或超过巴黎、伦敦等城市，在未来的发展中面临的能源和交通问题十分严峻，需要通过将提升能源利用效率和交通体系的效率作为城市发展新阶段的重点。

三、空间布局优化是形成环境经济良性互动的基础

城市的空间布局是城市承载人口、产业的基础，科学合理的城市空间布局能够提升城市的交通运输效率和能源利用效率。从城市交通的角度来看，城

市空间布局优化能够减少交通出行的需求,降低交通运输系统的压力。例如纽约曼哈顿地区的较高的租金导致纽约许多居民的居住地和工作分隔较远,产生巨大的通勤需求和交通压力,进而加剧了汽车尾气对大气的污染。基于这样的考虑,许多城市开始在城市开发中融入混合开发、以交通为导向(TOD)等开发理念,通过将居住地和工作地混合规划,解决传统城市发展中职住分离的问题。从节能降耗的角度来看,城市空间布局能从根本上优化城市控温、采光需求,从而降低城市能耗和碳排放。传统工业城市的主要功能是为产业提供集聚地,城市规划大多从产业发展的角度出发,从城市生态本底出发的空间规划,能够充分利用城市所在地光照条件、风力条件和气候条件,通过在城市规划中布局城市"风道"、优化绿地的形状和布局,降低城市建筑对自然的影响,减少城市建筑的能耗。

城市空间布局优化也能够与城市发展方式转型形成良性互动。随着城市的产业转型,城市功能由服务产业逐步转向服务居民,城市创新要素和人力资本集聚地的作用日渐突出,在这样的背景下,城市生态环境和人居环境成为城市竞争力的重要体现。城市空间布局优化改善城市的生态环境,提升城市的人居环境品质,从而为城市集聚人才创造良好的条件。生态城市、宜居城市等城市空间布局理念的提出和兴起,正是国外城市顺应城市发展趋势而做出的应对之策。

四、政策制度创新是推动环境经济协调发展的保障

由于城市环境问题的外部性,城市环境经济协调发展往往需要政府的环境保护战略和相关政策制度来推进。国外城市在推进环境经济协调发展的过程中都将法律和制度作为主要手段,如:英国在1956年颁布了世界上首部《空气污染防治法案》(*Clean Air Act*),并随后出台了《污染控制法》《环境保护法》《汽车燃料法》等一系列法律法规;纽约在1966年先于美国政府颁布了空气控制法令。法律法规为城市环境治理、规范排污行为提供了依据和保障,有效地

遏制了城市环境恶化的趋势。环境战略和规划也是促进城市环境经济协调发展的重要保障,战略和规划明确了城市未来的发展方向,有效地引导各方主体的行为,如纽约2005年发布了《更绿色更美好的纽约》,东京2007年发布了《东京都气候变化战略——低碳东京都十年计划的基本政策》等。此外,环保信息公开、排污权交易、环境责任制度等环境治理机制的创新也为促进城市环境经济协调发展提供了有力手段。

第七章　绿色创新驱动城市绿色转型的路径分析

我国发展阶段相对落后,资源储量和环境容量相对较小,西方国家先污染后治理的发展模式并不适应我国的国情,我国很难以现有的发展模式到达环境库兹涅茨曲线的拐点,实现经济社会的可持续发展。因此,必须要以提升资源生产率利用率、降低环境风险为目的的绿色创新作为动力,在环境库兹涅茨曲线的拐点之前,率先推动城市的发展动力的转换。

第一节　创新驱动城市转型发展机制

城市的形成和发展主要动力来自经济总量和结构的变化,由于工业产品和服务的收入需求弹性较大,随着经济的发展和居民收入水平的提高,工业产品和服务的需求增大,越来越多的要素被投入工业部门和服务业部门,同时由于工业和服务业对土地的需求弹性与农业部门不同,并不需要较大的土地开发规模,反而需要产业在空间分布上集中和集聚,利用其规模效应和集聚效应,因此随着二、三产业逐渐成为国民经济的主导产业,产业不断在空间上集聚,从而推动了城市的形成和发展。简而言之,城市形成和发展源动力是经济总量和结构的变化,而这一驱动力在规模经济和集聚经济的传导下,促进了产业的在空间上的集聚和城市的形成。

在城市形成和发展中,技术创新扮演了重要的角色,技术创新既可以提升各类产业的生产效率以促进经济总量的增长,又能够通过改变生产中资源和要素的投入来创造新需求以改变经济结构。根据迈克尔·波特(Michael Porter)的研究,经济发展有要素驱动、资本驱动、创新驱动和财富驱动四个阶段,在四个不同的阶段城市的功能和形态都有不同的特点,城市的转型也可以视为城市随不同的经济发展阶段而演进的过程。

一、城市形成和发展的动因和传导机制

城市的形成和发展的主要动力是经济总量和结构的变化。钱纳里认为在连续均衡的国民经济中,城市化"以导致工业化的贸易和需求变化为开端,以农村劳动力向城市就业的平缓移动为结果",是这一因果链条上的各类事件的最终结果(H.钱纳里、M.赛尔昆,1989),也就是说,城市发展的动力主要是长期的经济发展,即经济总量的增长和结构的变化。保罗·贝洛克、钱纳里都曾对经济总量增长和城市化的关系进行了研究,认为城市化和总量增长存在明显的正相关关系。经济结构的变化往往与总量增长相伴,库兹涅茨认为制造业在国民经济中所占比重上升,就业人口占比逐渐上升,农业在国民经济中占比逐渐下降,就业人口占比逐渐上升。城市发展的历史基本印证了产业结构高级化推动城市发展的思想,辜胜阻、蔡孝箴等通过定量分析证实了工业化率、非农化率与城市化率三者之间所存在的正相关关系,并指出第二、三产业的发展水平越高则城市化水平也越高。

经济总量和结构的变化主要通过两方面的传导机制推动城市的发展。一方面经济总量发生的变化会经由需求的收入弹性传导机制引起经济结构的变化。由于人们对食物等农产品需求的收入弹性较低,随着收入水平的提高,在满足基本的生存需求后,人们对食物等农产品的需求降低。与此相反,工业制成品和各类服务具有较高的需求收入弹性,收入水平提高后,以工业制成品和

各类服务为主的改善型需求增加。需求从食物等农产品向工业制成品和各类服务的转移,也引起了资本、劳动力等要素向从农业向二、三产业转移,导致了产业结构的变化。从产出率的角度来看,由于二、三产业比第一产业的劳动生产率更高,也导致了在同等要素投入水平下,经济总量的持续增加,进一步推动了产业结构变化。

另一方面,不同的产业对土地的需求弹性不同,空间分布方式有较大差异:农业以土地的经营和使用为主要特征,从事农业生产不需要也不可能在空间布局上大规模聚集,而表现为分散性,分散的村落或居民点便于农民接近他们经营的土地;而制造业和服务业则需要人口和经济活动在空间上的聚集,利用空间集聚产生的比较优势、规模经济和集聚经济(蔡孝箴,1998)。比较优势促进了社会分工和贸易,市场交易需求和交通成本优势推动了城市的形成,规模经济则为人口和经济活动的地理集中提供了市场动力,集聚经济效益则成为城市大规模扩张和发展的持续动力。

戴维·皮尔斯将集聚经济定义为"因企业或活动设址接近另一个企业或活动而产生的经济活动中的成本节约"(戴维·皮尔斯,1988)。集聚经济效应的经济效益体现在以下四个方面:第一,空间集中可以极大地减少交通运输与交流等产生的交易费用,实现道路、市政等基础设施的规模经济;第二,多个异质性行为个体及活动的空间聚集会使得任何一项活动都存在足够多的个体与之相适应,能够减弱由社会经济活动波动所带来的损失;第三,各类社会经济活动间具有很强的互补性,居民就业的互补性也较强,因此地域上的集聚会产生互补利益;第四,空间集中便利了信息交换和技术扩散,将刺激产生新知识、新观念(蔡孝箴,1998)。

二、城市发展驱动因素的变化趋势

在不同的发展阶段,经济增长的推动因素也有所差异。美国著名学者迈克尔·波特从历史演变的角度分析了要素竞争和经济增长推动力的变化过

程,认为经济增长可以划分为四个阶段:

一是"要素推动阶段"。这一阶段劳动力、土地和其他初级要素的价格较低,竞争优势明显,经济增长主要是由不断增加初级生产要素的投入数量而推动的,呈现出以增加要素投入为主要动力的粗放型增长特征。

二是"投资推动阶段"。这一阶段主要依靠大量投资带来的规模经济来降低产品生产成本和价格。大量投资带来了人均资本占有额的提升,提高了人均产出,从而产生了竞争优势。人均产出的提高使得这一阶段的经济增长具有集约化的特点,但同时,资本要素的大规模投入也带有粗放型的特征,因此,这一阶段的经济增长也被视为准集约化的增长方式。

三是"创新推动阶段"。这一阶段生产要素更加稀缺,提高要素生产率成为提高竞争优势的主要途径。将知识和技术与生产要素相结合,能够带来人均产量的增加,这种由技术创新驱动的生产效率提升逐步成为主导经济增长的主要动力,这一阶段的经济增长模式具有典型集约化特征。

四是"财富推动阶段"。这一阶段因目前尚无经验实证,还难以进一步说明(赵民、陶小马,2001)。

在经济增长的不同阶段,城市的功能和定位呈现不同的特征,进而表现为不同的城市发展模式和推动机制:在"要素推动阶段"城市的主要功能是产业集聚的场所和载体,城市的交通、居住和规划都服务于产业,城市的发展模式表现为粗放扩张,驱动城市发展的主要是 R&D 费用与总产出的比值中低等技术的制造业(张银银,2014),城市扩张也主要以人口和土地等要素的投入为主;在"投资推动阶段",城市的功能更加丰富,除了生产功能之外,商贸、交通集输运、金融等也成为城市的重要功能,驱动城市的产业逐渐向高端化和服务化转型;在"创新推动阶段",城市的主要功能是集聚人力资本和智力资源等创新要素,更加强调城市的居住和交流功能,对城市的宜居性、便捷性提出了更高的要求,这一阶段驱动城市发展的主要是以创新和创意为主的泛服务产业,城市发展更加强调土地、人力等要素的效率提升。目前我国大部分正处于"投资推动阶段"向"创新推动阶段"过渡的阶段,培育创新动力、建立创新驱动机制是转型期城市面临的共同任务。

三、创新对城市发展的驱动机制分析

技术创新通过两方面推动城市的发展，一方面通过经济总量增长和结构调整驱动经济要素向城市集聚，另一方面城市又对技术创新有强有力的推动作用，反过来强化了集聚的效应。

首先，技术创新是经济增长和结构调整的根本动力。经济总量和经济结构的变化最根本原因是技术进步带来的生产力水平的提升。一方面，技术创新通过"过程创新"提升产品生产中的劳动生产率和原料生产率，实现了物质产出和经济总量的增长，通过"产品创新""产品替代"用更少的投入生产出同样或者功能相近的产品，降低了产品的成本和价格，从而使得人们的相对收入水平提高，为需求的转移创造了条件；另一方面，当某方面的技术创新产生后，基于其巨大潜在需求，经济主体将会逐步增加这一部门的物质资本和人力资本，并围绕其建立研发改进、转化应用和推广的体系。新技术的深入推广和要素投入规模的扩大，将会推动部门的重心偏移，甚至诞生新的产业部门，进而导致产业结构、消费结构的变化。

其次，技术创新对智力资源和信息交流的需求，推动要素在空间的集聚。空间集中使得信息交换、技术扩散更加便利，从多方面刺激技术创新：首先，同类企业和关联企业在空间上的集中，也汇聚了熟练劳动力和管理、经营和科技人才，为生产技术改进、工艺升级和要素优化配置等方面的创新积累了人才和经验；其次，人口的大规模集聚带来了教育研发资源的集聚，为技术创新、技术转化奠定了基础；再次，空间上的集聚增加了社会交流的机会，促进了信息的传播和流动，为技术创新提供良好的社会环境；最后，同类型的企业集聚为企业带来了竞争压力，也加快了企业对市场信息的反馈，增加了企业创新的动力。

第二节　绿色创新的内涵及特征

技术创新能够提升资源生产率，在保证经济增长和社会福利增长的同时，降低资源的消耗和对环境的压力，但是技术创新并不必然具有绿色属性，甚至技术创新的反弹效应还会导致资源消费规模的扩张，因此，推动城市的绿色转型必须要将绿色技术创新作为主要驱动因素，规避技术创新的反弹效应。实现目前的环境目标，不能仅仅依赖渐进式的技术创新，而需要技术产品和系统同步实现重构。根本性的绿色创新十分必要。

一、技术创新的反弹效应

反弹效应是指经济增长在持续地提高微观效率的同时，物质消耗总量不但没有明显降低，还导致了增长（诸大建，2011）。技术创新并不必然带来城市资源生产率的提升和环境的改善，英国经济学家 William Stanley Jevons 在他 1865 年出版的 Coal Question 一书中提出技术进步的反弹效应，通过观测蒸汽机发明后英国的煤炭消费，他发现能源效率的提升会增加，而不是降低能源的消费，技术创新提升了产品层面的生产效率，但也会带来消费规模的扩张，导致微观效率提升的同时，物质总量不降反增[1]。技术的反弹效应是由效率的提升和需求的扩大共同作用引起的，这不仅适用于能源、物质资料和资源，也适用于劳动力和资本市场。

反弹效应是由多种因素导致的，经济上的反弹效应是由于效率提升导致的成本节约会带来在投资或者额外的消费，此外还有心理因素和多种因素共同导致反弹效应。Foster，Clark 和 York 指出，经济系统是逐利的，经济扩张

---

[1] A. Reid & M. Miedzinski, 2008；OECD, 2009.

并不会停止,因此会导致效率提升带来的收益或者节约的成本用于扩大整个生产规模,所有的节约被用于刺激新的资本形成。推动城市绿色转型必须是考虑了消费规模扩大的绿色技术创新,不应仅限于微观意义上的产品创新,还应包括更广意义上的社会行为和制度结构创新。

二、绿色创新的内涵和特征

绿色创新是基于创新的反弹效应而提出的,创新并不必然具有提升资源生产率的作用,因此有益于环境的绿色创新成为可持续发展研究的焦点。2009 年,经合组织(OECD)在对可持续的制造业和绿色创新的报告中,将绿色创新定义为"与相关改进相比,有益于环境改善的产品(物质产品和服务)、流程、商业模式、组织形式和制度安排等方面的创造和技术应用"。OECD 对绿色创新的定义不仅包括以环境友好导向的创新,也包括无意识的环境创新。The MEI project for the European Commission 将绿色创新定义为"所有可以降低环境风险、环境污染,以及其他资源使用的负面影响的产品的生产、集成和开发创新,生产流程创新、服务、管理或商业模式创新以及与之相对应的组织创新"[1]。Anthony Arundel 和 René Kemp 认为,绿色创新包含了全部对环境有益的创新,对绿色创新不因局限于环境治理的技术,而应当包括所有对环境有益的产品、流程和组织创新[2]。

本研究认为,绿色创新应当以提升资源利用率、降低环境风险为目的,以整体生态影响为考虑范围的产品开发和集成创新、生产流程创新、商业和组织模式以及制度安排。绿色创新的研究范围应当包含资源利用、能效提升、温室气体减排、废弃物减量化、再利用和循环使用以及新材料和绿色设计等方面,也应当涵盖这些方面创新应用的动因、模式和效率。绿色创新应当建立在相

---

[1] MEI 是由欧盟环境管理局 EEA、欧盟委员会的联合研究中心 JRC,联合发起的一项工程。MEI 对绿色创新进行了概念界定,讨论了测度和评价的指标体系和方法。

[2] Measuring eco-innovation — Anthony Arundel and René Kemp (UNU – MERIT).

应的社会结构的基础上,并有相应的社会安排和制度体系支撑,即关注非技术层面的创新。

三、绿色创新的维度和类型

从技术创新针对的对象来看,创新可分为两个维度,一方面是对要素进行不断的改进直到出现革命性的创新成果完成对关键要素的替换;另一方面是对要素之间的关系进行修正,通过结构的改变实现创新的目的。根据创新的两种维度可以将创新分为四种类型,麻省理工学院的 Rebecca M. Henderson 和哈佛大学的 Kim B. Clark 分别将其命名为渐进式创新(Incremental innovation)、模块创新/组件创新(Modular innovation)、结构性创新(Architectural innovation)和突破性创新(Radical innovation)(Rebecca M. Henderson,Kim B. Clark,1990)。

如图 7.1 所示,渐进式创新(Incremental innovation):对要素和结构的创新程度都较低,一般表现为在核心组件中加入创新的要素,通过逐步改进,提升效率;模块创新/组件创新(Modular innovation):对要素的创新程度较高,但对结构的创新较少,一般表现为对某一模块或者组件进行重新设计,但并不改变该模块与其他组成的关系,保留其他组件的接口;结构性创新(Architectural innovation):对结构的创新程度较高,但对要素的创新较少,主要是通过改变不同组件之间的作用机制和性质,进而实现核心目标;突破性创新(Radical innovation):对要素和结构的创新程度都较高,甚至会颠覆系统核心要素和系统,创造一种根本性的新范式。

从绿色创新对资源效率的提升角度来看,绿色创新可以分解为产品创新、过程创新、产品替换以及三种方式的组合(Pelin Demirel,Efe Kesidou,2011):

产品创新主要是改进现有产品使其对环境更加友好,例如替换引擎以降低环境污染,更换建筑的供暖装置以降低能耗等。

第七章　绿色创新驱动城市绿色转型的路径分析 / 135

图 7.1　创新的维度和类型

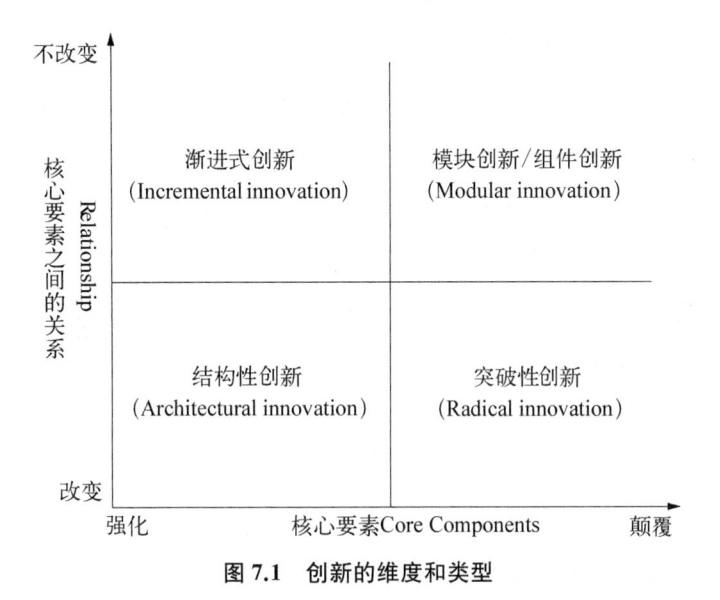

过程创新是典型的生产技术和过程的创新,通过对生产设备的技术的改进,提升资源利用效率,但过程创新不仅仅是指替换设备和组件的"硬件"创新,而且包括对组织和生产流程等"软件"的创新。

产品替换是指对生产过程中部分要素的替换,产品创新通常与过程创新相伴,将环境友好的中间产品加入其他生产过程,能够使得其他产品更加环境友好。通过模式的替换实现同一功能也是产品替换创新的一种。

需要注意的是,以市场和商业模式为主的"系统创新"虽然不能带来生产效率的提升,但是能够提升产品的利用效率,实现整体消费效率的提升。

第三节　绿色创新推动城市绿色转型的机理

绿色创新推动城市绿色转型主要经由技术创新、非技术创新两个层面。技术层面的创新主要是指产品和生产过程的创新,产品创新、过程创新和产品替代都属于技术层面的技术创新。非技术层面的创新主要是对社会行为和制度结构的创新,市场和商业模式、消费模式的创新都属于非技术层面的创新。非技术层面的创新虽然不直接带来资源生产率的提升,但是能够使得城市居民获得更多的服务,享有更多的经济和社会福利。在城市的尺度下来看,技术层面的创新在创新维度上更加靠近要素的改进,非技术层面的创新在创新维度上更加靠近结构的优化,技术和非技术的绿色创新分别从要素和结构层面促进了城市系统的生态化,有效规避了技术创新可能存在的反弹效应。

一、绿色技术创新提升资源生产率

绿色技术创新一方面通过提高资本、劳动力等传统要素生产率,创造新的需求来推动城市经济的持续增长;另一方面通过提升资源生产率,以减轻城市经济发展对资源环境的压力,在推动城市经济增长的同时,不断修正城市增长的方向和模式,从而实现城市经济的增长和资源环境代价的脱钩。

从推动城市经济增长的角度来看,城市发展进入"资本驱动阶段"向"创新推动阶段"过渡的阶段后,资本、劳动力等要素的稀缺性进一步加强,以要素投入为主的增长方式难以为继,经济发展只能依靠要素生产率的提高,即通过技术创新提升单位资本和劳动力的经济产出,从而实现经济总量的增长。目前,我国大多数城市都处于"资本驱动"乏力、"创新驱动"模式尚未形成的阶段,技术创新是推动这一阶段城市发展动力转换的唯一路径。同时,技术创新能够通过开发新产品、应用新技术创造出新的需求,进而催生新的行业和新的经济增长点,推动经济总量的增长和结构的转型。

从降低城市的资源环境成本来看,绿色技术创新是以降低经济社会发展对资源环境的影响为主要目标,对生产和消费各个环节进行的生态化改造。与一般的技术创新相比,绿色技术创新不仅仅以提高传统意义上的劳动生产率和资本生产率为目标,而是以提高资源生产率为目标。具体来看,以原材料的变更和清洁生产工艺应用为主的"过程创新"能够减少生产过程中的能源和资源消耗,更合理地生产同一种产品,"过程创新"能够在微观层面提升约2倍的资源生产率(诸大建,2011);以提高产品部件性能、改善部件的通用性和再利用性、提高再循环率等手段为主的"产品创新"能够以更少的消耗提供同等功能和作用的产品,"产品创新"可以在微观层面提高5倍的资源生产率;以产品概念变革和功能导向的开发为主的"产品替代"能够实现产品和服务的相互替代,在保证功能实现的同时降低传统产品的需求,"产品替代"能够提高10倍的资源生产率(诸大建,2011)。

二、系统创新降低创新的反弹效应

产品层面的效率改进很有可能被更多消费的规模扩张所抵消。"系统创新"主要是指市场和商业模式、消费模式和制度结构方面的绿色创新,虽然不能带来生产效率的提升,但是能够提升产品的利用效率,实现整体消费效率的提升。"系统创新"是在流通和消费阶段对产品和服务使用和分配模式的重构,打破传统消费模式下以商品为主的消费理念,转向以功能和服务为主的消费理念,消费不仅仅局限于通过占有商品而实现其功能,而是直接"消费"商品的功能和服务,使得同一商品的不同时间段也成为可消费的服务,显著地增加了服务的供给,从而可以在不增加产品生产总量的情况下,满足更多人的需求。目前快速发展的共享经济,就是通过房屋、车辆等产品的共享,缓解了城市住房和交通压力。从长期发展的趋势来看,物质产品的增长率将会低于服务供给和社会福利的增长率,实现了社会整体福利增长与物质产品增长之间的脱钩。根据魏伯乐在《五倍级》一书中的估算,系统创新能够带来资源利用效率20倍的提升。

"系统创新"也包含对城市运行系统的整体设计和优化。在传统的城市增长模式下,城市的交通运输系统,供水、供电等市政基础设施系统都屈从于产业的发展,规划和设计具有一定的滞后性和被动性。由于其结构和运行机制的缺陷,仅仅依靠提高车辆、管线的效率对系统运行效率的提升作用有限,需要在现有基础上进行系统优化,对其结构进行改进和调整,实现整体运行效率提升。

三、制度创新和协同创新的支撑保障作用

"系统创新"除了对社会行为和城市运行系统的生态化,还包括对制度结构和城市治理的创新。非技术层面的绿色创新主要是在结构层面和运行机制层面的绿色创新,制度创新和协同创新就是非技术创新在城市运行机制生态化方面的体现。

制度创新能够对绿色技术创新具有培育鼓励的作用,对系统创新具有规范和支撑的作用,是绿色创新体系的内部驱动力。制度创新对绿色创新的激励、规范和支撑作用主要表现在三个方面:首先,通过对资源价格、能耗标准、排放标准和环境污染治理等方面的设计,绿色的制度创新能够将环境污染和社会责任等外部成本内化,使得生产者和消费者在行为决策中充分考虑环境因素,促进其选择更加绿色的生产方式、消费模式。其次,绿色的制度创新也通过补偿、奖励等方式,对绿色技术创新带来的外部收益进行补偿,从而鼓励和引导绿色创新行为,加快绿色创新的应用和推广。最后,制度的强制性能够保证和支撑转型过程的顺利进行,例如,在消费模式的转换中,对功能的产权界定与产品相比仍有缺陷,需要在制度安排中进行明确,保证各方的权益。

协同创新即包括在技术创新中各创新主体之间的协同,也包括在系统创新中政府、企业、个人等主体的协同。绿色技术创新较其他领域的创新更需要多领域的协同,绿色创新不仅需要考虑某一方面的要素生产率的提升和改进,还要评估其带来的环境影响,需要资源环境、生态、社会等多领域的共同参与,通过建立技术创新的协同机制,不仅能为多领域合作提供可行的合作模式,也能够降低绿色技术创新的研发风险和成本。"系统创新"涉及的主体较多,主体的利益诉求各不相同,如果没有完善的协同创新机制,在结构和运行层面的生态化很难得到各方的支持,甚至难以推进。

第四节 绿色创新推动城市绿色转型的路径和举措

一、鼓励和引导各层次绿色创新

绿色创新的"过程创新""产品创新"应用较快,研发难度较低,应当通过融资、税收等方面的支持,鼓励企业担当起微观层面绿色创新的主力,加快生产工艺和流程的生态化改造,支持企业研发绿色产品、应用和推广绿色技术。重点支持新能源、高容量储能技术、绿色建筑等关键领域的技术创新,推动关键要素的革命性创新。"产品替代"和"系统创新"层面的绿色创新对资源生产率的提升较大,创新的潜力较大,应当积极推广产品的系统和全生命周期设计,对产品的生产、销售、使用和回收全生命周期的资源环境效率进行测算,加快城市交通运输、建筑、市政设施等系统的绿色改造和优化,应用大数据、物联网等信息技术提升其运行和管理效率。此外,应当继续推动环境污染的终端治理技术、综合清洁生产和环境研发,从输入、输出方向加强环境治理方面的技术创新。

表 7.1　　　　　　　　绿色创新的技术集

	绿色创新的输出手段		绿色创新的输入手段
	终端污染控制技术	综合清洁生产技术	环境研发
环境影响	末端治理方案	综合治理方案	通过研发创造环境友好的新技术、新产品或者改进流程
		从源头减少污染物和废弃物排放	增加环境保护中的知识储备
	污染物和废弃物治理	生产流程的调整	
		通过输入过程的替代、降低资源的投入提升效率	为清洁生产、绿色消费提供整体解决方案

续　表

	绿色创新的输出手段		绿色创新的输入手段
	终端污染控制技术	综合清洁生产技术	环境研发
科技改变	采用非基础性的技术	采用的技术能够带来进一步产品和过程创新,通过应用—学习模式能够带来重大技术变革	潜在的颠覆性创新的技术
成本	成本持续增加	长期运行可以降低投资	高风险、高投入,在长期运行中可能收回成本

二、完善资源环境税费体制

　　非技术层面的制度创新能够减少技术创新的反弹效应,倒逼绿色技术的研发和应用。资源环境税费体系通过对资源价格和环境污染成本的调控,大幅增加了资源使用成本和环境污染成本,从而减少创新带来的反弹效应。应当建立能源消费总量管理制度、碳排放总量控制制度,并分解落实到重点行业和企业,通过目标责任制度和奖励制度控制资源消费规模,避免资源利用率提高对消费规模的刺激,减少反弹效应。健全排污权、碳排放许可交易制度、资源配额交易制度,运用市场手段激励绿色创新。建立产品能效标准、建筑物能效标准,环保认证等环保标准体系,通过加强环境管理的积极作用从而促进终端污染控制技术和环境研发。推动生态财税改革,将课税对象转向对生态无利的产品,以津贴、低利或无担保贷款、税率减免等环境补贴方式,激励绿色技术创新。健全节能低碳产品和技术装备推广机制,定期发布技术目录。

表 7.2　　　　　　　　　　减少反弹效应的政策集

可交易的排放证	对允许核准给企业的排放额度进行交易
资源分配交易	对允许给企业的资源配额进行交易
产品规制费和产品税	有害产品须缴纳固定费用,用于影响买卖该产品的行为或作为回收的财政补贴

续　表

有害物质排放量和污染税	根据有害物质的排放量收费,专用于清理设备的融资
资源使用费	
生态财税改革	改变国家的财税策略,将课征对象从对生态有利的转到对生态无利的
押金系统	购买产品附带包装押金,在归还包装时返还
购买开发权	让国家能够从土地所有者处购买建筑开发权,用以保护该土地的自然环境
转让开发权	将人口从密集度高的社区引导到生态不敏感区,同时为生态敏感区减压
环境补贴	以津贴、低利或无担保贷款、税率减免来鼓励规划中的各类生态交易及活动
环境法定连带责任	要求肇事者赔偿所造成的环境损害
财务担保	要去当事人向管理当局提供财务担保,确保规定完成的事项兑现
环境储备金	企业必须预留足够有保证的环境储备金,作为停产后土地修复的保证
需求侧管理(DSM)	
自可再生能源回购	购买并网发电的个人可再生能源

资料来源:[德]魏伯乐.五倍级[M].上海:上海人民出版社,2010.

三、推广以功能为导向的消费模式

传统的消费观以物品为导向,通过产品的供给满足消费者的需求,以功能为导向的消费观直接从消费者的需求出发,通过提供相应服务的形式满足消费者。例如,人们并不需要燃料、汽车、餐具等物品,而是需要这些物品带来的光亮、温度、移动性和存储能力。推广以功能为导向的消费观,能够减少对物质产品的消费,从而在有限的资源消耗下成倍地增加城市的服务供给和生态绩效。

推广以功能为导向的消费观,首先要鼓励和规范共享经济的发展,通过政策和资金支持培育共享经济企业,通过设定行业标准推广标准化的服务产品和共享功能,提高共享性经济的便捷性,通过完善监管机制规避产品和服务共享带来的社会问题和产权纠纷,保障企业和消费者的利益。其次要引导消费模式转变,通过市场机制导流消费群体,建立共享经济细分市场,通过宣传和教育加强绿色消费、共享消费理念的普及,增强绿色消费意识。最后,支持和推广相关产品和技术的研发,在产品研发之初就以服务为导向进行整体设计,不断优化共享商品的时间和空间分配和协调机制,进一步提升其利用效率。

四、构建协同创新机制

绿色创新是多学科、多领域交叉的创新成果,因此应当构建和完善产学研系统创新机制,搭建多学科、多领域协同创新平台,在技术创新中充分考虑资源效率和环境成本,推动绿色技术融入创新的各个领域和层面。城市绿色转型中涉及政府的各个部门,以及企业和个人等多个主体,应当建立不同主体之间的合作机制,创新城市治理的模式,例如,以发展能源合同管理为代表的功能经济形式(诸大建,2011),就可以在企业和企业、政府和企业之间,建立用服务提供代替产品销售的合作模式。

第八章　产业结构优化推动城市绿色转型的路径分析

工业革命以来的城市发展与城市经济紧密相连,城市的转型和发展难以摆脱经济长周期的制约和影响,其中产业生命周期与城市的发展对应性最强,钱纳里、库兹涅茨等人的研究都证明城市发展和产业转型之间存在正相关关系,在技术进步和生产组织形式演进的共同作用下,主导产业类型、产业的形态、驱动要素和集聚模式都将发生变化,城市作为产业集聚的中心,其功能和形态也随着产业的转型不断变化。从这种角度来看,城市转型也可以视为产业升级带动下的功能升级和空间优化。

第一节　城市与产业协同演进的历程及规律

工业革命后,工业重工业化和高加工度化的演进,推动了现代城市的规模扩大和功能扩展,进入后工业社会后,随着知识经济的不断发展,专业化和社会分工的不断深化,产业的高新技术化和服务业逐步成为城市产业发展的主导,推动了城市功能的升级和空间的优化,加快了城市转型的步伐。

一、重化工业化催生产业城市

德国学者霍夫曼对产业结构变化进行了开拓性的研究,他将食品、纺织、皮革和家具工业划分为消费品工业,将冶金、材料加工、机械和化工业划分为资本品工业。根据消费品工业和资本品工业净产值比(霍夫曼系数)的变动,可以将工业化发展划分为四个阶段:在第一阶段,消费品工业占主导地位,资本品工业不发达,霍夫曼系数约为5;在第二阶段,资本品工业快速发展,但仍然低于消费品工业规模,霍夫曼系数约为2.5;在第三阶段,消费品工业和资本品工业发展规模大致相等,霍夫曼系数约为1;在第四阶段,资本品工业规模超过消费品工业,霍夫曼系数在小于1。

各国的工业化历程也与霍夫曼的研究大致相同,都经历了轻纺工业向重工业发展为主导的过程。在工业化进程中,汽车和家用电器等商品的需求收入弹性高,市场广阔、销售前景好,很快成为欧美等率先工业化国家的支柱产业,与这类耐用消费品工业关联效果较大的机械工业、化学工业也高速增长,成为发达国家的主导产业,占其制造业产值的60%—65%(赵民、陶小马,2001),而轻工业尤其是纺织工业的比重则持续下降,呈现出重工业化的转型特征。重工业化的过程并不是无限的,当耐用消费品工业的产品普及到一定程度后,支撑机械工业增长的耐用消费品工业增速放缓,与机械工业紧密关联的重工业也会到达饱和点,产业重工业化转型的进程也随之停滞。我国经济发展中也经历了耐用消费品的排浪式消费阶段,在产业结构中体现为家用电器、汽车工业的迅速壮大。

产业的重工业化和高加工度化催生了大量的老工业城市,英国的伯明翰、曼彻斯特、利兹,美国的底特律、匹兹堡都是产业重工业化的产物。这一阶段的城市以主导产业为核心,城市以产业配套和服务为主要功能,市政基础设施、交通都以产业为主导,城市的规划、人居环境和生态环境都服从于产业布局,城市治理中的许多职责都由企业分担,在我国甚至出现了"工厂小社会"的特点,企业甚至承担了部分公共服务,这一阶段的城市具有"产大于城"的发展特点。

二、高技术化带来城市驱动要素转换

第三次技术革命之后,以微电子、互联网、核能、航天、新材料和生物技术等创新成果进入实用和商品化阶段,产生了一系列高新技术产业。高新技术产业的兴起,改变了产业对传统原材料的依赖和消费,也降低了企业进入的资金门槛,例如,新材料的广泛应用,减少了钢铁等传统材料的使用量,电子工业中大规模集成电路的发明,减少了对电力以及塑料等材料的使用等。制造业在产业结构中的主导作用逐步降低,以人力资本、智力资源和研发能力为基础,产品原材料消耗少、附加值高的高新技术产业逐步成为产业结构的核心。高新技术产业的发展也改变了传统工业的面貌,许多制造业将研发和销售环节与生产环节剥离,开始向现代服务业转型。

在产业高技术化的背景下,知识和信息成为产业发展的关键要素,城市也逐渐转型成为知识的集聚地和信息的交汇地。越来越多新兴产业将生产、科研和技术开发结合,以高校和研究机构为核心集聚,形成了以美国的三角工业园、硅谷,日本的筑波为代表的高新技术园区,并带动了周围地区的城市化。同时高新技术产业的产品更新换代快、时效性强,企业的设备更新快,人员和资本的流动性大,产业对信息和市场的关注和需求超越了之前的产业,城市由于聚集了大量的人口和信息,成为信息流动和社会交流最为活跃的地区,以规模经济和集聚效应为主要目的集聚需求逐渐减弱,集聚智力资源、人力资本和研发资源,推动信息流动和传递成为城市发展和形成的新动力。

三、服务化导致城市功能转变

产业对物质资料的依赖程度降低,促进了产业内部分工的细化,原制造业中的生产服务环节逐渐剥离并发展成为生产性服务业;同时人口规模和密度的增长也促进了生活性服务业的细化和扩张。服务业较强的就业吸纳能力和较高的产品附加值使其逐渐超越第二产业,成为城市产业结构中的核心。全球城市产业的服务化在第二次世界大战之后出现了高潮,国际贸易和战后重建的需求推动了金融业和商业的发展,美英等国的金融业和商业已经占第三产业的40%左右(赵民、陶小马,2001),随着计算机和网络技术、现代通信技术的发展,信息产业也迅速发展壮大。整体来看,第三产业已经成为发达国家的支柱产业,其就业人数和产值已经占发达国家总就业人数和国民总产值的50%—60%,人力资本和智力资源等要素的投入已经成为发达国家城市发展的主要动力。

产业服务化标志着城市产业发展对物质资源的依赖下降,对人力资本的需求上升,这就要求城市的发展中心从产业转向人,城市的居住条件、社会和谐程度、信息能级逐渐成为城市竞争力的主要方面。在这样的背景下,以改善人居环境、促进社会交流、拓展城市生态空间为主要建设原则的宜居城市、生态城市等理念应运而生,美国的伯克利、西雅图,巴西的库里蒂巴等城市都是生态宜居城市的践行者,以人为本和绿色发展成为全球城市建设的共识。

第二节 产业绿色转型的目标和趋势分析

2008年全球金融危机之后,发达国家的金融业遭受重创,上一轮技术革命带来的红利逐渐减少,同时新兴市场国家由于外需萎缩、资源价格波动等因素冲击,经济发展也陷入低迷,全球的产业发展进入调整和酝酿阶段。经过产业的高技术化、结构软化等发展阶段后,从目前来看,产业的高级化、服务化的趋势仍然未变,而在资源环境约束趋紧的形势下,产业的融合化、生态化和结构软化正逐渐成为产业转型的新特点,产业的组织结构和协调机制进一步优化,产业的物质资源消耗进一步降低,产品的多样性和附加值进一步提升。现阶段,我国正在进行的供给侧结构性改革,提出"去产能、去库存、去杠杆、降成本、补短板"的转型任务,与全球产业转型升级的趋势高度契合。

一、融合化——产业组织和协调机制的优化

产业分工不断细化、高新技术不断渗透和市场需求多元化,对产业内部及之间的协调能力提出了较高要求,产业间的相互渗透融合成为产业转型的新趋势。具体来看:

第一,产业分工的不断细化使得制造业中的服务环节与生产环节分离,形成专业性更强、服务对象更加具体的生产性服务行业,产业之间的界限越来越模糊。由于市场变化快、竞争激烈,导致产品的时效性强、更新换代快,企业规避风险和对专业知识的需求也促使企业生产性服务的依赖和需求,产业之间的相互联系更加紧密,呈现出融合发展的态势。

第二,高新技术向产业发展的各个方面和全过程渗透,使得传统的制造业不再独立于创新,研发设计到应用推广的时间不断缩短,使得创新与制造频繁互动、紧密配合,传统"线性"的创新和应用过程变为一体化的"并行"创新过程(李程骅,2013)。产品的研发设计同时需要对市场需求的准确把握和引导,需要市场分析、营销、管理等多个环节的相互配合,生产的组织形式更趋于以产品或细分市场为单位的团队或者模块,服务业与制造业的深度融合的趋势不断增强。

第三,市场需求的多元化,使得小规模、多样化的生产模式成为主流,企业的组织形式更加趋于模块化,多样化产品可以共用大部分的模块,从而在模块要素层面实现了生产的规模经济,解决了规模化生产和差异化产品之间的矛盾。通过信息技术和管理信息系统,不同的企业模块可以实现不同领域的总体集成,产业的关联形式从依次传递关系转变为总体集成关系,产业的组织方式实现了要素层面的融合化。模块化的组织模式使得产业结构转换和优化能力提升,产业间的关联效应增强。

二、生态化——资源环境代价的下降

产业的生态化是随着循环经济理论的产生而发展起来的,在可持续发展受到世界各国普遍关注的背景下,生产过程中物质的封闭循环和污染物零排放成为产业发展的理想状态。Braden R. Allenby(2005)提出了产业生态系统的三级进化理论,认为产业生态系统是由线性向闭环不断演进的,一级产业生态系统是线性的,特点是无限索取资源,无限排放废物;二级产业生态系统的特点是从环境索取有限的资源,向环境排放有限的废物;三级产业生态系统是封闭循环的,不存在废物的概念,资源与废物是相对的,处在不同的生产环节,一个生产环节产生的废物是另一个生产环节的投入资源,整个生态系统只需要吸取外部的太阳能,这是理想的状态(李鹏梅,2012)。

从产业的组织形式上来看,产业生态化通过对产业链的两端延伸和网络化设计,形成由生态型产业组织,使得原有的"资源—产品—废弃物"的单向线性流动模式,转变为"资源—产品—废弃物—再生资源"的闭路循环模式,通过能量传递和副产品的交互利用,实现原材料使用减少、能源效率提高、废弃物减少和物质产品数量和种类的增加;从技术手段来看,产业生态化主要应用了清洁生产和循环经济等相关技术,通过绿色技术的应用提高产业的资源效率。产业生态化对技术的要求比传统产业更高,对绿色技术的依赖性更强,其实现难度和技术难度较高,驱动因素不仅有市场和技术因素,还需要政府的引导和支持。

三、产业结构软化——生产模式的服务化和模块化

产业结构的"软化"的界定目前尚未形成共识(赵民、陶小马,2001),产业结构的软化主要表现为三个方面:

首先,服务业不断细分和发展,新兴服务业推动产业结构进一步服务化。

软产业通常指提供非物质产品的服务业,技术创新和消费需求的变化加速了产业服务化的进程,例如信息技术、移动通信技术的飞速发展催生了信息服务、数据挖掘等新兴服务业,以社交网络、电子商务为代表的新兴服务业开始成为产业结构中的重要组成;多元化的健康需求催生了健身、养老、疗养等健康服务业,知识更新的需求推动了教育培训产业的细分等等。

其次,制造业企业向高附加值环节攀升,非生产环节比重上升。研发、设计、市场营销等环节处于价值链的高端,技术进步使得产业的研发、设计、市场营销等服务环节逐渐成为独立的产业部门,对高附加值的追求促使企业逐渐将重心转移到高附加值环节,制造业中的非物质生产部分比重不断提高。例如,汽车企业逐渐将资金和人才投入设计和研发环节,通过掌握核心技术提升产品价值,IBM电脑制造商向软件、信息服务等高价值环节延伸,最后甚至剥离生产业务,从制造业企业转型成为服务业企业。

最后,信息技术与制造业深度融合,柔性生产成为制造业的新趋势。随着生产水平的提升和信息的丰富,消费者的需求也更加多样化和个性化,在智能制造技术的驱动下,以小批量、多样化为主要特征的柔性化生产组织方式已经成为主流(李程骅,2013)。柔性化生产使得制造业的物质生产环节更加弹性化、小规模化,制造业对城市的空间和资源的消耗进一步降低。

第三节 产业绿色转型对城市转型的作用机理分析

城市是人口、产业与空间构成的有机综合体,产业的内部结构变化、外部形态演进都对城市的空间形态和功能升级产生作用和影响,城市对经济要素的集聚能力和空间结构也会反作用于产业。在城市绿色转型中,产业通过生态化演进、结构软化提升城市的资源生产率,降低城市的资源环境成本,通过优化生产、生活和生态空间,集聚人力资本和智力资源,从而推动产业的绿色转型。

一、产业的生态化加速了脱钩进程

"脱钩"理论主要用于表征发达国家工业化进程中，经济增长与物质消耗不同步，甚至相背离的现象。粗放型的经济增长依赖于物质的消耗，经济增长与物质消耗处于耦合（coupling）关系。随着技术的进步和产业结构的变化，在20世纪80年代西方国家出现了经济增长与物质消耗不同步，甚至相背离的情况，经济增长与物质消耗之间的关系由耦合（coupling）转变为脱钩（decoupling）。

产业的生态化实现了产业的"资源—产品—废弃物—再生资源"的闭路循环，能源得到梯次利用，企业生产中的副产品成为其他产业的原材料，生产对资源的消耗和环境污染大幅降低，产业发展进入低消耗、低排放、高效率的良性循环过程，实现了产业发展与环境污染的脱钩。同时，高新技术产业和服务业都是以技术创新和创意思维为核心要素，对物质资源要素的依赖程度降低，技术创新带来的劳动生产率的提高，使单位资源投入的产出不断增加，也降低了对物质资源的消耗，实现了经济产出与资源消耗的脱钩。在产业生态化和高技术化的推动下，城市物质产出的数量和类型的增长速率不断加快，增长曲线保持上升趋势，资源环境成本的增长率则不断降低，曲线趋于平缓，实现了城市的发展与资源环境的脱钩。同时，可再生能源、替代燃料、先进交通运输、新材料、废物处理与水土保持等技术的应用和产业化，为目前城市中存在环境污染、生态破坏等问题提供了有效的解决手段，改善了城市的自然生态环境，避免了脱钩之后的"复钩"。

二、产业转型促使城市空间布局更加灵活

产业结构转型中出现的模块化、产业结构软化的趋势下，新的产业体系中

企业规模缩小,灵活性和个性化成为企业的新趋势。传统产业体系中大规模的生产设施和庞大的厂区已经难以适应企业发展的要求。在保证必要的公共设施的前提下,模块化组织模式下的企业要求产业的空间载体能够易于分割重组,具有较强的灵活性,以便其能在外部环境和需求发生变化时进行及时调整。企业对空间载体的新要求,改变了传统产业空间布局下生产生活空间区划分明的特征,城市的空间布局也因此呈现出柔性化、灵活性的新特点。

产业结构融合化使得不同产业之间的界限逐渐模糊,三次产业之间形成了交叉互动、融合发展的格局。厂区式的地理空间上分割布局已难以适应产业融合发展的需求。同时,创新的一体化发展趋势也需要制造业与服务业之间的空间融合,制造业越来越成为创新过程中不可分割的重要环节,产业链的"源头创新"向"过程创新"转变已经成为创新发展的重要趋势,在这种情况下,实现制造业和服务业之间在空间布局上的一体化也成为必然,不同产业之间、产业和城市的生活、科教区域之间都呈现出一体化、柔性化的趋势。

三、城市对产业绿色转型的反作用

产业的绿色转型推动了城市的增长模式转型和空间结构优化,反之,城市的绿色转型对产业的进一步升级也有强大的推动作用。首先,城市绿色转型推动了城市交通系统的优化、生态环境的改善、公共服务的完善,创造了良好的人居环境和创新氛围,为吸引和集聚高素质人才创造了条件,推动了人力资本和智力资源等产业升级所必需的知识性要素的集聚。其次,城市空间布局的优化能够为产业发展提供更加柔性、灵活的空间载体,降低了企业孵化和转型的成本,为企业加快创新成果转化、拓展创新领域提供了良好的支持。最后,城市绿色转型与信息技术的深度融合,实现了城市由物质要素的集聚地向知识和信息的节点转变。知识和信息要素在城市汇聚和流动,为信息产业、数据服务产业等新兴产业的发展奠定了基础。

第四节　产业结构优化推动城市转型的典型案例

产业的绿色转型和生态化转型是城市绿色转型最直接和最关键的任务，许多城市都将产业的绿色转型作为城市转型的先导和突破口，选择以产业绿色转型带动城市绿色转型的道路，积累了大量成功的经验。

一、以产业信息化带动城市绿色转型的杭州模式

产业的信息化是产业结构融合化和高级化的表现之一，信息技术革命改变了信息流通和商品贸易的方式，推动了城市的商贸服务等功能转型。在互联网技术和新一代移动通信技术的推动下，城市的贸易和服务形式发生了巨变，以网上贸易、虚拟商场、网上市场管理为代表的电子商务，以网上银行、网上金融为代表的互联网金融，以虚拟图书馆、网络公开课为代表的网上教育逐步分担了城市作为信息集散地和贸易中心的部分功能，城市作为人才集聚中心、创新中心和信息技术产业集聚地的意义更加凸显，集聚信息资源和智力资源成为城市转型的重点和主要方向。信息技术产业为主导的"智慧经济"，对土地、资源、劳动力、资本等传统要素的依赖较低，对生态环境的压力较小，是城市产业绿色转型的主要方向。以大数据，物联网等技术为核心的信息产业，逐步成为城市经济发展的新动力和必然选择。同时信息技术带来的生活方式的转型，也迫使城市向更加便捷高效、生态宜居的人居城市转型。信息技术在社会保障、市场监管、环境监测、信用服务、应急保障、治安防控、公共安全等社会治理领域都能发挥巨大的作用，能够满足城市治理需要的海量数据采集和大数据分析处理，从而改变城市治理的模式。

杭州拥有西湖和京杭大运河两处世界文化遗产，良好的生态环境不仅是

杭州的最闪亮的城市名片,也是杭州发展的重要资源。改革开放以来,高速的经济增长和城镇化对杭州的生态环境造成巨大压力,河道发黑发臭、饮用水安全受到威胁、西湖生态退化等问题成为制约杭州发展的瓶颈,生态环境问题成为迫使杭州推动城市转型的内在要求。同时,在全球经济向信息技术产业转型的趋势下,产业升级和经济驱动要素的转变也成为推动杭州进行城市转型的外在动力。为此,杭州市提出以发展信息经济和智慧经济为着力点,推动城市绿色转型的发展战略,推动城市经济发展由要素驱动、投资驱动向创新驱动转型。2014年7月,杭州市把信息经济和智慧经济作为城市发展和经济转型的主要方向,提出"六个中心"的城市定位,即国际电子商务中心、全国云计算和大数据产业中心、物联网产业中心、互联网金融创新中心、智慧物流中心、数字内容产业中心(秦诗立,2014),成为全国领先的信息经济强市和智慧经济创新城市。

杭州市立足发达的电子商务和信息产业,依托已经积累的信息产业智力资源和海量数据资源,以产业智慧化、智慧产业化为重点,坚持基础建设、产业发展、服务应用"三位一体",坚持政府、企业、家庭合力推广,打造万亿级智慧经济核心产业群(秦诗立,2014)。该市重点加快政务信息服务平台建设,深入推进"政务云";推进医疗、健康、安全等民生智慧应用,着力打造"民生云";促进产业智慧化提升生产力,合力构建"企业服务云"。智慧经济在杭州成功引领城市绿色转型,以阿里巴巴、华三通信、海康威视等企业为代表的智慧产业在全国已经颇具影响力,免费WiFi、智慧医疗诊间结算、市民卡一卡通、公共自行车交通系统等深深融入市民生活之中。

二、以产业生态化推动城市绿色转型的贵阳模式

贵阳市在城市生态文明建设的实践探索起步较早,尤其是在生态文明建设融入城市经济转型领域的探索走在全国前列。2002年,贵阳市成为全国第一个循环经济生态城市,随后贵阳市编制了全国第一个循环经济生态城市总

体规划,颁布了全国第一部循环经济生态城市的地方性法规,并成立"贵阳市发展循环经济建设生态经济城市领导小组",在2003年,率先将区、县(市)发展循环经济的工作纳入了市级目标考核。贵阳市也将节能减排和低碳发展作为生态文明建设融入城市经济发展的重要任务,在全国率先发布了《贵阳市低碳发展行动计划(纲要)》,成为全国首批低碳试点城市,提出节能减排和低碳发展"十大行动",从城市的粗放的经济增长方式转变入手,关停和搬迁改造重点污染企业,提升资源利用效率,推动城市的低碳发展。在城市生态文明建设启动后的短短5年的时间里,贵阳市单位生产总值能耗下降了20%。二氧化硫排放总量、化学需氧量排放总量分别减少41.9%和11.2%,节能减排成效显著(蒋正华、安和平,2017)。

在产业生态化方面,贵阳市坚决按照循环经济模式推动资源型产业改造。对磷化工、煤化工和铝业等重点行业进行循环化改造,通过开阳、息烽、清镇和白云等生态工业园区建设,构建产业循环链,实现废渣、废气、废水的循环利用和能源梯次利用,通过磷、煤、铝三大资源的精深加工,实现资源的就地转化和"榨干用尽"。同时,贵阳市在产业选择和招商引资中,实行严格的环境准入标准,新进资源开发项目就地转化率要求达到100%,坚决禁止新增高能耗、高污染项目。

在产业结构调整方面,一方面,贵阳市将资源消耗低、环境污染少的服务业作为产业结构升级的主要方向,重点发展旅游、会展、物流、金融等现代服务业,通过培育大型现代物流园区,建设贵阳会展中心等措施推动城市服务业的发展,已经成功打造"多彩贵州城""爽爽贵阳"等旅游品牌。另一方面,贵阳市通过发展高新技术产业和战略性新兴产业进一步优化城市的产业结构,培育城市新的经济增长点,通过打造"麦架—沙文—扎佐"高新技术生态产业经济带,建设中国·西部贵阳高新技术产业研发生产基地等高新技术园区,引进中铝公司年产15万吨铝板带项目等精深加工项目、LED蓝宝石项目,提升产业的整体素质和创新能力。

第五节 产业绿色转型的路径和策略

产业的绿色转型主要有五个方面的途径：一是对现有产业进行生态化改造，通过应用绿色技术改造现有产业，通过构建生态产业体系，实现产业组织的生态化和循环化；二是推动产业结构的调整升级，通过拓展服务业发展领域、培育文化创意产业等方式加速产业结构的软化，降低产业发展对物质资源的消耗；三是通过支持创新创业，加快技术转化和应用，培育新的经济增长点；四是以信息化推动产业绿色转型，通过提升城市的信息化水平，为产业的绿色转型提供知识、信息等要素；五是发展基于生态功能的产业，通过发展节能环保产业，生态服务产业等，激发生态产品的需求潜力。

一、推动产业的生态化改造

城市产业的绿色转型首先实现产业本身的生态化和绿色化，从产业体系的要素层面进行生态化改造，提升产业的资源生产率。推动产业的生态化改造，一方面需要运用绿色技术对产业的生产工艺、技术和流程进行改造和升级，采用先进适用节能低碳环保技术改造提升传统产业。例如，运用更加绿色低碳的新材料、新能源等技术对现有产业的生产设备、生产工艺进行优化，提升其资源效率；应用信息技术对传统产业的生产流程进行设计和管控，降低其环境风险；研发和应用末端环境污染治理技术，减少污染物排放等等。

另一方面要推动产业组织体系的生态化，依据循环经济理念、工业生态学原理和清洁生产要求，运用自然生态系统的物质、能量和信息流动的规则设计产业的组织方式，将关联企业和产业联系起来，形成共享资源和互换副产品的产业共生系统。推动产业组织体系的生态化主要有三种途径：一是改造和优化，针对现有产业的生产和排放特点，培育引进关联企业，补充物质能量循环链中的缺失环节,完善现有产业的废物和能量交换系统;二是全新设计和培育,对城市的产业链、循环链进行全新设计,仿照自然生态系统的特点建立物料循环利用、能量梯次流动的工业生态系统,并以此为依据进行招商引资,构建生态工业链和生态工业网,这一途径对目前我国发展较快的产业新城、新区建设具有较强的指导意义;三是以信息化推动生态化,以信息技术为载体,通过信息技术建立不同生产者之间的物质、能量和信息交换系统,进而在更广泛的范围内整合关联产业,形成资源充分利用的产业集团,使得产业链和循环链突破地域的限制,通过建立数据库,形成园内企业的产品和排放物清单,并对其进行分析,吸引潜在的企业修补完善现有的产业链和循环链,构建园区的"工业共生"系统(邓玲,2014)。

二、推动服务业的结构调整和升级

在产业结构的服务化和软化的趋势下,服务业已经不仅仅局限提供人工劳动的服务经济,基于物质产品和功能的服务经济也成为服务业的重要组成,服务业本身也面临着结构调整和升级的问题,因此,在城市绿色转型中,一方面要强化现有服务业的发展,在现有发展基础上推动结构的转型和升级,降低转型的风险和阻力;另一方面要拓展服务业发展领域,通过发展广义的服务业,抢占产业转型先机。

具体来看,推动服务业的结构调整和升级,首先,要注重基于人工劳动的服务业(通常意义上的服务业)的发展,进一步细分其市场和服务范围,推动教育、医疗等服务业的发展和壮大;其次,要准确把握城市服务业发展定位和方向,根据城市的能级合理确定金融业、商贸业的定位和发展规模,依托现有产业基础,推动产业链的延伸,发展配套的生产性服务,降低产业转型中的风险;最后,要发展基于物质产品的服务经济,更加关注产品使用环节的服务,丰富产品的利用方式和功能实现模式,通过租借使用、分时段使用等方式实现产品功能和效用的最大化。

三、培育文化创意产业

文化创意产业的发展是人们消费结构由物质消费向精神文化消费升级的结果,也是产业结构进一步升级的必然结果。文化创意产业对产业的绿色转型具有两方面的意义,一方面,文化创意产业以信息、创意和知识为投入要素,以文化产品、信息为产出,是信息和知识的升值过程,不仅具有零排放零污染的绿色属性,还具有推动信息流动和增值的特点,能够大幅提升城市的生态绩效;另一方面,文化创意产业能够吸引更多高素质人才,促进人力资本和智力资源的集聚。

培育文化创意产业要营造集聚艺术家、创意创业者和消费者的环境,可以通过建设艺术中心、打造创意文化街区为文化创意产业发展提供平台和载体,通过支持文化创意组织和协会发展,集聚文化创意产业所需的人才和智力资源,营造良好的文化创意氛围(张文博、邓玲,2017)。美国的芝加哥就依托城市丰富的教育研发资源和艺术创新基础,培育城市的文化创意产业,将城市的文化创意产业和会展业发展相结合,形成良性的产业互动模式。

四、推动大众创业和万众创新

创新是产业转型升级的源动力,随着互联网的普及,知识和信息出现了数量级的增长,创新已经不再局限于研究机构和科研人员,每个人都能成为创新的主体,推动万众创新能够充分激发全社会的创新潜力,驱动产业的转型升级和城市发展。创业是技术创新转化的重要路径,创新需要通过产业化实现其经济效益,在产业模块化的趋势下,企业的规模缩小、投资需求减少、组织构架简化,创业的门槛降低,创新能够迅速转化为新企业、新产业甚至新的经济增长点,推动大众创业和万众创新成为激发城市经济活力,推动产业转型的重要途径。

大众创业和万众创新需要有良好的创新政策环境、完善的技术转化机制和创业孵化环境。因此，首先，要建立风险投资和创业投资体系，形成政府、企业多方参与的研发投入机制，为创新和创业提供资金保障；其次，要培育和发展企业管理咨询、创业培训、法律服务等专业孵化企业，为创业者提供金融、法律、猎头和市场营销等服务，减少创业过程中带来的风险；最后，要建立区域间的创新创业协作机制，推动区域间创新资源和创业服务的共建共享，在营造良好创新环境的同时，形成创新创业集聚区（张文博、邓玲，2017）。

五、提升城市的信息化水平

在信息技术和通信技术的推动下，城市的对外联系和交流的重点也从物资、劳动力等有形资源转变为信息、知识等非物质资源，信息和智力资源的流动速度成为产业集聚和发展的重要因素，企业需要通过对信息的收集和处理，发现创新趋势和需求动态；知识需要通过流动中的转化和传播实现增值，形成驱动产业发展的创新动力。因此，城市的信息化水平直接关系到城市学习效应的发挥，对人才、知识和信息等多种创新要素的汇聚、整合和重组的能力。

提升城市的信息化水平，首先，要加强城市网络技术设施、信息化平台等信息载体的建设，提升城市信息流通的速度和渠道，为产业发展提供良好的信息基础设施和信息交流条件；其次，要加强城市的信息采集能力，通过多种传感方式和智能交互设备，采集城市的消费、交通、生态环境等信息，为产业的转型提供充足的市场信息、居民行为信息和生态环境信息；最后，要积极争取重要的信息节点、数据中心在城市的布局，为数据发掘、信息处理等相关配套产业的集聚创造条件，如美国的芝加哥就依托其独特的地质和区位条件和信息产业基础，成为"北美灾害破坏和复原中心"，成为美国灾害信息的节点和集散中心，带动城市信息服务业的发展。

六、发展基于生态功能的产业

随着生态环境的不断恶化,生态环境逐渐成为影响城市居民生活质量的短板。人们对生态产品和基于生态功能的服务的需求日渐增长,因此,要发展基于生态产品和服务的产业,引导和释放生态产品和生态服务的需求潜力,在培育新的经济增长点的同时推动消费方式的绿色转型。

发展基于生态功能的产业,首先,要推动节能环保产业的发展,通过准入标准、补贴等手段提高节能环保产品的供给能力和竞争力,通过资源价格改革和宣传教育等手段激发节能环保产品的消费潜力;其次,要推动基于生态功能的服务经济发展,通过政府购买、财政补贴等方式对环境的净化能力、自然风景等生态服务功能进行保护和开发,培育和发展基于生态功能的服务业;再次,要增加传统服务业的生态服务功能,拓展旅游、疗养等服务业的服务内容和范围,为人们提供自然风光、清洁的空气、舒适的环境等生态服务,满足多样化的生态需求;最后,要加强城市生态资本的保护和运作,对城市的绿地、水系、湿地等生态资产进行保护,对其生态服务功能进行评估定价,推动其保值增值。

第九章 空间结构优化推动城市绿色转型的路径分析

城市的空间结构、产业结构构成了城市系统的主体框架,空间结构的优化是城市绿色转型中的重要任务和主要环节。推动城市的空间布局优化应该坚持问题导向,在城市的生态本底和空间现状的认识基础上,找准城市空间发展问题的症结,明确城市空间布局优化的方向和重点。此外,推动城市的空间布局优化应当与国家战略相对接,在新型城镇化和生态文明等国家战略的布局下设计推进路径和实施进程。

第一节 城市空间结构对城市绿色效率的影响

本章所论述的城市空间结构主要是指城市的内部布局,即城市的规划和用地结构,也就是不同功能用地在城市内部的配置状况,城市的内部布局对成本与效益曲线的形状有很大影响。

一、影响城市的运行成本

空间布局直接影响到城市的运行成本。城市不同用地单元之间存在负的外部性,用地单元之间的相互影响会降低用地单元的利用效率,布局良好的城市应当减少不同用地单元之间的相互影响,降低其负外部性。美国和澳大利亚推行的"绩效规划"(Performance Zoning)的城市规划理念,虽然不像传统的功能分区的办法,按照功能划定城市用地区域,但是其在倡导功能混合式开发的同时,也要求不同功能的用地单元之间留有空间,起到隔离和缓冲不同功能用地单元的作用。

二、影响居民的通勤成本

空间布局关系到通勤成本。城市内部空间布局过于集中,导致用地单元内人口密度增加,路网密度降低,造成交通拥挤和道路堵塞等问题,降低了交通系统的运行效率;城市内部空间布局过于分散,又增加了通勤的距离,提高了通勤的时间成本,容易形成某一流向的交通量剧增的"钟摆式"交通运输高峰,降低了道路的使用效率。

三、影响城市的生态环境系统

城市空间的布局影响城市的生态环境系统。城市建筑的形态、布局影响了城市局部的空气流动和光照条件,阻隔了城市的能量交换和空气流通,导致了城市热岛效应、污染物难以扩散等问题。城市内部的建筑密度、开敞空间和绿地面积对城市的水文和植被都造成了影响,导致自然降水与城市排水系统之间的矛盾,容易形成城市的内涝等问题。

四、影响城市居民的生活质量

城市的空间布局影响城市居民的生活质量。城市中居住、工作、休憩娱乐等不同功能的用地单元的空间布局,影响了居民出行的时间和成本,另一方面也影响着公民社会交流和娱乐的成本和便捷性,对居民的生活质量有较大的影响。同时,学校、医院等公共服务的空间布局,也影响了其可得性和公平性,直接影响到城市居民的社会福利。

第二节 城市空间布局的主要问题

我国大部分城市是计划经济体制下产业集聚的产物,起始规划多以服务生产为主,城市的生活和生态空间布局让位于生产空间,城市的生产功能大于生活功能,导致城市居住环境差、市政和交通等基础设施容量不足,城市自然环境恶化等。同时,我国城市的产业转型多与新区建设相结合,原有的城市空间优化则以市容改善为主,导致产业转型与生产空间优化相脱节,城市建设与生产空间优化相脱节。具体来看,目前我国城市空间布局中主要存在以下问题。

一、生产空间优化滞后于城市建设

从全球城市转型的历程来看,城市的生产空间优化多以产业转型推动和市政建设两种路径为主。我国城市生产空间优化起步较晚,尚未形成较为成熟的推进模式,产业转型推动和市政建设推动两种方式都存在一定的缺陷。第一,我国城市的产业转型多依托城市的新区建设,另起炉灶,城市原有的生产空间由于搬迁、拆建的难度大、成本高、社会矛盾多等因素,很多仍处于低效利用的状态,城市生产空间的改造、更新和再利用等工作滞后于城市扩张;第二,目前我国正处于快速城镇化阶段,城市居住空间需求较大,加之城市建设用地供应量较为充裕,新开发项目推进速度远远高于城市更新和改造的速度;第三,由于市容整治和改造具有建设周期短、成效明显、风险较低的特点,政府在决策中往往将市容整治和改造作为市政建设的优先任务(张文博、邓玲,

2017),重视城区改造、景观绿化等人居环境改善方面的工作,忽视产业空间格局的优化。

二、生态空间建设缺乏系统协调

我国城市生态环境建设重视较晚,生态环境建设多以解决污染问题和改善城市景观为主,缺乏从城市生态系统的整体来考虑生态环境建设。从城市生态环境建设的重点来看,目前城市的景观和绿地建设的主要目的是为了追求城市空间视觉效果,园林和绿地的规划和建设以人工对环境的改造为主,对城市本身的水文、地形地貌等生态本底的考虑较少;从城市生态环境的治理模式来看,环境污染治理主要是以末端治理为主,偏重以技术手段治理水、大气污染,较少通过对城市生产、生态、生活空间的统筹规划来改善环境质量。从建设主体来看,现有生态城市建设多沿袭以政府主导的推进模式,城市居民和其他经济主体的参与度不高。生态环境建设需要长期投资、维护和运行需要持续的投入,仅仅靠政府投资的建设模式给政府带来了巨大财政负担和运行成本,并出现运营低效和管护不到位等问题。同时,城市居民受资源节约和环境保护知识的限制,难以发挥其在垃圾分类、节水节能等方面作用,反而增加了节水节能技术的推广难度和污染物处理的成本(张文博、邓玲,2017)。

三、交通系统与城市空间规划衔接不足

我国城市交通系统的规划、建设和管理分别由不同的部门负责,交通运行系统中的各环节分割。城市空间规划中,缺少对支路建设的重视,导致城市道路网功能级配失衡,支路往往成为近端路、断头路和错位路,难以形成便捷、通达和高密度的支路体系;道路建设中,由于经费和拆迁成本等原因,城市规划中的路网设计往往难以完全落实,使得交通系统与城市空间规划系统相互偏离。公共交通的建设和改造也多采用建设快速公交系统、增加公共交通线路、

提高运行频率等手段提升公共交通运力,更多地强调了公交系统自身建设,而忽视了与其他交通方式以及沿线空间开发的衔接和协调。交通系统在规划中以机动车为主要对象,对自行车、步行与公共交通的衔接考虑较少,非机动车出行的安全性和便捷性都难以保障,降低了居民绿色出行的意愿(张文博、邓玲,2017)。

四、生活空间的公平性有待加强

中低收入人群的居住条件是城市生活空间优化的重点,也是城市空间格局优化中的难点和短板。现有房地产开发以商品房、写字楼等开发项目为主,高收入水平城市居民的生活空间供给充足,而面向中低收入人群的保障性住房在区位、交通条件和公共服务配套等方面与商品房相比存在较大差距。在城市的空间布局优化中较少将保障性住房作为单独要素进行规划,缺乏对目标人群住房需求的调研,导致可供选择的保障性住房类型较少,难以满足不同家庭构成和就业特点的人群对住房的需求。目前保障性住房的分配采用的"申请—审批"制度,申请等待时间较长,申请审批流程复杂,难以适应城市人口流动性大、住房需求变动较快的情况。在城市的空间布局中,教育、医疗等公共服务的配套滞后于城市的空间扩张,难以保证公共服务在空间分布上的均衡性和公平性(张文博、邓玲,2017)。

五、城市公共空间面积不足

城市的公共空间是城市居民社交、休憩的主要场所,直接影响社会交流的活跃程度和城市活力,相对城市的开发强度和人口密度,现有城市的公共空间和休憩娱乐场所数量严重不足,公共空间的类型也较为单一,以用于公共集会的广场为主,以居民日常交流和休憩为主的绿道、步道等公共空间的建设仍然相对滞后,市民抢占公共空间等问题屡见不鲜。在公共空间的分布上,我国的广场、公园等公共空间的分布都较为分散,与居住空间的距离相对较远,大多都超过了步行可达的范围,不仅没有起到增进居民交流的作用,反而为城市交通系统带来了额外的压力(张文博、邓玲,2017)。

第三节 城市空间格局优化的方向和基本原则

城市空间格局优化不仅仅是城市绿色转型的重要任务,也是国家生态文明建设和推进新型城镇化中关注的焦点。目前已出台的《国家新型城镇化规划(2014—2020)》和《关于加快推进生态文明建设的意见》等文件都对城市空间格局优化提出明确要求。结合国家战略和城市绿色转型理念和目标,本研究认为,城市空间格局优化首先应当以城市的生态本底为基础,坚持"尊重自然、顺应自然"的原则,在城市资源环境承载力的基础上合理确定城市不同类型区域的开发强度。其次,城市空间布局优化要强调"以人为本"。如前所述,城市的经济发展已经进入创新和智力要素驱动的阶段,城市的功能也随之发生变化,由集聚生产要素转向集聚创新资源,"以人为本"不仅是提升城市社会效益的需求,也是城市保持持续健康发展的必然要求。最后,城市空间布局优化要强调生产、生活、生态"三生"空间的协调,强调城市发展与生态系统的协调,强调城市不同功能空间的整合和集成。

一、生态本底和自然格局是基础

城市也是自然生态系统中的重要组成,城市所处的水文、气候条件也是造就城市景观、风貌和空间格局的基础,城市的形态、规模和承载能力都要受到城市的生态本底的制约和影响。在工业文明背景下,城市的开发强调对自然的改造,城市建设中人为地改变了城市的水文地质条件,导致内涝、地表沉陷等自然灾害频发,不仅降低了城市的资源环境承载力,也增加了城市经济社会运行成本和风险。生态文明背景下,城市的开发建设不再是单一的经济行为,而应是自然生态系统约束下的城市系统的优化过程,城市的经济系统应当小于社会系统,社会系统应当小于生态系统(诸大建,2013)。

在空间分布方面,应当以城市的地形地貌、水文和气候等自然条件为基础,依托城市所处的自然生态系统的气象条件、山水脉络和自然格局,对城市各种类型的空间进行优化布局,顺应和利用自然生态系统的运行规律,减少对自然生态系统的干扰和损害,也降低城市在气候调节、自然灾害防治方面的成本和风险。同时,通过保护自然景观,形成多样化、个性化的城市风貌,改变"水泥森林""千城一面"的城市景观。

在空间类型的构成方面,应当逐步增加城市生态空间、生活空间的比重。城市产业结构变化导致城市生产空间的布局更加灵活,城市的居住、交流功能更加突出,因此在城市空间格局优化中,应当增加生态、生活空间的比重,对城市中的河流、湿地、林草等加以保护,增强城市生态系统的自我循环能力,推动城市景观的生态化和绿色化。在城市的生活空间优化中除了增加面积外,还应当注重其与自然生态环境的互动和协调,根据地形和气候优化生活空间的格局,通过空气流通、温度自然调节等手段提升生活空间的宜居性。

在开发强度方面上,应当以资源环境承载力为基础,科学确定城镇开发强度,一方面提高城市土地利用效率和建成区人口密度,发掘城市空间的利用潜力;另一方面限制城市的扩张边界,控制城市建设用地的盲目增长,实现城市发展与土地消耗的脱钩,推动城市从外延扩张式增长向集约紧凑式的增长转变。

二、功能集成和混合开发是主要方向

城市具有生产、生活、生态和交通等功能,不同的功能在城市空间布局上既有所区分,又紧密联系、彼此协调。在工业文明时期,城市的空间布局为适应专业化分工和生产的需求,更强调不同功能分区的专业性和独立性,导致城市扩张中"摊大饼"式的蔓延,城市空间的功能单一、利用效率较低,城市的扩张和蔓延又加重了城市的交通、物流和生态环境等运行系统的负担。在生态文明建设的背景下,城市的产业结构趋于融合化,不同产业之间的界限相对模糊,专业化分工的要求逐渐让位于宜居和创新的需求,功能集成和混合开发的空间布局能够促进减少出行距离、促进社会交流和创新的转化应用,是城市空间优化和绿色转型的主要方向。

生产和生活功能的集成。随着城市产业结构融合化、服务化,以及企业的模块化发展,以大型设备和规模化生产为特点的制造业逐步退出城市,产业发展对城市空间的需求趋向于灵活化和柔性化,这为城市生产生活空间的集成创造了条件和动力。商住混合开发、工业厂区改造等模式能够实现居民的工作地和居住地的集中布局,从而减少通勤距离和成本,降低交通系统的压力,实现城市运行的集约高效和生态化。

生态空间和生活空间的集成。生态效益是城市绿色转型的目标之一,生产生活空间的集成能够增加城市居民的生态福利,满足城市居民日益增长的生态需求。通过住宅的园林化开发、城市风道、绿道等规划和设计,不仅能够增加城市的绿色空间,还能利用自然生态系统的气候调节、空气净化和雨水调蓄等功能,提升生活空间的居住水平和质量,实现"看得见山、望得见水"的城镇化目标。

交通系统与城市空间的集成。交通系统是联系城市不同空间之间的纽带,城市的空间结构与交通系统之间的组织和协调直接关系到城市运行的效率和城市居民的生活质量。以交通为导向的城市开发(TOD模式)是在城市空间布局层面对城市不同功能的空间和交通系统进行统筹设计,从而实现减少居民的出行距离,降低交通运输系统压力的目的。

三、"以人为本"和宜居宜业是主要目标

传统的城镇化模式下,城市主要以产业的集聚和土地城镇化为主要任务,

对城市居民的生活质量考量较少,城市扩张中的社会问题、公平性问题都没能得到足够的重视。作为人口和经济活动集聚的主要场所,城市的主要功能已经逐步转向服务居民和促进社会交流,城市的"软实力"成为城市竞争力的重要方面。国家提出"以人为本"的城镇化,就是要补足城市在居住环境、社会治理方面的短板,更加关注城市的宜居性和社会公平性,使得城市发展能够惠及城市各个阶层的居民,实现包容性的增长。

提升宜居性是增强城市创新能力的需要。城市进入创新驱动阶段,人力资本成为城市发展的关键,城市的主要功能转变为集聚人才和智力资源,城市的空间布局也要从服务于产业发展转变为服务于居民,增强城市的宜居性是城市空间格局优化的主要任务和目标。城市的宜居性主要体现在城市生态环境、社会环境和居住环境等方面,因此城市的空间优化中应当通过城市功能的集成提升居民的生产、生活的便利性,通过增加城市的公共空间促进社会的交流,加速信息的流动和增值。

增强公平性是推进城市包容性增长的需要。城市规模的扩大和产业结构的复杂化,城市人口的年龄、知识和收入结构也不断多元化,中低收入人群的住房问题成为城市发展中的短板。关注中低收入人群的居住条件和环境,促进公共服务布局在城市空间中的均衡协调,能够保证城市的发展成果能为城市各阶层居民所共享,实现共建共享的包容性发展模式。

第四节　城市空间优化的案例分析
——以贵阳市为例

贵阳市是我国三线建设时期重点布局的城市,布局了贵航等重点国防企业,是典型的老工业城市。贵阳也是我国重要的磷化工基地,具有典型的资源型城市的特征。同时,贵阳市又位于喀斯特地貌发育充分的云贵高原,是生态脆弱区和生态功能重要的地区。贵阳市在城市空间布局中,不仅面临着生产空间大于生活空间,老工业企业用地效率提升等问题,还面临着生态环境脆弱、城市山水脉络对城市空间格局限制较多的困境。贵阳市在城市空间优化中不仅强调生产、生活、生态"三生"空间的协调和优化,还将生态文明建设作为城市空间布局优化工作的统领和指导,发挥生态文明建设的协调作用,形成强有力的保障和支撑机制,为我国城市绿色转型作出了有益的探索,形成了独树一帜的转型模式。

一、生产生活生态空间的协调和优化

一是在生产空间布局方面,贵阳市突出强调空间的集约高效利用。贵阳市城市转型中采取企业入园、集聚发展的思路,将企业集中布局到贵阳国家高新技术产业开发区、贵阳国家经济技术开发区中,在原有产业布局和资源分布的基础上,优化形成开阳磷煤化工生态工业示范基地、清镇煤化工及铝工业循环经济生态基地、息烽循环经济磷煤化工示范基地三个产业基地,根据产业链特征和企业关联性建设修文扎佐钢铁医药工业园、龙洞堡特色食品工业园、乌当医药食品工业园、白云铝及铝加工工业基地、花溪金石石材工业园等循环经济园区,按照产业分布集中、同类产业集群发展、关联企业集聚循环发展的原则布局生产空间,实现集约高效的生产空间利用格局。

二是在生活空间改造方面,贵阳市大力推广绿色建筑和绿色交通,着力打造低碳社区、绿色社区和生态家园。贵阳市打造全国首个清洁能源低碳节能示范住区——"中天·未来方舟"项目,项目将生态、低碳理念融入规划、设计、建设、管理的建设环节,利用清洁能源技术,实现高效的能源利用与环境保护的融合,让人们享受到低碳、节能、舒适的人居环境,实现宜居适度的生活空间利用格局[1]。

三是在生态空间保护和修复方面,贵阳市突出强调山清水秀。在城市生

---

[1] 新华网.贵阳云岩区东线打造全国首个清洁能源低碳节能示范区[EB/OL].2012-04-18. http://www.gz.xinhuanet.com/2008htm/xwzx/2012-04/18/content_25087053_1.htm.

态空间开发和保护中,贵阳市以保护自然山水格局的完整性为目的,一方面加强对重要生态功能区的保护;另一方面通过建设生态通道和生态节点,强化城镇发展空间与生态园区的有机联系。通过对森林生态系统的保护与建设,构建贵阳市"三带一环"的整体生态安全体系[①]。

二、生态文明统领下的协调和保障机制建设

以生态文明城市建设为统领,完善城市空间优化的组织和领导机制。2007年12月,党的贵阳市委通过了《关于建设生态文明城市的决定》,将建设生态文明城市作为贵阳市贯彻落实党中央和省委精神的总抓手和切入点,作为当前和今后一个时期的施政纲领。2009年,贵阳市编制了《贵阳市生态文明城市总体规划》,将生态文明的理念贯彻落实到城市空间布局、基础设施、产业发展、环境保护等工作中,贵阳市开始城市生态文明建设的生动实践。2009年10月,贵阳市人大常委会正式审议通过《贵阳市促进生态文明建设条例》,我国第一部促进生态文明建设的地方性法律规范诞生。贵阳以生态文明城市建设作为统领,将城市的空间格局优化、产业转型都置于生态文明建设的总体框架下,避免了城市生产、生活、生态环境调整中出现的部门协调难度大,空间优化中领导机制和组织机构不完善的问题。

以生态文明理念为指导,构建绿色可持续的规划体系。贵阳市提出建设生态文明城市后,首先在城市总体规划修编中贯彻生态文明城市目标,提出"显山、露水、见林、透气"的城市空间开发原则,在控制性详细规划与修建性详细规划中,贵阳市将绿色、低碳作为开发的基本原则,在项目规划选址、平面布局、建筑形态等方面融入绿色、低碳的理念,融合自然环境与人工环境。2009年,贵阳市率先制定市级生态功能区划,城市空间进行主体功能划分,明确城市生态功能分区和环境功能分区,明确不同类型城市空间开发的强度,实现城

---

① 贵阳市生态功能区区划,2009.

市发展与城市的资源环境承载力的统一。

第五节 城市空间布局优化手段和政策建议

一、拓展城市的生态空间

首先,拓展城市的生态空间要摸清城市生态家底,城市的规划和建设应当立足生态本底,对城市的洪峰水量、洪水受灾人口及经济损失等评价指标进行评价,对城市的水文地质情况进行勘察和监测,引导城市依照自然环境特征和生态本底制定发展规划。

其次,要保护好生态空间的存量,划定城市的生态保护红线,保护现有河湖水系、湿地等生态资产,保留城市中原有的自然斑块,对已经遭受破坏的生态系统进行修复,逐步恢复城市的生态系统;要做好生态空间的增量,在城市的水文和地质条件、生态系统特征基础上,逐步增加城市的公园绿地和绿色生态廊道,充分利用建筑屋顶的空间做好城市增绿工程,对生态空间格局内的建筑等通过政府买断、补偿等方式进行配置,按照生态规律促进生物多样性和景观多样性。

再次,要重视新技术手段的运用,新的技术手段能够为城市生态空间的改善提供更加有效的解决方案,有效降低城市开发对生态系统的冲击,例如,海绵城市能够通过多层次的雨水收集和循环降低了建筑和道路硬化对水循环的阻隔,绿色建筑能够通过分布式能源生产与建筑和城市基础设施相连,在改善城市景观的同时,减低了能耗等,在城市生态环境建设中要制定鼓励和支持政策,促进新技术的普及和推广(张文博、邓玲,2017)。

最后,建立各个主体参与协作的机制,通过组建由政府、企业、科研机构、民众等共同构成的社会组织,充分整合各方主体的力量,提供更加专业的技术普及服务和管理方案,通过建立信托基金、搭建融资平台等,拓宽城市生态环境保护的投融资渠道。

二、推动城市用地功能适度混合

城市空间的功能混合是城市空间格局与产业结构相适应的必然选择,将各种功能分区在多维度混合布局,提高稀缺空间的利用效率,从而实现城市的集约和紧凑发展。推动城市空间的功能混合,不仅要注重生产和生活空间的融合,更要注重生态空间与生产生活空间的融合。在城市规划层面,要统筹规划城市空间功能布局,合理设定不同功能区土地开发利用的容积率、绿化率、地面渗透率等规范性要求,合理设定城市的商业、住宅和产业功能区的比例,优化其空间分布。在政策导向上,通过税收优惠等政策、灵活的资金扶持政策,引导和鼓励企业选择临近居住区和公共交通线路的办公场所,通过对住宅密集区、交通廊道土地的针对性迁建、回购,支持传统居住区的商业再开发项目,逐步推动城市空间的功能混合布局。在城市更新方面,整合棚户区改造、城市更新和产业转型升级等建设任务,推进集中成片棚户区和城中村改造,发掘城市空间布局的利用潜力,原有生产空间和生活空间的混合开发,完善其市政基础设施配套和交通网络。

三、推动交通导向的城市开发

城市空间结构优化中应当重视交通系统与城市空间的集成,通过推动交通线路附近的空间开发和利用,增加交通线路附近土地的容积率和建筑密度,减少居民的通勤距离,提高交通的使用率和便捷性。在城市规划中,要引导和支持交通线路临近土地的高密度开发和商住混合开发,进一步优化停车位的空间布局,减少或者限制市中心的停车位,使得城市空间布局从私家车导向转向更加高效的公共交通导向。在交通系统的运行中,要逐步增加绿色出行方式的道路空间,提升公共交通道路的比例和覆盖范围,提高公共交通出行的便捷性,建设专用的自行车道路,预留自行车专用等候通行区(Bicycle box),完善自行车专用的智能交通信号系统(Green wave)等(张文博、邓玲,2017),提高自行车出行的安全性、便捷性和舒适度。在开发模式上,可以通过成立多部门联合管理机构,搭建城市规划、交通建设和管理等部门之间的协作平台,推动交通系统与城市土地开发的空间协调。

四、优化中低收入人群的居住空间

城市中低收入人群的住宅存在空间狭小、设施陈旧以及基础设施落后等问题,是改善城市居住条件的重点和难点,因此,城市居住空间的优化应当以中低收入人群的保障性住房为重点。

首先,优化中低收入人群的居住空间要根据目标人群的住房需求信息,有针对性地制定经济适用房建设规划,保证经济适用房在面积、区位方面满足中低收入人群的居住需求,通过对中低收入人群的家庭构成、就业情况的调查,掌握保障性住房的需求信息;制定针对家庭的保障性住房开发政策,通过支持以家庭为主要对象的住宅开发,完善学校、公园等公共服务设施配套,满足中低收入家庭对居住面积和教育设施的需求。

其次,保障性住房的区位和基础设施关系到住户的通勤成本、生活质量等,直接影响着经济适用房的接受程度,便捷的区位也能够便于中低收入人群寻找新的就业机会,有利于促进整个社区的稳定,因此,要将经济适用房作为重要考虑因素与城市的规划、交通等要素进行衔接,提高经济适用房空间分布的合理性和交通便捷性,同时,要将保障性住房作为城市规划的重要要素,应用地理信息系统对经济适用房进行空间分布优化,科学规划保障性住房的开发强度,充分发挥市政基础设施的配套潜能。

最后,保障性住房的申请周期、申请流程,甚至申请壁垒,都会影响其发挥应有的作用,要对保障性住房申请中资格审核、房源匹配等多个环节进行优化,减少申请难度和所需时间。建立具有预测功能的保障性住房申请者甄别系统,能及时掌握潜在申请者的收入水平、变更趋势等信息,实现动态管理(张文博、邓玲,2017)。

五、增加城市的公共空间

社会的安全性、公平性和社会交流的活跃程度是影响城市吸纳能力和创新能力的重要因素,社会交流的活跃程度除了受文化和社会氛围的影响之外,也受社交场所的影响和限制,增加休憩娱乐场所和城市步行街道等城市公共空间,能够为居民提供更多的交流场所和机会,有利于城市的社会交流和创新能力的提升。在城市规划中,可以通过设定公共空间的比重和配套要求,保证城市公共空间在城市空间格局中的比例。在城市建设中,可以通过制订街道景观指导方案,划定城市的绿化范围等方式,增加城市的绿道、步道等休憩空间。在新的城市土地开发中,可以按照共生和集成的理念打造,混合不同功能的集约式城市综合体,是居民能够就近找到休憩和社会交流的场所;在旧城改建中,通过政府购买和支付租金的方式,为城市公共空间预留后备土地(张文博、邓玲,2017)。

第十章　城市规模管控推动城市绿色转型的路径分析

我国现有的城市大多沿袭传统的人口、土地无限扩张的发展模式,城市空间不断挤占生态空间和农业生产空间,对资源环境造成较大的压力。同时城市内部物质和空间的利用效率并不高,城市处于资源环境高消耗的发展层次。城市的绿色转型则是要改变传统城市扩张模式,在有限的物质规模与城市空间下实现城市的理性增长。应当根据不同城市的生态本底和发展水平确定合理的城市规模和开发强度,促进城市集约发展。

第一节　城市规模的影响因素分析

城市规模可以表现为人口、用地和经济总量等各个方面,因此有城市的人口规模、城市用地规模和城市经济规模等,不同规模之间的比值反映为城市开发强度,用城市的人口密度、经济密度和人均占地面积来表示。从统计上看,城市的用地和人口规模有显著的正相关关系,城市的经济、社会发展状况及存在的问题都能够从人口规模上得到反映,因此,本研究主要用城市人口规模来指代城市规模。

一、城市适度规模的界定

对城市适度规模的界定一直是城市经济研究的重要方面，不同学者研究的视角和侧重点各不相同，对城市的最优规模的界定不同，例如，柏拉图认为城市的人口规模应当以城市广场中心的容量为限，这一规模为5040人。英国经济学家E.舒马赫认为"城市合适规模的上限大约为50万居民"，美国发展经济学家金德尔伯格认为城市的规模以不超过200万—300万人为宜（纪爱华，2014），英国地方政府皇家委员会认为城市的最优规模为25万—100万人，等等。虽然城市不同学者确定的最优城市规模千差万别，但分析评价的基本思路基本相同，即最优的城市规模应当能够实现城市规模经济的最大化和运行成本的最小化，可以用成本—效益分析的方法来确定。

向城市集聚的人口和经济要素，除了获得规模经济效益之外，还会带来一定的代价或成本。一是门槛成本，即为了达到规模经济的要求，需要大量的前期投入，当跨越"门槛"后，这一投资将被规模经济效益所补偿；二是外部成本，即城市中企业和个体的生产和生活活动对其他企业和个体造成的负面影响，表现为承担的费用和福利的损失；三是疏解成本，当门槛成本难以跨越时，集中的过程难以为继，这时候就会有部分居民和企业从城市中迁出，迁出的费用和因此付出的机会成本，以及政府为此付出的相应成本就是疏解成本。

因此，从理论上来说，如果聚集的利益大于聚集的成本，即集聚的效益曲线高于成本曲线，聚集的过程就不会停止，城市规模继续扩大，直到两者相等为止。如果聚集的成本大于聚集的利益，在理性主体的假设下，行为主体将会外迁，城市由集聚转向分散，城市规模也逐步缩小，这个过程同样在聚集利益与聚集成本相等时停止。当聚集利益与聚集成本相等时，则会形成一个均衡点，均衡点处的城市规模就是最优城市规模（蔡孝箴，1998）。如图10.1所示：

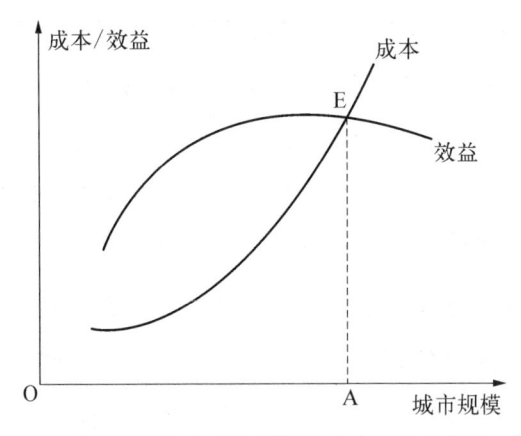

图 10.1 城市最优规模的成本—效益分析

二、影响城市规模的因素

第一,区位和交通条件。城市的区位和交通条件影响着城市的通达性和开放性,也影响着城市的人口流量和集聚能力。从城市的发展史来看,许多城市的兴衰都与城市交通条件的变化密切相关。石家庄、郑州等内陆城市因为铁路干线的修建,成为多条干线交汇的枢纽,从而带来了大量的人口和经济要素,被称为"火车拉来的城市",上海、广州、天津等港口城市的兴起也都是因为其具有连接江河和海洋运输的枢纽地位而具有较高的经济势能。随着主要交通方式的变化,城市的交通条件也会发生变化,从而造成一些城市的兴起和衰退,如交通方式有水运转变为铁路,导致津浦铁路沿线的蚌埠兴起,而原来因运河而繁荣的淮阴(现淮安)就相对衰退。

第二,城市基础设施条件。城市基础设施和城市的资源条件是支撑城市发展的基础,能够决定城市的规模容量。所谓规模容量,是指一个城市在一定时期内由上述因素所决定的能够容纳的最大人口数量。实际的城市规模超过规模容量时,会导致一系列的"城市病",从而降低城市的聚集经济效益。基础设施对城市规模的制约作用,不仅表现在总量方面,而且还表现在结构方面,因为城市基础设施是由许多个小系统组成的一个大系统,不同性质和类型的基础设施之间,必须相互配套、协调发展,否则"短板原则"将起作用。以交通系统为例,如果交通车辆增加了,而道路没有相应拓宽、延长,设施未达改善,那么交通堵塞的状况非但不能缓解,反而会更加剧(蔡孝箴,1998)。

第三,国家政策和战略。行政力量提升了城市的政治势能,由于行政力量具有一定的资源配置权利、较强的经济活动干预能力,政治势能较高的城市往往能够享有资源配置、税收优惠和决策信息方面的优势,从而吸引企业和个人向着政治势能较高的城市集聚。这一现象在我国尤为突出。范芝芬(1996)认为中国城市规模分布与规模扩张的影响因素与西方国家不同,城市制度因素对城市规模的影响远远高于规模经济和集聚经济的影响,中国城市的规模往往受到行政辖区的变化和城市行政级别的影响。出于区域发展平衡、战略布局等特定目标的考虑,政府在城市的发展中往往会给予政策的倾斜或者下放部分权限,如人才引进、土地政策等,从而促进城市规模的快速增大。例如,深圳就是在国家政策的支持下,从一个沿海小渔村迅速发展为特大城市。

第四,资源环境禀赋。城市所处的地理条件、土地、水、矿产等资源环境禀赋对城市规模有着决定性的作用。城市的人口规模和经济规模的增加最终要有土地承载,城市的规模的扩大必然需要有充足的土地资源供给,城市的生产和生活也都离不开水资源,丰富的矿产资源、良好的开采条件对城市也会为资源型城市的兴起带来先天优势,实现城市规模的迅速增长。良好的资源环境禀赋能够降低城市发展中的用地、用水成本,良好的气候和光照条件也会提升城市的宜居性,增强城市集聚人口的能力。城市的资源环境禀赋也会对城市规模有着限制和约束作用,从土地供给的角度来看,处于地形复杂的山区和半山区的城市,土地的后备资源不足,土地开发成本大,在扩张中必然受到地形的制约,而且容易遭受地质灾害。在水资源供给方面,如果城市规模超过了其水资源承载能力,城市供水不足,就会导致城市的环境质量、居民生活质量下降,影响城市的经济发展(纪爱华,2014)。而如果采取远距离工程调水和超采地下水,则会导致城市的供水成本上升、城市地面沉陷等问题。

三、城市体系对城市规模的影响

城市除了受自身条件和发展因素的影响,还要受到与其有着经济联系的其他城市的影响,以及其所在的城镇体系的制约。对城市体系和城市规模关系的研究可以分为以下两个方面:

一是侧重城市规模和其所处的位序之间的关系,以城市首位度、城市金字塔理论以及位序—规模模型等理论为代表。

位序—规模理论是1913年由奥尔巴克通过对欧美国家城市的人口数据实证检验得出的,他认为城市的人口规模与其在城市体系中的位序的乘积是一个常数。应用较为广泛的位序—规模公式是 Lotka 模式,即 $P_i = P_1 * R_i^{-q}$,$(R_i = 1, 2, \cdots, n)$,P_i 为城市的规模,P_1 为首位城市的规模,q 则是反映城市分布情况的参数,当 $q = 1$ 时,首位城市与末位城市的比值正好为城市体系中城市的个数,此时城市处于最优分布,当 $q < 1$ 时,城市规模相对集中,中间位序的城市较多;当 $q > 1$ 时,城市规模趋向分散,城市规模分布差异较大,首位城市的垄断地位较强。城市的首位度是位序—规模模型的特殊情况,即只对规模最大的首位城市进行分析,城市首位度越大,则城市规模分布的集中趋势越明显,城市的首位度等于2,则城市分布与位序—规模模型相符合。城市金字塔则是位序—规模模型的形象解释,即城市体系中大中小城市的数量呈现"城市规模越大城市数目越小,城市规模越小城市数目越多"的金字塔形分布。

二是侧重城市规模和其等级之间的关系,以克里斯·泰勒、勒施和胡佛的中心地理论,以及弗里德曼的"核心—边缘"理论为代表。

中心地理论是由克里斯·泰勒首次提出的,他认为根据不同货物因为其门槛范围和最大销售范围不同,而具有不同的等级,提供不同等级货物的中心地也有相应的等级之分,中心地按照等级高低构成等级体系,所有中心地都能按其提供货物的等级高低有序排列成一个等级体系,高等级的中心地控制着下一个等级的中心地。根据建立中心地等级体系的原则不同,高等级的中心地控制下一个等级中心地的数量（K值）也不同。"核心—外围"理论是1966年弗里德曼提出的关于城市空间相互作用和扩散的理论。他认为区域是由核心区和外围区构成的空间系统，核心区的创新能力和变革能力较强，外围区则处于从属地位。核心区通过供给系统、市场系统、行政系统等途径控制外围区，并向其传播创新成果。随着核心区不断扩展，空间系统内部和相互之间信息交流的增加，新的核心区将会从外围区中诞生，进而引发等级体系的变化。"核心—外围"理论的核心区和外围区的关系一般用于分析城乡关系，以及高等级城市和次级城市之间的关系。

经典的城市规模理论都认为城市的最优规模与其在整个城镇体系中的等级和地位有关，城市等级越高，承担的功能越多，城市的规模也就越大。在城市等级体系中，上一级城市与下一级城市是单项的控制和辐射关系，城市的规模除了受自身发展条件的影响，还要受到上一级城市的制约。

第二节　资源环境约束下城市的最优规模分析

无论采用最小成本法还是集聚效益法对城市规模进行研究，都以城市的经济效益为主要研究对象，这显然不够系统和全面，经济发展诱发的环境问题和社会问题也容易被忽视。城市是由经济、社会、生态、交通等多个子系统共同构成的复杂系统（张文博、邓玲，2017），各个子系统之间相互影响、相互作用，城市系统的效益最优应当是经济、社会、生态多个子系统相互平衡下，产生的综合效益最优。综合效益应当作为城市最优规模的衡量标准，一方面要将资源消耗和环境污染代价作为城市发展的成本进行考虑，以资源环境的承载力为基础确定城市的合理规模，划定城市扩张的边界，防止城市盲目无序扩张导致的生态环境的破坏和生态效益的损失；另一方面要对城市网络体系的组成、结构和功能进行分析，根据城市在城市网络体系中的地位、功能以及所处

"通道"的特性,增加或者疏解城市的人流和物流,实现城市规模与其所处的城市体系相互适应。

一、城市规模应与资源环境承载力相适应

资源环境承载力是指一定的生产力水平下,某一区域的资源环境要素所能承载的符合可持续发展需要的社会经济活动的能力。资源环境承载力具有短板效应,不同的资源环境要素的承载能力存在差异,而一个区域的资源环境承载力往往是由最稀缺要素的承载能力决定的,即短板效应(石敏俊,2017)。资源环境承载力具有极限性,尽管很难对资源环境承载力做出具体准确的测度,但在某一具体的历史阶段一个区域的资源环境所能承载的社会经济活动存在着客观极限性,资源环境承载力实际上是反映的一个区域的经济社会发展规模受资源环境制约的阈值范围。资源环境承载力具有动态性,随着时间的推移和条件的变化,生产力水平逐步提高,一方面,资源利用效率和环境效率不断提高,单位资源量和环境容量可承载的社会经济活动的规模会持续增大;另一方面,人类开发利用资源的能力日趋增强,可利用的资源会不断涌现,这会使得资源环境承载力不断发生变化。资源环境承载力具有开放性,一个区域和周边区域之间存在着自然要素和社会经济要素的流动和交换,因此,一个区域的资源环境承载力会受到区际交换的影响。

资源环境承载力是资源环境要素对社会经济活动的承载能力的综合体现,资源环境承载力是城市规模的上限,城市规模越大,资源环境负荷越大,环境压力越大,经济增长与可持续性的不均衡越突出。在城市化初期,资源储量和环境容量相对充裕,对城市集聚的"成本—收益"分析主要聚焦于门槛成本、外部成本和疏解成本等方面,以经济效益的分析为主。随着城市规模的进一步扩大,城市逐渐接近资源环境承载力的极限,城市发展获得资源和治理环境的成本大幅增加,资源环境因素成为影响城市集聚成本的主要方面。例如,城市规模的扩大导致土地资源、水资源的获取成本提高,生产生活成本的增加已

经超过了集聚带来的收益,部分企业和居民被迫迁出城市,欧美国家出现的中心城区衰退现象也证明了这一点。再如,城市规模超越其资源环境承载力后,环境治理成本剧增,城市的居住环境和生产条件大幅恶化,给居民和企业带来了额外的成本或损失,而资源环境超载也导致自然灾害频发,增加了风险。因此,确定城市的最优规模,除了从经济角度考虑城市集聚的成本和收益均衡以外,还要将资源环境承载力作为基础和约束条件,在现有发展水平和消费模式下,测算城市资源环境承载力的极限,并将其作为红线加以限制,控制城市规模扩张的速率和进程,实现城市的绿色发展和永续发展。

二、城市规模应与城市体系相匹配

城市最优规模的确定除了经济的角度、社会的角度和生态的角度外,还应从区域的角度加以界定。由于城市在城市体系中的定位、功能和性质各不相同,对城市最优规模的界定也不相同,城市的规模过大会带来重复建设、资源分配不足和城市间恶性竞争等问题,城市规模过小则会导致城镇体系中部分功能缺失,成为制约整体区域发展的短板。因此,本研究尝试用城市网络理论对城市系统中城市的最优规模进行分析。

城市网络理论是20世纪90年代由 Camagni and Salone 首次提出的,由于随着交通方式的变化,通信和信息技术的进步,城市要素的流动方式和组织形式也发生了改变,以位序—规模模型和"中心地理论"为代表的城市规模分布理论已经不再适应城市体系扁平化和区域一体化的现状。Camagni and Salone(1993)首次提出了城市网络的概念,对城市体系中的横向联系和非等级关系进行探讨。Camagni(1994)、Batten(1995)等认为城市网络形成的原因是城市间的互补分工和协作带来的外部效应,城市的功能分化和城市之间联系的互补是城市网络体系形成的主要动因,而交通和通信技术的进步则是促进其形成的催化剂。综合 Taylor(2002)、Castells(1996)等对城市网络的研究来看,城市网络体系主要是由"节点"以及联通节点的"通道"构成。其中"节点"是城市网络体系中相互联系、相互影响的城市,而"通道"是城市之间发生物质、能源和信息交换的载体,通常指连接不同规模城市的基础设施,如道路、电网、管线和通信基站等等。与传统的城市理论相比,城市网络理论认为城市之间的联系除了按照等级属性联系外,还有合作互补和网络共享关系,是双向的动态联系,对信息化背景下的城市体系有更强的解释力。

城市作为城市网络体系中的节点,不仅要受到更高等级的中心城市的影响,还要受到同等级城市的作用,以及城市网络体系中"通道"的影响。同时,由于城市网络体系广泛联系和扁平化的特点,低等级的城市也对高等级的城市具有反作用。首先,城市网络体系中"节点"的定位和作用对城市规模有决定性作用,例如,城市网络体系中,处于核心和支配地位的城市往往要汇聚来自"通道"的人流、物质流和信息流,因此需要有足够的规模来承载资本、劳动力和创新等要素,而处于从属和辅助地位的城市则需要按照其功能确定规模,避免贪大求全盲目扩大城市规模带来的重复建设和恶性竞争。其次,"通道"类型对城市规模有着促进和疏解两方面的影响,一方面,当作为"节点"的城市处于"通道"的交汇地,承担着枢纽作用时,城市必须要有足够规模承载"通道"带来的人口和物质产品,规模较小的城市可能因此而迅速扩张;另一方面,"通道"的运输能力提升也会分流规模较大城市的人口,欧美国家因道路交通系统的升级带来的逆城市化现象就是典型的例子,而高铁等新型运输方式的出现也会导致大城市和周围城市的通勤成本降低,从而带来规模的此消彼长。最后,城市网络的联系强度也会对城市规模造成影响,联系强度较大的城市网络体系会弱化中心城市的作用,疏解规模较大城市的人流、物流,从而导致城市体系中大规模的城市的减少,而中等规模的城市以集群的形式共同分担城市体系的各种功能。

第三节 资源环境约束下城市的规模管控策略

城市规模管控不是对城市规模的简单限制,而是要将城市置于其所处的生态系统、城市体系和区域发展政策中,根据城市的生态本底、城市体系的特点以及国家对城市发展的定位和布局进行分析和确定。

一、对接国家空间开发格局

在生态文明建设背景下,城市规模的管控是国土开发格局的重要内容,城市的最优规模不仅要按照成本—效益的规律由市场力量推动和约束,还要遵从主体功能区划的布局和安排,从全国区域协调发展和国土空间开发优化的全局角度统筹考虑,确定合理的城市规模、组织形态和开发模式。目前我国对国土空间开发格局作出要求和安排的规划文件有《全国主体功能区规划》《国家新型城镇化规划(2014—2020)》等。其中《全国主体功能区规划》是在对不同区域的资源环境承载力、生态功能和发展基础制定的国土空间管制规划。由于充分考虑了不同区域的环境容量、生态系统脆弱性、生态系统重要性、自然灾害危险性、人口集聚度以及经济发展水平和交通优势度等因素[①],《全国主体功能区规划》对区域的资源环境承载力和开发极限的判断是最科学和权威的,是城市的规模管控的依据和基础。《国家新型城镇化规划(2014—2020)》也明确提出,在《全国主体功能区规划》的指导下优化城镇体系的空间布局和城镇规模结构。《全国主体功能区规划》中重点城镇化地区主要有 3 个优化开发区和 18 个重点开发区。

推动城市规模管控要以《全国主体功能区规划》中对资源环境承载力评价和生态功能区划为依据,从优化结构、保护自然、集约开发和协调发展四个方面进行推进。在优化结构方面,要根据优化开发区和重点开发的特点合理确定城市规模和城镇体系结构,对人口和经济密集的优化开发地区要重点避免过度开发的隐患,适度疏解特大城市的人口和功能,对重点开发区主要以拓展经济持续发展空间、促进区域协调发展为主要目的,优化开发时序。在保护自

---

① 全国主体功能区划,转引自吉林省人民政府关于印发吉林省主体功能区规划的通知[N].吉林政报,2013-08-15.

然方面,区域和城市的建设和发展规划都要立足水土资源承载能力和环境容量,将城市规模严格控制在水土资源承载能力和环境容量允许的范围内[①]。在集约开发方面,要在现有的城市规模下提升城市的开发强度和人口密度,引导人口向优化开发区和重点开发区有序转移,在增加城市建设空间的同时提升人口承载规模。在协调发展方面,不仅要推动不同区域之间城市规模的协调,在中西部资源环境承载力较强的区域适度增加城市规模,还要注重城市规模与土地资源、水资源的协调,兼顾城乡统筹和区域均衡。

二、根据生态承载力进行差异化管控

传统的城市发展模式以人口和城市空间的无限扩张为主,城市的发展并未考虑到城市的生态本底和发展基础。不同城市的资源环境承载力差异巨大,开发强度也各不相同,需要针对性强、差异化的管控策略。从城市的资源环境承载力和开发强度两个维度可以确定四种不同的规模管控模式。如图 10.2 所示。

对资源环境承载力较强、开发强度也高的城市,应当采取生态优化的规模管控模式。这类城市主要分布

图 10.2 城市规模管控的四种模式

在我国东部的优化开发区,资源环境禀赋较好,资源环境承载力较强,具有承载较大城市规模的生态环境基础,但由于开发时间早、开发强度大,城市规模接近甚至超过自然生态系统的承载能力。应严格限制城市规模的增大,一方面以资源环境效率提升为主,通过提高土地开发强度、节水降耗等手段提升现有资源的利用效率,通过环境污染治理、城市生态空间保护等手段提

---

① 全国主体功能区划,转引自吉林省人民政府关于印发吉林省主体功能区规划的通知[N].吉林政报,2013-08-15.

升城市的环境容量；另一方面要疏解城市的功能，通过支持临近城市有序扩张，增加城镇体系中的节点，通过提升交通运输效率增强"通道"的运输能力，从而引导部分城市功能向外扩散，缓解城市规模过大带来的环境压力和拥挤效应。

对与资源环境承载力较强、开发强度相对较弱的城市应当采取理性增长的城市规模管控模式。这类城市多为重点开发区，资源环境禀赋弱于优化开发区，但由于开发时间晚，城市的规模仍然处于生态环境所能承载的能力之内。应确定合理的城市规模增长速度和上限，支持发展基础较好的城市扩大规模，形成具有辐射带动能力的中心城市。完善城市体系的结构，构建规模适度、分工协作、集约高效的城镇带或城镇体系。加强城镇体系的"通道"建设，促进城市的人口、资本、自然资源等要素的流动和集聚，提升城市的集聚能力。完善城市的市政基础设施、预留城市新增人口的承载空间，提升城市的人口吸纳能力。划定城市的生态红线和规模增长极限，在环境容量范围内适度提高人口密度和开发强度，避免出现土地过多占用、水资源过度开发和生态环境压力过大等问题，推动城市规模的理性增长和集约增长[①]。

对资源环境承载力弱、开发强度也不高的城市，应当采取严格管控的策略。这类地区多处于丘陵、高原和山地等地区，城市土地开发成本相对较高，生态环境脆弱，资源环境承载力较弱。应该严格管控城市的规模，在现有的开发强度下，提高生态效率，严格控制城市新增人口数量，避免盲目扩张带来的生态环境恶化。

对资源环境承载力弱、开发强度较高的城市，应当采取缩减疏解的规模管控策略。这类地区多为资源丰富的资源型城市和工矿城镇，资源开发对原本脆弱的生态环境造成巨大的压力，城市的规模直接受到资源型产业的影响。应当逐步疏解城市的部分功能，通过搬迁、移民等方式逐步缩小城市规模，以生态修复和保护作为未来发展的主要任务。

---

① 全国主体功能区划，转引自吉林省人民政府关于印发吉林省主体功能区规划的通知[N].吉林政报,2013-08-15.

三、推动城市组织形态的集群化

城市规模的管控不仅要以自身的经济社会发展条件和资源环境承载力为基础,还要与城市体系的组织形态相结合。推动城市的集群化发展不仅是城市体系演化和发展的需要,也是城市规模管控的重要途径,一方面以城市群为主要形态的集群化组织形式有利于控制特大城市和超大城市的规模,通过将大城市的部分功能分担到周围的中小城市,能够避免城市规模过大造成的市内交通成本剧增、生态系统超负荷运作和社会治理难度加大等问题,防止城市规模的无限制扩张;另一方面,推动城市群发展也能够推动中小城市的理性增长,交通运输技术的进步为城市的同城化发展创造了条件,使得由规模适度的多个城市共同承担大城市的功能成为可能,通过科学合理的城市群规划和协调机制,中小城市能够更好地利用大城市的溢出效应,避免虹吸效应,实现城市的理性增长。

推动城市群的发展,首先要构建科学合理的城市规模体系,在对城市的经济基础、交通条件、环境容量和生态本底进行综合分析的基础上,确定城镇体系的层级、规模和协同方式,疏解中心城市的非核心功能,降低特大城市和超大城市的规模管控压力,形成规模适度、分工明确、统筹协调的城市网络体系。其次,要推动区域性中心城市的理性增长,在资源环境承载力较强的地区重点培育一批中心城市,按照集约高效、有序开发的原则稳步扩大其规模,形成具有较强的集聚和辐射能力的区域性中心,引导人口和要素的合理流动和优化配置。最后,要划定城市规模增长红线,按照城镇体系规划确定的合理规模监控城市规模的扩张趋势,及时遏制城市用地规模和人口规模的无序扩张,推动城市发展由外延式、粗放式扩张向内涵提升和集约增长转变,合理优化城市群内部的生态空间,在城市群中划定"绿心",保护城市群中心区域的农林地、水面等农业和自然生态景观,防止城市无序蔓延,保护农业发展和区域生态环境的功能[1]。

---

[1] 全国主体功能区划,转引自吉林省人民政府关于印发吉林省主体功能区规划的通知[N].吉林政报,2013-08-15.

附　　录

1. 城市绿色效率评价结果

年份 城市	2005	2006	2007	2008	2009	2010	2011	2012	2013	2014	2015	2016	2017	均值
北京	1.000	1.000	1.000	1.000	1.000	1.000	1.000	1.000	1.000	1.000	1.000	1.000	1.000	1.000
天津	1.000	1.000	1.000	1.000	1.000	1.000	1.000	1.000	1.000	1.000	1.000	1.000	1.000	1.000
石家庄	0.358	0.361	0.460	0.392	0.272	0.378	0.372	0.354	0.399	0.558	0.424	0.449	0.507	0.407
唐山	0.439	0.393	1.000	0.407	0.331	0.341	0.395	0.359	0.387	0.444	0.526	0.559	0.536	0.471
秦皇岛	0.425	0.428	1.000	0.448	0.397	0.550	0.445	0.402	0.441	0.449	0.406	0.462	0.569	0.494
邯郸	0.236	0.252	0.399	0.319	0.278	0.305	0.316	0.311	0.321	0.309	0.304	0.410	0.370	0.318
邢台	0.256	0.277	0.400	0.248	0.231	0.218	0.296	0.319	0.328	0.323	0.333	0.330	0.308	0.297
保定	0.411	0.394	0.508	0.336	0.269	0.375	0.347	0.379	0.417	0.373	0.377	0.436	0.415	0.387
张家口	0.377	0.299	0.576	0.281	0.311	0.297	0.323	0.355	0.389	0.410	0.404	0.397	0.442	0.374
承德	0.278	0.281	0.452	0.242	0.257	0.240	0.292	0.323	0.310	0.327	0.303	0.318	0.259	0.299
沧州	0.336	0.356	1.000	0.365	0.400	0.429	0.356	0.466	0.492	0.462	0.450	0.466	0.457	0.464
廊坊	0.330	0.378	1.000	0.371	0.371	0.410	0.362	0.380	0.455	0.544	0.630	0.658	0.378	0.482
衡水	0.405	0.411	1.000	0.419	0.440	0.370	0.456	0.493	0.584	0.558	0.570	0.524	0.591	0.525
太原	0.538	0.546	0.541	0.515	0.549	0.522	0.536	0.490	0.499	0.503	0.508	0.502	0.664	0.532
大同	0.338	0.344	0.534	0.392	0.232	0.346	0.386	0.399	0.434	0.457	0.406	0.466	0.539	0.406
阳泉	0.408	0.370	1.000	0.418	0.421	0.393	0.399	0.581	0.522	0.571	0.576	0.509	0.742	0.532
长治	1.000	0.471	1.000	0.302	0.499	0.314	0.432	0.494	0.548	0.558	0.596	0.552	0.621	0.568

续　表

年份 城市	2005	2006	2007	2008	2009	2010	2011	2012	2013	2014	2015	2016	2017	均值
晋城	0.363	0.254	1.000	0.536	0.480	0.404	0.503	0.520	0.507	0.506	0.509	0.475	0.457	0.501
运城	1.000	1.000	1.000	0.509	0.441	0.319	0.474	0.462	1.000	1.000	1.000	0.487	0.496	0.707
忻州	1.000	0.532	1.000	0.454	0.757	0.447	0.538	0.527	0.755	1.000	0.433	0.517	0.487	0.650
临汾	1.000	1.000	1.000	0.553	0.514	0.486	0.580	0.532	1.000	0.596	0.603	0.585	0.532	0.691
吕梁	1.000	1.000	1.000	0.575	1.000	1.000	1.000	1.000	1.000	1.000	0.588	0.536	0.374	0.852
呼和浩特	1.000	1.000	1.000	1.000	1.000	1.000	1.000	1.000	1.000	1.000	1.000	1.000	1.000	1.000
包头	0.505	0.525	1.000	1.000	1.000	1.000	0.551	0.657	1.000	1.000	1.000	1.000	0.784	0.848
乌海	0.256	0.330	1.000	0.301	0.354	0.286	0.272	0.416	1.000	0.586	0.498	1.000	0.699	0.538
赤峰	0.444	0.496	0.683	0.473	0.474	0.482	0.432	0.467	0.467	0.500	0.460	0.533	0.466	0.490
通辽	0.389	0.388	1.000	0.311	0.338	0.334	0.370	0.362	0.411	1.000	0.489	0.609	0.504	0.500
呼伦贝尔	0.457	0.532	1.000	0.584	0.646	0.704	1.000	1.000	0.524	0.562	0.497	0.641	0.513	0.666
巴彦淖尔	1.000	1.000	1.000	1.000	0.494	0.551	0.497	0.581	0.614	0.662	1.000	0.876	0.542	0.755
乌兰察布	0.489	0.462	1.000	0.438	0.471	0.436	0.414	0.379	0.542	0.560	0.569	0.816	0.380	0.535
沈阳	1.000	1.000	1.000	1.000	1.000	1.000	1.000	1.000	1.000	1.000	1.000	1.000	1.000	1.000
大连	0.789	0.715	1.000	1.000	1.000	0.775	0.608	0.614	0.716	0.595	0.687	1.000	1.000	0.808
鞍山	0.388	0.454	0.431	0.408	0.386	0.414	0.311	0.293	0.331	0.316	0.303	0.460	0.439	0.380
抚顺	0.449	0.449	0.487	0.434	0.416	0.413	0.392	0.398	0.438	0.477	0.476	1.000	1.000	0.525
本溪	0.223	0.236	0.336	0.253	0.247	0.324	0.270	0.291	0.320	0.321	0.339	0.393	0.542	0.315
锦州	0.541	0.525	0.695	0.525	0.535	0.379	0.447	0.441	0.479	0.456	0.498	1.000	0.625	0.550
营口	0.252	0.246	0.355	0.312	0.311	0.300	0.301	0.350	0.447	0.467	0.423	0.436	0.465	0.359
阜新	0.416	0.420	0.516	0.377	0.384	0.361	0.336	0.308	0.350	0.414	1.000	1.000	0.597	0.498
长春	1.000	0.723	0.581	1.000	0.640	0.625	0.639	0.587	0.614	1.000	0.669	1.000	0.813	0.761
吉林	0.339	0.323	0.308	0.400	0.428	0.479	0.467	0.486	0.568	0.499	0.446	0.503	1.000	0.480
四平	0.480	0.455	0.556	0.521	0.446	0.412	0.402	0.482	0.511	0.496	0.469	0.812	0.546	0.507
通化	0.303	0.351	0.462	0.358	0.387	0.430	0.439	0.513	0.618	0.434	0.441	0.412	0.514	0.436

续 表

年份城市	2005	2006	2007	2008	2009	2010	2011	2012	2013	2014	2015	2016	2017	均值
白山	0.513	0.468	0.385	0.347	0.420	0.512	0.570	0.538	0.792	0.708	0.547	0.678	0.806	0.560
松原	0.461	0.442	0.419	0.491	0.519	1.000	0.650	0.537	1.000	0.570	0.550	0.647	0.529	0.601
哈尔滨	1.000	1.000	1.000	0.748	0.806	1.000	0.735	0.665	1.000	1.000	1.000	1.000	1.000	0.920
鹤岗	0.419	0.338	0.313	0.316	0.349	0.332	0.384	0.398	0.654	1.000	1.000	0.535	0.716	0.520
大庆	1.000	0.602	0.492	0.679	0.575	1.000	1.000	1.000	1.000	1.000	1.000	1.000	0.880	0.864
佳木斯	1.000	1.000	1.000	1.000	1.000	1.000	1.000	1.000	1.000	1.000	1.000	0.816	0.858	0.975
七台河	0.256	0.301	0.298	0.288	0.302	0.349	0.471	0.399	0.634	0.538	1.000	0.587	0.822	0.480
黑河	1.000	1.000	1.000	1.000	1.000	1.000	1.000	1.000	1.000	1.000	1.000	0.566	0.416	0.922
绥化	1.000	1.000	1.000	1.000	1.000	1.000	1.000	1.000	1.000	1.000	1.000	0.882	0.817	0.977
上海	1.000	1.000	1.000	1.000	1.000	1.000	1.000	1.000	1.000	1.000	1.000	1.000	1.000	1.000
南京	0.669	0.661	1.000	0.700	0.592	0.570	0.603	0.641	1.000	0.577	0.601	0.652	0.789	0.697
无锡	1.000	1.000	1.000	1.000	1.000	0.709	1.000	1.000	1.000	0.571	0.582	0.609	0.592	0.851
徐州	0.571	0.555	0.644	0.561	0.498	0.590	0.496	0.470	1.000	0.596	0.597	0.636	1.000	0.632
常州	0.594	0.642	0.713	1.000	1.000	1.000	0.636	1.000	1.000	1.000	1.000	1.000	1.000	0.891
苏州	1.000	0.672	0.584	1.000	1.000	1.000	1.000	1.000	0.594	0.550	0.590	0.629	0.510	0.779
南通	0.415	0.394	0.450	0.381	0.494	0.551	0.488	0.579	0.584	0.488	0.469	0.498	0.433	0.479
连云港	0.452	0.425	0.462	0.378	0.388	0.429	0.376	0.354	0.457	0.438	0.400	0.449	0.436	0.419
淮安	0.522	0.516	0.419	0.435	0.404	0.455	0.437	0.446	0.538	0.488	0.513	0.557	0.616	0.488
盐城	0.596	0.555	0.521	0.608	0.559	0.636	0.628	0.607	1.000	0.607	1.000	0.621	0.598	0.657
扬州	0.625	0.676	0.634	0.636	0.621	1.000	1.000	1.000	1.000	1.000	1.000	0.932	0.904	0.848
镇江	0.371	0.372	0.410	0.391	0.380	0.419	0.389	0.422	0.583	0.569	0.596	0.650	1.000	0.504
泰州	0.475	0.473	0.638	0.473	0.468	0.560	0.529	0.536	1.000	0.617	0.655	0.640	0.502	0.582
宿迁	1.000	0.608	0.551	0.531	0.518	0.463	0.433	0.435	0.482	0.457	0.434	0.451	0.429	0.522
杭州	0.667	0.641	0.544	0.623	0.576	0.618	0.592	0.604	1.000	1.000	1.000	1.000	1.000	0.759
宁波	0.672	0.514	0.484	0.553	0.525	0.584	0.523	0.517	0.615	0.590	0.620	0.652	0.609	0.574
温州	1.000	1.000	0.844	0.811	1.000	1.000	0.802	1.000	1.000	1.000	1.000	1.000	0.591	0.927
嘉兴	0.353	0.378	0.388	0.376	0.364	0.355	0.380	0.387	0.452	0.448	0.433	0.460	0.382	0.397
湖州	0.554	0.542	0.509	0.541	0.488	0.541	0.505	0.515	0.588	0.552	0.513	0.514	0.464	0.525

续　表

年份 城市	2005	2006	2007	2008	2009	2010	2011	2012	2013	2014	2015	2016	2017	均值
绍兴	0.379	0.365	0.449	0.398	0.382	0.432	0.401	0.415	0.443	0.438	0.441	0.459	0.383	0.414
金华	0.622	0.652	0.579	0.640	0.651	0.666	0.581	0.596	1.000	1.000	0.748	0.618	0.577	0.687
衢州	0.305	0.337	0.342	0.324	0.345	0.393	0.394	0.430	0.476	0.459	0.361	0.448	0.454	0.390
舟山	0.734	1.000	0.660	0.682	0.618	0.688	0.729	0.784	1.000	1.000	1.000	1.000	0.930	0.833
台州	1.000	1.000	0.627	0.701	0.684	0.723	0.650	0.667	0.602	0.627	0.629	0.595	0.491	0.692
丽水	0.558	0.617	0.721	0.637	0.628	0.791	1.000	1.000	1.000	1.000	1.000	0.795	0.550	0.792
合肥	0.728	0.656	1.000	0.748	1.000	1.000	0.550	0.496	0.510	0.489	0.527	0.570	0.532	0.677
芜湖	0.405	0.437	0.510	0.410	0.410	0.477	0.445	0.428	0.444	0.458	0.447	0.457	0.482	0.447
蚌埠	0.437	0.486	0.300	0.487	0.378	0.437	0.443	0.415	0.404	0.411	0.458	0.446	0.511	0.432
淮南	0.285	0.277	0.273	0.333	0.289	0.296	0.307	0.349	0.364	0.380	0.350	0.386	0.439	0.333
马鞍山	0.309	0.310	0.432	0.287	0.283	0.318	0.303	0.320	1.000	0.373	0.367	0.389	0.425	0.394
淮北	0.335	0.315	0.442	0.364	0.350	0.390	0.354	0.389	0.437	0.447	0.390	0.439	0.556	0.401
铜陵	0.339	0.399	1.000	0.363	0.409	0.394	0.396	0.406	0.439	0.472	0.465	0.445	0.525	0.466
安庆	0.460	0.489	0.537	0.428	0.420	0.451	0.434	0.486	0.481	0.456	0.481	0.470	0.410	0.462
黄山	0.519	0.690	1.000	1.000	1.000	1.000	1.000	1.000	1.000	1.000	1.000	0.739	0.675	0.894
滁州	0.331	0.439	0.441	0.390	0.397	0.402	0.376	0.370	0.488	0.388	0.445	0.394	0.325	0.399
阜阳	0.494	0.547	0.541	0.528	0.496	0.511	0.471	0.466	0.494	0.498	0.462	0.397	0.426	0.487
六安	0.371	0.336	0.365	0.411	0.400	0.469	0.382	0.475	0.519	1.000	0.567	0.720	0.624	0.511
池州	0.570	0.532	0.414	0.461	0.465	0.487	0.491	0.580	0.605	0.606	0.798	0.722	0.577	0.562
宣城	1.000	1.000	1.000	1.000	1.000	1.000	0.509	0.517	0.565	1.000	1.000	1.000	0.827	0.878
福州	1.000	1.000	1.000	1.000	1.000	1.000	1.000	1.000	1.000	1.000	1.000	1.000	1.000	1.000
厦门	1.000	0.616	0.551	1.000	0.652	0.612	0.557	0.539	0.544	0.504	0.545	0.566	0.546	0.633
莆田	1.000	1.000	1.000	1.000	1.000	1.000	0.820	1.000	1.000	1.000	0.852	1.000	1.000	0.975
三明	0.350	0.364	0.338	0.319	0.336	0.350	0.386	0.395	0.489	0.456	0.492	0.474	0.425	0.398
泉州	0.575	0.547	0.455	0.455	0.463	0.506	0.450	0.466	0.507	0.484	0.414	0.516	0.385	0.479
漳州	0.531	0.635	1.000	0.503	0.453	0.716	0.547	0.519	0.630	0.548	0.524	0.543	0.410	0.581
南平	0.449	0.411	0.347	0.360	0.360	0.413	0.448	0.459	0.675	0.689	0.550	0.653	0.512	0.487
龙岩	0.459	0.514	0.391	0.444	0.489	0.551	0.475	0.511	1.000	1.000	1.000	0.769	0.871	0.652

续表

年份城市	2005	2006	2007	2008	2009	2010	2011	2012	2013	2014	2015	2016	2017	均值
宁德	1.000	1.000	0.532	0.581	1.000	1.000	1.000	1.000	1.000	1.000	0.744	0.609	0.485	0.842
南昌	0.454	0.600	0.591	0.614	0.538	0.512	0.482	0.483	0.452	0.450	0.490	0.494	0.511	0.513
景德镇	0.378	0.406	0.641	0.404	1.000	0.417	0.509	0.558	0.556	0.554	0.493	0.536	0.440	0.530
萍乡	0.361	0.363	0.424	0.407	0.402	0.403	0.399	0.426	0.532	0.554	0.595	0.566	0.601	0.464
九江	0.333	0.333	0.444	0.407	0.402	0.417	0.503	0.490	1.000	0.509	0.434	0.503	0.416	0.476
新余	0.290	0.293	0.293	0.328	0.414	1.000	1.000	1.000	1.000	0.515	0.469	0.476	0.514	0.584
鹰潭	0.420	0.453	1.000	0.588	0.763	1.000	1.000	1.000	1.000	1.000	1.000	0.873	0.545	0.819
赣州	0.400	0.390	0.551	0.315	0.486	0.438	0.347	0.415	0.431	0.369	0.330	0.335	0.304	0.393
吉安	0.376	0.419	0.497	0.395	0.443	0.457	0.407	0.471	0.483	0.464	0.421	0.424	0.303	0.428
宜春	0.611	0.580	0.530	0.522	0.473	0.381	0.423	0.467	0.503	0.482	0.448	0.466	0.350	0.480
抚州	0.473	0.480	0.397	0.408	0.419	0.496	0.506	0.498	0.519	0.520	0.474	0.540	0.342	0.467
上饶	0.429	0.469	0.678	0.400	0.517	0.426	0.497	0.501	0.684	0.583	0.448	0.500	0.445	0.506
济南	1.000	1.000	1.000	1.000	1.000	1.000	1.000	1.000	1.000	1.000	1.000	1.000	1.000	1.000
青岛	1.000	1.000	1.000	1.000	1.000	1.000	1.000	1.000	1.000	1.000	1.000	1.000	1.000	1.000
淄博	0.483	0.495	0.561	0.552	0.493	0.520	0.480	0.524	0.630	0.618	0.597	0.630	1.000	0.583
枣庄	0.342	0.386	0.439	0.467	0.440	0.481	0.408	0.395	0.460	0.463	0.405	0.446	0.637	0.444
烟台	1.000	1.000	1.000	1.000	1.000	1.000	1.000	1.000	1.000	0.648	0.650	0.654	0.536	0.884
潍坊	0.371	0.401	0.384	0.372	0.409	0.401	0.410	0.382	0.441	0.444	0.425	0.479	0.410	0.410
济宁	0.578	0.502	0.552	0.506	0.444	0.449	0.463	0.654	0.540	0.476	0.426	0.431	0.439	0.497
威海	0.671	0.667	0.688	0.577	0.513	0.539	0.503	1.000	0.663	0.657	0.814	0.683	1.000	0.690
日照	0.478	0.491	0.475	0.464	0.138	0.515	0.607	0.483	0.607	0.640	0.615	1.000	0.603	0.585
莱芜	0.487	0.498	0.492	0.605	0.598	0.527	0.471	0.428	0.508	0.504	0.425	0.497	1.000	0.542
临沂	0.557	0.547	0.558	0.589	0.489	0.513	0.530	0.472	0.472	0.454	0.462	0.463	0.450	0.504
德州	0.357	0.402	0.618	0.481	0.440	0.388	0.423	0.514	1.000	0.477	0.360	0.406	0.575	0.495
聊城	0.377	0.421	0.494	0.400	0.433	0.456	0.359	0.344	0.602	0.411	0.456	0.425	0.457	0.434
菏泽	0.337	0.324	0.346	0.345	0.426	0.415	0.443	0.516	0.476	0.461	0.403	0.446	0.443	0.414
郑州	0.527	0.570	0.526	0.520	0.501	0.501	0.469	0.466	0.515	0.506	0.476	0.519	0.452	0.504
洛阳	0.463	0.370	0.321	0.331	0.353	0.319	0.386	0.390	0.443	0.474	0.415	0.471	0.471	0.401

续　表

年份城市	2005	2006	2007	2008	2009	2010	2011	2012	2013	2014	2015	2016	2017	均值
安阳	0.271	0.217	0.301	0.248	0.257	0.237	0.314	0.321	0.382	0.376	0.400	0.414	0.432	0.321
鹤壁	0.277	0.272	0.374	0.258	0.274	0.302	0.289	0.332	0.360	0.342	0.348	0.361	0.458	0.327
新乡	0.306	0.315	0.398	0.286	0.324	0.342	0.364	0.391	0.425	0.408	0.375	0.513	0.437	0.376
濮阳	0.307	0.341	0.621	0.344	0.297	0.328	0.299	0.317	0.400	0.369	0.335	0.396	0.394	0.365
许昌	0.395	0.449	1.000	0.375	0.401	0.446	0.375	0.438	0.409	0.379	0.349	0.493	0.476	0.460
漯河	0.490	0.488	0.509	0.437	0.453	0.532	0.520	0.707	0.697	0.551	1.000	1.000	1.000	0.645
三门峡	0.289	0.310	0.431	0.330	0.365	0.303	0.410	0.433	0.502	0.525	0.491	0.505	0.490	0.414
南阳	0.385	0.363	0.335	0.391	0.395	0.435	0.422	0.395	0.422	0.390	0.404	0.471	0.399	0.401
商丘	0.313	0.297	0.363	0.350	0.254	0.274	0.357	0.391	0.477	0.518	0.530	0.429	0.327	0.375
周口	0.417	0.385	1.000	0.464	0.444	0.507	0.452	0.461	0.478	0.480	0.482	0.540	0.447	0.504
驻马店	0.359	0.379	0.506	0.363	0.372	0.354	0.372	0.328	0.343	0.331	0.307	0.342	0.341	0.361
武汉	1.000	0.684	0.598	0.685	0.693	0.701	0.649	0.648	0.679	0.684	1.000	1.000	1.000	0.771
黄石	0.406	0.368	0.534	0.384	0.342	0.309	0.341	0.424	0.417	0.449	0.373	0.469	0.440	0.404
十堰	0.411	0.416	0.539	0.493	0.528	0.534	0.582	0.576	0.585	0.526	0.550	0.573	0.429	0.519
宜昌	0.473	0.455	0.412	0.493	0.463	1.000	0.466	0.499	0.580	1.000	0.498	0.557	0.465	0.566
襄樊	1.000	0.629	0.503	0.561	0.545	0.651	0.656	0.589	0.602	0.531	0.560	0.594	0.592	0.616
鄂州	0.393	0.378	0.345	0.437	0.432	0.394	0.408	0.419	0.628	0.561	0.545	0.611	0.627	0.475
荆门	0.332	0.365	0.351	0.334	0.392	0.402	0.362	0.389	0.454	0.441	0.412	0.450	0.460	0.396
孝感	0.401	0.459	0.489	0.442	0.529	0.469	0.441	0.446	0.453	0.336	0.320	0.328	0.259	0.413
荆州	0.463	0.442	0.393	0.421	1.000	0.399	0.498	0.445	0.617	0.464	0.446	0.491	0.440	0.502
黄冈	0.484	0.478	1.000	0.528	0.535	0.398	0.397	0.473	0.600	0.478	0.476	0.511	0.311	0.513
咸宁	0.419	0.421	0.425	0.393	0.391	0.344	0.547	0.399	0.522	0.434	0.422	0.455	0.381	0.427
随州	1.000	1.000	1.000	1.000	0.703	0.659	1.000	1.000	1.000	0.914	1.000	0.892	0.905	0.929
长沙	1.000	1.000	1.000	1.000	1.000	1.000	1.000	1.000	1.000	1.000	1.000	1.000	1.000	1.000
株洲	0.344	0.333	0.428	0.362	0.352	0.415	0.399	0.458	0.465	0.474	0.404	0.395	0.417	0.404
湘潭	0.373	0.333	0.433	0.304	0.314	0.322	0.340	0.363	0.477	0.451	0.473	0.469	0.570	0.402
衡阳	0.311	0.318	0.464	0.259	0.342	0.316	0.284	0.298	0.355	0.341	0.358	0.374	0.425	0.342
邵阳	0.387	0.364	1.000	0.380	0.364	1.000	0.440	0.493	0.472	0.496	0.473	0.479	0.310	0.512

续 表

年份 城市	2005	2006	2007	2008	2009	2010	2011	2012	2013	2014	2015	2016	2017	均值
岳阳	0.557	0.607	0.441	0.564	0.532	0.606	0.527	0.698	0.604	0.626	1.000	0.705	0.680	0.627
常德	1.000	1.000	1.000	1.000	1.000	1.000	1.000	1.000	1.000	1.000	1.000	1.000	1.000	1.000
张家界	0.884	1.000	0.626	1.000	0.700	0.830	1.000	1.000	1.000	1.000	1.000	1.000	1.000	0.926
益阳	0.395	0.401	0.409	0.442	0.427	0.483	0.473	0.481	0.503	0.526	0.510	0.679	0.540	0.482
郴州	0.643	0.571	0.484	0.603	0.552	0.390	0.529	0.542	0.618	0.604	0.684	0.598	0.531	0.565
永州	0.420	0.425	0.358	0.383	0.329	0.409	0.403	0.507	0.490	0.503	0.477	0.550	0.429	0.437
怀化	0.406	0.466	1.000	0.413	0.372	0.422	1.000	0.509	0.566	0.597	0.570	0.649	0.463	0.572
娄底	0.278	0.315	0.419	0.290	0.253	0.354	1.000	0.425	0.425	0.376	0.407	0.352	0.351	0.403
广州	1.000	1.000	1.000	1.000	1.000	1.000	1.000	1.000	1.000	1.000	1.000	1.000	1.000	1.000
韶关	0.419	0.419	0.485	0.492	0.509	0.581	0.535	0.542	0.574	0.494	0.490	0.556	0.488	0.506
深圳	1.000	1.000	1.000	1.000	1.000	1.000	1.000	1.000	1.000	1.000	1.000	1.000	1.000	1.000
珠海	0.648	0.624	0.554	0.547	0.543	0.547	0.525	0.514	0.563	0.559	0.727	0.597	0.587	0.580
汕头	1.000	1.000	1.000	1.000	1.000	1.000	1.000	1.000	1.000	0.704	1.000	1.000	0.887	0.969
湛江	0.250	1.000	1.000	1.000	0.340	1.000	1.000	1.000	1.000	1.000	1.000	0.783	1.000	0.875
茂名	1.000	1.000	1.000	1.000	1.000	1.000	1.000	1.000	1.000	1.000	1.000	1.000	0.851	0.989
惠州	0.524	0.572	0.441	0.430	0.388	0.427	0.371	0.374	0.425	0.425	0.429	0.416	0.354	0.429
梅州	0.610	0.561	0.655	0.429	1.000	1.000	1.000	1.000	0.886	0.672	0.552	0.518	0.760	
阳江	1.000	1.000	1.000	1.000	0.784	0.717	1.000	1.000	1.000	0.698	0.699	0.673	0.890	
清远	0.415	0.466	0.466	0.416	0.374	0.399	0.471	0.483	0.502	0.429	0.327	0.485	0.495	0.441
东莞	1.000	1.000	1.000	1.000	1.000	1.000	1.000	1.000	1.000	0.379	0.442	0.466	0.000	0.791
中山	1.000	1.000	1.000	1.000	1.000	1.000	1.000	1.000	1.000	1.000	1.000	1.000	0.001	0.923
云浮	0.403	0.450	0.502	0.401	0.435	0.472	0.645	0.429	0.459	1.000	1.000	0.538	0.495	0.556
南宁	0.562	0.556	0.442	0.587	1.000	0.554	0.496	0.493	0.535	0.520	0.503	0.511	0.598	0.566
北海	0.453	0.543	0.496	0.462	0.425	0.498	1.000	0.482	1.000	1.000	1.000	0.684	1.000	0.696
防城港	0.544	0.497	0.399	0.496	0.424	0.431	0.387	0.389	1.000	1.000	1.000	0.567	1.000	0.626
贵港	0.442	0.461	0.349	0.346	0.353	0.331	0.472	0.490	0.537	0.540	0.491	0.419	0.560	0.445
玉林	0.501	0.500	0.477	0.466	0.460	0.433	0.605	0.612	0.782	0.712	0.721	0.613	0.538	0.571
贺州	0.373	0.464	0.441	0.438	0.411	0.430	0.396	0.551	1.000	1.000	1.000	0.670	0.618	0.599

续 表

年份 城市	2005	2006	2007	2008	2009	2010	2011	2012	2013	2014	2015	2016	2017	均值
河池	0.369	0.420	0.441	0.450	0.414	1.000	0.482	1.000	1.000	1.000	1.000	1.000	0.470	0.696
来宾	1.000	1.000	0.369	0.393	0.338	0.296	0.386	0.372	0.466	0.513	0.501	0.472	0.496	0.508
海口	1.000	1.000	1.000	1.000	1.000	1.000	1.000	1.000	1.000	1.000	1.000	1.000	1.000	1.000
三亚	1.000	1.000	1.000	1.000	1.000	1.000	1.000	1.000	1.000	1.000	1.000	1.000	1.000	1.000
重庆	0.498	0.449	0.370	0.470	0.519	0.498	0.544	0.516	0.502	0.482	0.493	0.550	0.605	0.500
成都	1.000	1.000	1.000	1.000	0.702	0.729	0.708	0.687	0.658	1.000	0.714	0.718	0.615	0.810
自贡	0.648	0.678	1.000	0.648	0.565	0.624	0.752	0.704	1.000	1.000	1.000	1.000	0.916	0.810
攀枝花	0.373	0.370	0.370	0.400	0.346	0.334	0.320	0.329	0.365	0.382	0.394	0.423	0.427	0.372
泸州	0.413	0.431	0.408	0.441	0.392	0.434	0.432	0.463	0.471	0.483	0.475	0.466	0.469	0.444
德阳	0.382	0.427	0.614	0.450	0.377	0.435	0.475	0.485	0.522	0.525	0.487	0.536	0.446	0.474
绵阳	0.436	0.455	0.470	0.445	0.391	0.448	0.451	0.471	0.493	0.528	0.488	0.553	0.538	0.474
广元	0.268	0.326	0.301	0.384	0.374	0.344	0.387	0.554	0.652	1.000	0.654	0.618	0.568	0.495
遂宁	0.602	0.544	0.617	0.613	0.485	0.616	0.643	0.695	1.000	1.000	1.000	0.671	0.631	0.701
内江	0.462	0.511	0.532	0.552	0.587	0.657	0.595	0.691	0.644	0.611	0.538	0.573	0.516	0.575
乐山	0.329	0.351	0.360	0.359	0.324	0.330	0.368	0.390	0.515	0.525	0.479	0.499	0.483	0.409
南充	0.506	0.611	0.622	0.723	0.716	0.625	0.513	0.552	0.573	0.595	0.649	0.518	0.438	0.588
眉山	0.308	0.355	0.417	0.323	0.468	0.429	0.429	0.508	0.607	0.708	0.700	0.583	0.549	0.491
宜宾	0.405	0.413	0.495	0.479	0.513	1.000	0.493	0.514	0.533	0.570	0.497	0.554	0.493	0.535
广安	0.446	0.656	0.551	0.624	0.215	0.615	0.598	0.668	1.000	1.000	1.000	0.572	0.647	0.661
达州	0.410	0.434	0.606	0.443	0.439	0.449	0.511	1.000	0.584	0.468	0.400	0.445	0.394	0.506
雅安	1.000	1.000	1.000	0.512	0.553	0.646	1.000	1.000	1.000	1.000	1.000	0.846	0.624	0.860
巴中	1.000	1.000	1.000	1.000	1.000	1.000	1.000	1.000	1.000	1.000	1.000	0.747	0.473	0.940
资阳	0.587	0.650	0.658	0.643	0.614	0.727	1.000	1.000	1.000	1.000	1.000	0.861	0.826	
贵阳	0.331	0.345	0.275	0.392	0.369	0.386	0.378	0.359	0.337	0.387	0.447	0.411	0.370	0.368
安顺	1.000	1.000	0.733	1.000	0.465	0.413	0.407	0.363	0.417	0.388	0.391	0.441	0.398	0.570
昆明	0.653	0.654	0.594	0.507	0.619	0.631	0.591	0.624	0.634	0.633	0.596	0.525	0.539	0.600
曲靖	0.408	1.000	0.494	0.565	0.339	0.346	0.353	1.000	1.000	0.509	0.458	0.480	0.412	0.566
玉溪	1.000	1.000	1.000	1.000	1.000	1.000	1.000	1.000	1.000	1.000	1.000	0.827		0.987
保山	0.656	0.709	0.498	0.633	0.999	0.724	0.558	1.000	1.000	0.816	0.686	0.560	0.495	0.718

续 表

年份城市	2005	2006	2007	2008	2009	2010	2011	2012	2013	2014	2015	2016	2017	均值
昭通	1.000	1.000	1.000	0.769	1.000	0.722	0.648	1.000	1.000	0.778	0.650	0.000	0.496	0.774
丽江	1.000	1.000	1.000	0.654	0.659	1.000	1.000	0.714	1.000	1.000	1.000	0.814	0.686	0.887
思茅	0.506	0.513	0.491	0.463	0.444	0.501	0.497	0.520	0.607	0.622	1.000	0.588	0.529	0.560
临沧	1.000	1.000	1.000	1.000	1.000	1.000	1.000	1.000	1.000	1.000	1.000	0.723	0.787	0.962
西安	0.670	0.630	0.518	0.655	0.679	0.699	0.719	0.652	1.000	1.000	1.000	1.000	1.000	0.786
铜川	0.549	0.471	0.437	0.444	0.548	1.000	1.000	0.537	1.000	1.000	0.664	0.615	0.054	0.640
咸阳	0.231	1.000	1.000	0.438	0.324	0.548	1.000	1.000	1.000	1.000	1.000	1.000	0.386	0.764
延安	1.000	1.000	0.621	0.599	0.549	0.530	0.492	0.482	0.559	0.577	0.609	0.553	0.484	0.620
榆林	0.410	0.438	1.000	0.338	1.000	1.000	0.423	1.000	1.000	0.442	1.000	0.645	0.377	0.698
安康	0.653	0.620	0.575	0.616	0.600	1.000	1.000	1.000	1.000	1.000	0.812	0.818	0.817	0.809
商洛	1.000	1.000	0.670	0.587	0.553	0.540	1.000	1.000	1.000	1.000	1.000	0.691	0.487	0.810
兰州	0.459	0.455	0.429	0.477	0.532	0.516	0.397	0.458	0.504	0.564	0.504	0.559	0.511	0.490
嘉峪关	0.250	0.301	0.310	0.319	0.358	1.000	0.365	0.365	0.341	0.367	0.363	0.245	0.511	0.392
白银	0.237	0.261	0.282	0.298	0.274	0.281	0.306	0.318	0.459	0.374	0.364	0.362	0.747	0.351
武威	1.000	1.000	0.657	0.668	0.651	0.656	1.000	1.000	0.623	0.699	0.810	0.843	0.677	0.791
张掖	0.579	0.575	0.587	0.637	1.000	0.538	0.588	1.000	1.000	0.697	0.552	0.546	0.699	0.692
平凉	1.000	1.000	1.000	1.000	0.487	0.636	0.632	0.519	0.694	0.659	1.000	0.595	0.563	0.753
酒泉	0.570	0.569	0.541	0.516	0.597	0.674	0.571	0.510	1.000	0.590	0.546	0.543	0.502	0.595
庆阳	1.000	1.000	1.000	1.000	1.000	1.000	1.000	1.000	1.000	1.000	1.000	1.000	0.885	0.991
定西	1.000	1.000	1.000	1.000	1.000	1.000	1.000	1.000	1.000	1.000	1.000	0.853	0.715	0.967
西宁	0.279	0.373	0.504	0.305	0.450	0.388	0.400	0.408	0.391	0.413	0.416	0.447	0.427	0.400
银川	0.416	0.417	0.448	0.440	0.452	0.447	0.367	0.507	0.368	0.371	0.326	0.352	0.364	0.406
石嘴山	0.214	0.217	0.277	0.219	0.263	0.233	0.259	0.276	0.321	0.337	0.321	0.307	0.353	0.277
吴忠	0.393	0.446	0.424	0.316	0.349	0.346	0.429	0.418	0.451	0.465	0.432	0.378	0.372	0.401
固原	1.000	1.000	1.000	1.000	1.000	1.000	1.000	1.000	1.000	1.000	1.000	0.761	0.783	0.965
乌鲁木齐	0.575	0.531	0.438	0.468	0.469	0.508	0.539	0.450	0.468	0.489	0.508	0.448	0.438	0.487
克拉玛依	0.420	1.000	1.000	1.000	0.335	1.000	1.000	0.386	1.000	0.378	0.346	0.327	0.571	0.674

2. 城市综合技术效率 TE 评价结果(CCR 模型)

年份城市	2005	2006	2007	2008	2009	2010	2011	2012	2013	2014	2015	2016	2017
北京	1.000	1.000	1.000	1.000	1.000	1.000	1.000	1.000	1.000	1.000	1.000	1.000	1.000
天津	0.797	0.840	1.000	0.951	1.000	1.000	1.000	1.000	1.000	1.000	1.000	1.000	1.000
石家庄	0.575	0.566	0.743	0.598	0.458	0.545	0.575	0.574	0.658	0.903	0.693	0.695	0.797
唐山	0.778	0.709	1.000	0.609	0.585	0.598	0.664	0.609	0.680	0.724	0.786	0.860	0.922
秦皇岛	0.646	0.653	0.872	0.608	0.559	0.657	0.626	0.557	0.624	0.600	0.609	0.617	0.747
邯郸	0.435	0.417	0.695	0.518	0.442	0.458	0.468	0.454	0.498	0.467	0.500	0.633	0.621
邢台	0.431	0.461	0.553	0.350	0.296	0.302	0.390	0.409	0.443	0.477	0.437	0.440	0.441
保定	0.655	0.634	0.709	0.487	0.422	0.543	0.523	0.551	0.575	0.611	0.537	0.579	0.622
张家口	0.632	0.479	0.801	0.394	0.422	0.405	0.409	0.453	0.531	0.536	0.558	0.500	0.626
承德	0.455	0.420	0.489	0.335	0.335	0.316	0.389	0.402	0.377	0.397	0.294	0.370	0.378
沧州	0.474	0.538	0.741	0.574	0.648	0.666	0.604	0.670	0.812	0.808	0.798	0.805	0.838
廊坊	0.457	0.532	0.697	0.497	0.545	0.571	0.478	0.485	0.566	0.694	0.853	0.948	0.657
衡水	0.626	0.598	0.884	0.530	0.564	0.403	0.473	0.497	0.740	0.699	0.671	0.770	0.771
太原	0.775	0.790	0.893	0.759	0.808	0.748	0.806	0.700	0.698	0.700	0.677	0.624	0.849
大同	0.555	0.581	0.812	0.580	0.383	0.581	0.599	0.580	0.602	0.629	0.576	0.568	0.623
阳泉	0.718	0.614	0.814	0.602	0.584	0.486	0.515	0.732	0.632	0.676	0.722	0.624	0.692
长治	1.000	0.772	0.994	0.464	0.711	0.463	0.665	0.738	0.765	0.770	0.790	0.800	0.837
晋城	0.581	0.345	0.734	0.922	0.713	0.626	0.802	0.775	0.775	0.769	0.722	0.749	0.646
运城	1.000	1.000	1.000	0.922	0.947	0.417	0.776	0.731	0.843	0.919	0.866	0.847	0.789
忻州	0.872	0.712	0.838	0.533	0.895	0.483	0.555	0.458	0.710	0.759	0.413	0.497	0.644
临汾	1.000	1.000	1.000	0.742	0.657	0.661	0.789	0.828	0.961	0.872	0.816	0.841	0.743
吕梁	1.000	1.000	0.889	0.614	1.000	1.000	0.692	0.705	0.684	0.788	0.541	0.575	0.442
呼和浩特	1.000	1.000	1.000	1.000	1.000	1.000	1.000	1.000	1.000	1.000	1.000	1.000	1.000
包头	0.798	0.818	1.000	1.000	1.000	1.000	0.933	0.995	1.000	1.000	1.000	1.000	0.999
乌海	0.383	0.532	0.662	0.588	0.739	0.512	0.453	0.748	0.998	0.820	0.714	1.000	0.733
赤峰	0.600	0.710	0.798	0.669	0.658	0.699	0.670	0.631	0.638	0.681	0.722	0.754	0.713
通辽	0.510	0.516	0.802	0.496	0.525	0.582	0.552	0.606	0.726	1.000	0.651	0.765	0.749

续 表

年份 城市	2005	2006	2007	2008	2009	2010	2011	2012	2013	2014	2015	2016	2017
呼伦贝尔	0.731	0.747	0.906	0.713	0.749	0.783	1.000	0.800	0.799	0.818	0.738	0.952	0.697
巴彦淖尔	1.000	1.000	1.000	0.931	0.737	0.787	0.684	0.721	0.724	0.901	0.897	0.973	0.690
乌兰察布	0.631	0.634	0.653	0.523	0.647	0.517	0.432	0.362	0.765	0.600	0.645	0.722	0.452
沈阳	1.000	1.000	1.000	1.000	1.000	1.000	1.000	0.900	1.000	0.984	1.000	1.000	1.000
大连	0.958	0.960	0.994	1.000	1.000	0.984	0.832	0.839	0.940	0.895	0.924	1.000	1.000
鞍山	0.690	0.788	0.784	0.734	0.680	0.692	0.505	0.448	0.494	0.445	0.487	0.698	0.636
抚顺	0.707	0.695	0.764	0.597	0.602	0.553	0.553	0.564	0.620	0.726	0.733	1.000	1.000
本溪	0.448	0.512	0.529	0.453	0.456	0.597	0.449	0.433	0.490	0.462	0.598	0.559	0.730
锦州	0.915	0.874	0.859	0.772	0.880	0.544	0.618	0.595	0.580	0.577	0.789	1.000	0.701
营口	0.394	0.390	0.608	0.572	0.564	0.544	0.541	0.587	0.738	0.707	0.676	0.676	0.721
阜新	0.575	0.569	0.580	0.551	0.571	0.532	0.398	0.374	0.410	0.527	1.000	1.000	0.742
长春	1.000	0.972	0.955	1.000	0.924	0.868	0.899	0.841	0.907	1.000	0.987	1.000	0.995
吉林	0.660	0.684	0.712	0.743	0.770	0.750	0.730	0.727	0.871	0.884	0.977	0.893	1.000
四平	0.745	0.585	0.614	0.698	0.656	0.547	0.420	0.543	0.624	0.589	0.615	0.950	0.821
通化	0.448	0.441	0.461	0.486	0.475	0.527	0.512	0.564	0.653	0.602	0.543	0.419	0.602
白山	0.793	0.673	0.561	0.523	0.631	0.688	0.663	0.611	0.705	0.682	0.572	0.744	0.823
松原	0.672	0.730	0.719	0.822	0.886	1.000	0.931	0.757	0.777	0.658	0.676	0.753	0.542
哈尔滨	1.000	1.000	1.000	0.948	0.994	1.000	0.921	0.917	1.000	1.000	1.000	1.000	1.000
鹤岗	0.674	0.481	0.464	0.435	0.459	0.377	0.403	0.396	0.492	0.735	0.672	0.497	0.564
大庆	1.000	0.961	0.872	0.908	0.825	1.000	1.000	1.000	1.000	1.000	1.000	1.000	0.987
佳木斯	1.000	1.000	1.000	1.000	1.000	1.000	1.000	1.000	0.836	0.756	0.874	0.857	
七台河	0.466	0.478	0.523	0.529	0.476	0.564	0.657	0.414	0.400	0.465	0.489	0.478	0.684
黑河	0.573	0.523	0.603	0.655	0.624	0.508	0.430	0.184	0.242	0.217	0.187	0.310	0.187
绥化	1.000	1.000	0.944	0.839	0.923	0.727	0.765	0.740	0.892	0.944	0.885	0.977	0.970
上海	1.000	1.000	0.933	1.000	1.000	1.000	1.000	1.000	1.000	1.000	1.000	1.000	1.000
南京	0.921	0.923	0.927	0.896	0.825	0.823	0.825	0.826	1.000	0.784	0.842	0.845	0.945

续　表

年份 城市	2005	2006	2007	2008	2009	2010	2011	2012	2013	2014	2015	2016	2017
无锡	1.000	1.000	1.000	0.986	0.997	0.920	0.924	0.939	1.000	0.807	0.806	0.842	0.809
徐州	0.835	0.738	0.890	0.732	0.704	0.868	0.790	0.812	1.000	0.841	0.885	0.903	1.000
常州	0.890	0.911	0.969	1.000	1.000	1.000	0.950	1.000	1.000	1.000	1.000	1.000	1.000
苏州	0.898	0.881	0.920	0.880	0.872	0.908	0.866	0.917	0.851	0.805	0.907	0.938	0.802
南通	0.659	0.660	0.727	0.653	0.820	0.828	0.732	0.821	0.763	0.699	0.652	0.652	0.712
连云港	0.609	0.573	0.578	0.522	0.537	0.589	0.504	0.455	0.560	0.566	0.570	0.638	0.612
淮安	0.778	0.739	0.730	0.638	0.586	0.695	0.645	0.625	0.637	0.638	0.664	0.712	0.911
盐城	0.806	0.767	0.788	0.958	0.819	0.914	0.867	0.811	1.000	0.877	0.966	0.877	0.940
扬州	0.881	0.951	0.922	0.948	0.937	1.000	1.000	1.000	1.000	1.000	1.000	0.998	1.000
镇江	0.591	0.621	0.628	0.625	0.650	0.696	0.676	0.692	0.869	0.887	0.937	0.967	1.000
泰州	0.686	0.709	0.779	0.733	0.732	0.839	0.737	0.716	1.000	0.885	0.862	0.859	0.910
宿迁	1.000	0.837	0.813	0.797	0.790	0.769	0.711	0.737	0.645	0.544	0.562	0.586	0.608
杭州	0.905	0.842	0.803	0.875	0.822	0.807	0.803	0.795	0.957	1.000	1.000	1.000	1.000
宁波	0.910	0.766	0.778	0.749	0.738	0.794	0.760	0.751	0.871	0.832	0.911	0.944	0.935
温州	1.000	1.000	0.935	0.966	1.000	1.000	0.963	1.000	1.000	1.000	1.000	1.000	0.916
嘉兴	0.543	0.640	0.536	0.550	0.559	0.516	0.534	0.528	0.648	0.630	0.632	0.618	0.629
湖州	0.851	0.782	0.759	0.697	0.639	0.708	0.678	0.661	0.784	0.738	0.718	0.695	0.667
绍兴	0.562	0.542	0.614	0.568	0.568	0.587	0.582	0.580	0.639	0.628	0.658	0.623	0.607
金华	0.827	0.900	0.916	0.790	0.865	0.825	0.774	0.781	0.994	0.985	0.952	0.924	0.899
衢州	0.472	0.497	0.499	0.478	0.501	0.528	0.533	0.566	0.612	0.599	0.538	0.618	0.603
舟山	0.894	1.000	0.822	0.825	0.775	0.893	0.887	0.941	1.000	1.000	1.000	1.000	0.981
台州	1.000	1.000	0.854	0.867	0.864	0.913	0.832	0.847	0.816	0.808	0.780	0.741	0.720
丽水	0.740	0.733	0.742	0.694	0.656	0.813	0.806	0.829	0.940	0.955	0.878	0.806	0.726
合肥	0.974	0.949	0.970	0.969	1.000	1.000	0.795	0.757	0.803	0.757	0.777	0.830	0.708
芜湖	0.666	0.789	0.665	0.655	0.671	0.765	0.681	0.636	0.616	0.641	0.681	0.659	0.695
蚌埠	0.603	0.660	0.554	0.668	0.606	0.636	0.611	0.527	0.545	0.544	0.568	0.566	0.619
淮南	0.450	0.390	0.354	0.482	0.440	0.455	0.432	0.475	0.457	0.479	0.451	0.471	0.531
马鞍山	0.519	0.560	0.704	0.519	0.503	0.588	0.580	0.624	1.000	0.601	0.610	0.619	0.718

续 表

年份 城市	2005	2006	2007	2008	2009	2010	2011	2012	2013	2014	2015	2016	2017
淮北	0.548	0.483	0.525	0.575	0.530	0.615	0.538	0.572	0.606	0.615	0.530	0.576	0.749
铜陵	0.581	0.717	0.676	0.523	0.576	0.604	0.625	0.597	0.548	0.581	0.648	0.619	0.697
安庆	0.754	0.642	0.593	0.549	0.548	0.575	0.550	0.566	0.523	0.527	0.621	0.592	0.569
黄山	0.779	0.877	0.899	0.807	0.769	0.735	0.632	0.592	0.616	0.728	0.691	0.674	0.723
滁州	0.529	0.553	0.505	0.503	0.471	0.579	0.508	0.543	0.711	0.430	0.536	0.499	0.477
阜阳	0.673	0.748	0.681	0.640	0.622	0.600	0.551	0.510	0.538	0.570	0.551	0.502	0.638
六安	0.568	0.418	0.529	0.576	0.521	0.528	0.474	0.595	0.590	0.833	0.687	0.772	0.802
池州	0.597	0.575	0.553	0.571	0.612	0.693	0.650	0.689	0.609	0.563	0.677	0.680	0.707
宣城	1.000	1.000	1.000	1.000	1.000	1.000	0.665	0.615	0.541	1.000	1.000	1.000	0.971
福州	1.000	1.000	1.000	1.000	1.000	1.000	1.000	1.000	1.000	1.000	1.000	1.000	1.000
厦门	0.993	0.971	0.833	0.976	0.911	0.864	0.874	0.867	0.775	0.730	0.717	0.694	0.682
莆田	1.000	0.991	0.984	1.000	1.000	1.000	0.975	1.000	1.000	1.000	0.843	1.000	1.000
三明	0.508	0.546	0.390	0.424	0.444	0.508	0.477	0.468	0.580	0.560	0.571	0.569	0.593
泉州	0.898	0.860	0.704	0.701	0.740	0.695	0.642	0.714	0.739	0.721	0.594	0.718	0.621
漳州	0.781	0.860	0.810	0.676	0.641	0.856	0.757	0.607	0.781	0.673	0.688	0.691	0.629
南平	0.632	0.531	0.434	0.435	0.429	0.426	0.424	0.415	0.623	0.591	0.633	0.690	0.705
龙岩	0.686	0.770	0.557	0.619	0.700	0.754	0.714	0.696	0.803	0.869	0.911	0.878	0.940
宁德	1.000	0.812	0.640	0.653	0.677	0.743	0.777	0.789	0.743	0.696	0.645	0.734	0.762
南昌	0.876	0.945	0.802	0.929	0.748	0.768	0.673	0.686	0.596	0.626	0.690	0.687	0.714
景德镇	0.543	0.628	0.644	0.531	1.000	0.565	0.650	0.687	0.661	0.645	0.602	0.647	0.446
萍乡	0.498	0.489	0.495	0.574	0.581	0.587	0.562	0.603	0.722	0.741	0.764	0.792	0.742
九江	0.580	0.537	0.544	0.663	0.624	0.653	0.684	0.652	1.000	0.691	0.714	0.765	0.690
新余	0.462	0.481	0.408	0.573	0.788	0.920	0.982	0.970	0.921	0.725	0.715	0.749	0.728
鹰潭	0.575	0.607	0.642	0.611	0.632	0.797	0.801	0.703	0.730	0.762	0.665	0.796	0.566
赣州	0.614	0.516	0.463	0.422	0.695	0.573	0.518	0.543	0.601	0.460	0.485	0.490	0.470
吉安	0.551	0.598	0.501	0.493	0.488	0.610	0.461	0.452	0.463	0.428	0.379	0.448	0.328
宜春	0.916	0.835	0.781	0.680	0.625	0.466	0.618	0.578	0.625	0.613	0.608	0.619	0.549
抚州	0.714	0.585	0.559	0.567	0.561	0.644	0.642	0.609	0.607	0.619	0.585	0.654	0.372

续　表

年份 城市	2005	2006	2007	2008	2009	2010	2011	2012	2013	2014	2015	2016	2017
上饶	0.581	0.550	0.519	0.528	0.734	0.606	0.697	0.695	0.787	0.718	0.576	0.615	0.558
济南	1.000	1.000	1.000	1.000	1.000	1.000	0.995	0.993	1.000	1.000	1.000	1.000	1.000
青岛	0.950	0.962	1.000	1.000	0.973	1.000	0.991	0.992	1.000	1.000	1.000	1.000	1.000
淄博	0.699	0.778	0.833	0.783	0.753	0.744	0.663	0.736	0.929	0.903	0.885	0.876	1.000
枣庄	0.496	0.644	0.673	0.689	0.684	0.681	0.626	0.579	0.624	0.597	0.575	0.595	0.946
烟台	1.000	1.000	1.000	1.000	1.000	1.000	0.924	0.936	1.000	0.885	0.844	0.876	0.892
潍坊	0.582	0.626	0.601	0.540	0.624	0.652	0.632	0.531	0.650	0.660	0.700	0.768	0.680
济宁	0.854	0.751	0.832	0.674	0.607	0.629	0.697	0.969	0.751	0.661	0.686	0.619	0.701
威海	0.911	0.905	0.833	0.779	0.783	0.728	0.763	1.000	0.871	0.937	0.959	0.938	1.000
日照	0.715	0.755	0.694	0.785	0.843	0.867	0.985	0.927	1.000	0.923	0.920	1.000	0.880
莱芜	0.735	0.736	0.799	0.912	0.978	0.860	0.859	0.720	0.894	0.840	0.748	0.853	1.000
临沂	0.825	0.846	0.816	0.786	0.767	0.685	0.752	0.673	0.690	0.681	0.784	0.736	0.755
德州	0.558	0.609	0.839	0.673	0.620	0.570	0.552	0.783	1.000	0.642	0.547	0.583	0.970
聊城	0.599	0.615	0.813	0.535	0.576	0.600	0.477	0.462	0.673	0.505	0.656	0.605	0.863
菏泽	0.487	0.442	0.458	0.448	0.514	0.529	0.530	0.736	0.654	0.717	0.536	0.635	0.722
郑州	0.774	0.797	0.904	0.761	0.725	0.634	0.621	0.642	0.763	0.760	0.714	0.728	0.718
洛阳	0.689	0.566	0.554	0.590	0.645	0.615	0.608	0.614	0.673	0.658	0.665	0.629	0.816
安阳	0.546	0.441	0.466	0.346	0.373	0.385	0.446	0.491	0.643	0.566	0.637	0.613	0.684
鹤壁	0.416	0.371	0.402	0.348	0.363	0.401	0.344	0.404	0.411	0.354	0.428	0.445	0.454
新乡	0.494	0.504	0.547	0.388	0.432	0.496	0.474	0.479	0.595	0.576	0.514	0.749	0.698
濮阳	0.486	0.558	0.710	0.559	0.433	0.453	0.422	0.419	0.430	0.401	0.374	0.357	0.376
许昌	0.605	0.599	0.405	0.447	0.514	0.537	0.441	0.489	0.474	0.398	0.399	0.685	0.844
漯河	0.732	0.727	0.728	0.745	0.668	0.710	0.670	0.863	0.811	0.576	0.903	1.000	1.000
三门峡	0.415	0.414	0.496	0.378	0.408	0.380	0.363	0.435	0.529	0.534	0.520	0.798	0.673
南阳	0.611	0.558	0.591	0.607	0.648	0.637	0.590	0.523	0.531	0.563	0.529	0.590	0.708
商丘	0.460	0.401	0.561	0.524	0.353	0.334	0.481	0.606	0.833	0.799	0.844	0.658	0.541
周口	0.683	0.673	0.586	0.601	0.624	0.601	0.631	0.522	0.506	0.519	0.528	0.615	0.716
驻马店	0.560	0.555	0.521	0.477	0.475	0.428	0.423	0.354	0.378	0.356	0.329	0.344	0.411

续　表

年份 城市	2005	2006	2007	2008	2009	2010	2011	2012	2013	2014	2015	2016	2017
武汉	1.000	0.852	0.803	0.868	0.856	0.917	0.866	0.878	0.963	0.969	1.000	1.000	1.000
黄石	0.784	0.668	0.678	0.553	0.493	0.429	0.485	0.532	0.543	0.618	0.531	0.627	0.624
十堰	0.677	0.661	0.758	0.717	0.769	0.698	0.786	0.717	0.717	0.635	0.639	0.680	0.578
宜昌	0.657	0.639	0.641	0.662	0.648	1.000	0.700	0.711	0.785	1.000	0.706	0.688	0.625
襄樊	1.000	0.969	0.803	0.849	0.880	0.841	0.864	0.811	0.805	0.760	0.796	0.777	0.854
鄂州	0.640	0.593	0.461	0.569	0.560	0.530	0.590	0.555	0.894	0.813	0.732	0.748	0.739
荆门	0.548	0.504	0.462	0.452	0.531	0.496	0.465	0.480	0.528	0.492	0.511	0.504	0.573
孝感	0.669	0.683	0.591	0.592	0.956	0.521	0.562	0.499	0.551	0.407	0.427	0.408	0.315
荆州	0.700	0.683	0.606	0.577	1.000	0.542	0.634	0.563	0.717	0.595	0.627	0.622	0.637
黄冈	0.638	0.575	0.610	0.623	0.631	0.529	0.629	0.527	0.576	0.566	0.510	0.559	0.344
咸宁	0.617	0.548	0.449	0.447	0.434	0.393	0.771	0.430	0.529	0.436	0.428	0.460	0.431
随州	1.000	1.000	1.000	1.000	0.808	0.735	0.846	0.860	0.895	0.807	0.862	0.866	0.958
长沙	1.000	1.000	1.000	1.000	1.000	1.000	1.000	1.000	1.000	1.000	1.000	1.000	1.000
株洲	0.600	0.535	0.565	0.548	0.518	0.588	0.583	0.597	0.585	0.659	0.603	0.583	0.583
湘潭	0.643	0.492	0.590	0.430	0.511	0.492	0.511	0.546	0.660	0.640	0.684	0.680	0.803
衡阳	0.564	0.576	0.647	0.405	0.482	0.423	0.433	0.433	0.501	0.468	0.581	0.628	0.650
邵阳	0.716	0.659	0.605	0.579	0.566	1.000	0.594	0.607	0.534	0.560	0.557	0.589	0.405
岳阳	0.943	0.982	0.640	0.722	0.719	0.821	0.789	0.917	0.859	0.857	0.935	0.885	0.929
常德	1.000	1.000	1.000	1.000	1.000	1.000	1.000	1.000	1.000	1.000	1.000	1.000	1.000
张家界	0.869	1.000	0.837	0.944	0.591	0.824	0.833	0.826	0.841	0.706	0.749	1.000	1.000
益阳	0.630	0.538	0.605	0.579	0.604	0.623	0.666	0.672	0.620	0.640	0.683	0.903	0.677
郴州	0.896	0.921	0.860	0.894	0.728	0.612	0.753	0.717	0.792	0.804	0.910	0.789	0.812
永州	0.632	0.595	0.499	0.504	0.478	0.525	0.516	0.615	0.547	0.561	0.587	0.635	0.563
怀化	0.637	0.664	0.589	0.483	0.402	0.481	0.599	0.606	0.660	0.730	0.696	0.788	0.769
娄底	0.466	0.546	0.599	0.453	0.355	0.452	0.772	0.473	0.489	0.454	0.549	0.473	0.458
广州	1.000	1.000	1.000	1.000	1.000	1.000	1.000	1.000	1.000	1.000	1.000	1.000	1.000
韶关	0.730	0.723	0.865	0.682	0.753	0.745	0.684	0.685	0.704	0.715	0.698	0.701	0.605
深圳	1.000	1.000	1.000	1.000	1.000	1.000	1.000	1.000	1.000	1.000	1.000	1.000	1.000

续　表

年份 城市	2005	2006	2007	2008	2009	2010	2011	2012	2013	2014	2015	2016	2017
珠海	0.841	0.829	0.719	0.794	0.788	0.755	0.738	0.717	0.766	0.763	0.802	0.784	0.752
汕头	1.000	1.000	1.000	1.000	1.000	1.000	1.000	1.000	1.000	0.964	1.000	1.000	0.996
湛江	0.762	1.000	1.000	1.000	0.963	1.000	1.000	1.000	1.000	1.000	1.000	0.995	1.000
茂名	1.000	1.000	1.000	1.000	1.000	1.000	1.000	1.000	1.000	1.000	1.000	1.000	0.971
惠州	0.782	0.705	0.634	0.600	0.594	0.610	0.555	0.548	0.553	0.571	0.587	0.570	0.493
梅州	0.774	0.909	0.545	0.509	1.000	0.691	0.786	0.878	1.000	0.881	0.700	0.675	0.681
阳江	1.000	1.000	1.000	1.000	0.838	0.788	1.000	0.927	0.942	0.812	0.797	0.856	0.814
清远	0.574	0.631	0.624	0.655	0.565	0.598	0.599	0.617	0.609	0.645	0.576	0.649	0.622
东莞	1.000	1.000	1.000	1.000	1.000	1.000	1.000	1.000	1.000	0.760	0.916	0.851	0.784
中山	1.000	1.000	1.000	1.000	1.000	1.000	1.000	1.000	1.000	1.000	1.000	1.000	0.996
云浮	0.443	0.478	0.413	0.418	0.470	0.454	0.512	0.356	0.408	1.000	0.918	0.530	0.550
南宁	0.845	0.764	0.756	0.797	1.000	0.712	0.737	0.708	0.730	0.713	0.691	0.658	0.779
北海	0.654	0.776	0.777	0.745	0.620	0.891	0.918	0.733	0.851	1.000	0.965	0.908	1.000
防城港	0.602	0.613	0.570	0.726	0.648	0.757	0.682	0.613	0.706	0.797	0.796	0.842	1.000
贵港	0.651	0.644	0.572	0.548	0.518	0.521	0.586	0.602	0.629	0.639	0.692	0.701	0.724
玉林	0.759	0.686	0.660	0.600	0.567	0.620	0.737	0.726	0.781	0.786	0.758	0.757	0.801
贺州	0.524	0.517	0.562	0.577	0.545	0.536	0.567	0.565	0.597	0.611	0.753	0.685	0.610
河池	0.508	0.494	0.440	0.534	0.377	1.000	0.365	0.452	0.435	1.000	1.000	1.000	0.456
来宾	0.952	0.808	0.534	0.510	0.486	0.498	0.645	0.544	0.580	0.557	0.587	0.644	0.545
海口	1.000	1.000	1.000	1.000	1.000	1.000	1.000	1.000	1.000	0.868	1.000	1.000
三亚	0.895	1.000	1.000	1.000	1.000	1.000	1.000	1.000	1.000	1.000	1.000	1.000	1.000
重庆	0.680	0.631	0.547	0.588	0.649	0.696	0.716	0.687	0.684	0.700	0.689	0.732	0.834
成都	0.877	1.000	1.000	1.000	0.856	0.868	0.876	0.841	0.889	1.000	0.970	0.917	0.810
自贡	0.944	0.926	1.000	0.794	0.756	0.820	0.898	0.771	0.948	1.000	0.973	1.000	0.968
攀枝花	0.698	0.581	0.534	0.550	0.491	0.516	0.471	0.470	0.504	0.505	0.529	0.554	0.515
泸州	0.630	0.611	0.555	0.615	0.590	0.583	0.596	0.622	0.578	0.606	0.629	0.586	0.687
德阳	0.569	0.613	0.548	0.573	0.482	0.549	0.654	0.573	0.583	0.579	0.527	0.620	0.537
绵阳	0.662	0.691	0.672	0.635	0.575	0.597	0.597	0.638	0.611	0.651	0.579	0.660	0.637

续　表

年份 城市	2005	2006	2007	2008	2009	2010	2011	2012	2013	2014	2015	2016	2017
广元	0.468	0.451	0.434	0.467	0.415	0.391	0.431	0.595	0.599	0.731	0.653	0.659	0.686
遂宁	0.721	0.603	0.704	0.847	0.673	0.888	0.770	0.708	0.771	0.777	0.641	0.732	0.710
内江	0.769	0.707	0.725	0.722	0.771	0.890	0.752	0.825	0.772	0.675	0.709	0.712	0.641
乐山	0.588	0.511	0.572	0.508	0.445	0.422	0.488	0.497	0.737	0.669	0.644	0.667	0.648
南充	0.690	0.777	0.738	0.747	0.846	0.700	0.649	0.642	0.626	0.656	0.658	0.583	0.539
眉山	0.511	0.526	0.514	0.507	0.598	0.552	0.531	0.626	0.696	0.677	0.820	0.743	0.686
宜宾	0.659	0.624	0.717	0.685	0.747	0.826	0.660	0.685	0.709	0.676	0.620	0.698	0.669
广安	0.738	0.776	0.714	0.764	0.759	0.863	0.780	0.816	0.802	0.747	0.727	0.784	0.782
达州	0.589	0.559	0.506	0.512	0.466	0.447	0.477	0.631	0.531	0.582	0.495	0.551	0.509
雅安	0.649	0.817	0.836	0.468	0.428	0.531	0.737	0.610	0.609	0.622	0.615	0.671	0.587
巴中	1.000	1.000	0.867	0.792	0.800	0.981	0.974	0.901	0.634	1.000	0.948	0.657	0.545
资阳	0.783	0.756	0.740	0.780	0.774	0.925	1.000	1.000	1.000	1.000	1.000	1.000	0.889
贵阳	0.514	0.526	0.500	0.572	0.554	0.523	0.567	0.517	0.540	0.537	0.594	0.558	0.499
安顺	1.000	1.000	0.768	0.997	0.578	0.479	0.372	0.305	0.421	0.436	0.526	0.693	0.769
昆明	0.849	0.952	0.924	0.710	0.778	0.882	0.862	0.893	0.902	0.893	0.895	0.676	0.723
曲靖	0.720	1.000	0.877	0.932	0.655	0.604	0.715	1.000	1.000	0.703	0.661	0.708	0.772
玉溪	1.000	1.000	1.000	1.000	1.000	1.000	1.000	1.000	1.000	1.000	1.000	1.000	0.977
保山	0.707	0.735	0.669	0.659	0.666	0.699	0.582	0.759	0.734	0.633	0.611	0.649	0.523
昭通	1.000	1.000	0.896	0.708	0.722	0.779	0.601	0.699	0.742	0.667	0.677	0.721	0.597
丽江	0.485	0.475	0.493	0.467	0.401	0.490	0.508	0.450	0.534	0.444	0.567	0.589	0.396
思茅	0.675	0.504	0.468	0.407	0.355	0.454	0.499	0.525	0.491	0.394	0.430	0.447	0.367
临沧	0.963	0.923	0.804	0.723	0.694	0.511	0.549	0.631	0.683	0.476	0.697	0.673	0.620
西安	0.929	0.966	0.902	0.921	0.915	0.938	0.986	0.949	1.000	1.000	1.000	1.000	1.000
铜川	0.768	0.601	0.596	0.534	0.904	1.000	0.976	0.915	1.000	1.000	0.880	0.843	0.685
咸阳	0.438	1.000	1.000	0.851	0.742	0.859	0.933	1.000	1.000	1.000	1.000	1.000	0.606
延安	1.000	1.000	0.897	0.733	0.677	0.729	0.604	0.614	0.670	0.638	0.628	0.633	0.673
榆林	0.747	0.792	0.897	0.558	1.000	1.000	0.855	1.000	1.000	0.923	0.977	0.943	0.850
安康	0.702	0.648	0.580	0.586	0.670	0.690	0.841	0.841	0.767	0.927	0.863	0.864	0.773

续　表

年份 城市	2005	2006	2007	2008	2009	2010	2011	2012	2013	2014	2015	2016	2017
商洛	0.746	0.729	0.607	0.599	0.789	0.663	0.737	0.783	0.787	0.801	0.810	0.663	0.490
兰州	0.688	0.686	0.689	0.653	0.790	0.698	0.534	0.619	0.654	0.854	0.681	0.680	0.663
嘉峪关	0.387	0.444	0.533	0.527	0.698	0.658	0.663	0.690	0.494	0.465	0.380	0.314	0.566
白银	0.463	0.474	0.454	0.487	0.400	0.405	0.383	0.422	0.514	0.443	0.437	0.467	0.508
武威	1.000	1.000	0.781	0.746	0.648	0.672	0.946	0.965	0.683	0.755	0.710	0.761	0.632
张掖	0.637	0.670	0.693	0.683	0.804	0.558	0.423	1.000	1.000	0.583	0.444	0.530	0.472
平凉	1.000	0.914	1.000	0.759	0.622	0.600	0.600	0.488	0.514	0.546	0.602	0.472	0.408
酒泉	0.528	0.558	0.594	0.495	0.710	0.809	0.682	0.634	0.708	0.515	0.440	0.499	0.447
庆阳	0.759	1.000	1.000	1.000	1.000	1.000	1.000	1.000	1.000	0.939	1.000	1.000	0.992
定西	1.000	0.990	0.831	0.699	1.000	0.998	1.000	1.000	1.000	0.759	0.787	0.858	0.481
西宁	0.522	0.651	0.709	0.524	0.664	0.510	0.533	0.542	0.519	0.561	0.586	0.593	0.650
银川	0.565	0.560	0.621	0.594	0.691	0.615	0.538	0.785	0.486	0.527	0.500	0.571	0.537
石嘴山	0.358	0.362	0.431	0.415	0.510	0.428	0.509	0.490	0.549	0.446	0.555	0.609	0.617
吴忠	0.463	0.452	0.334	0.314	0.326	0.291	0.356	0.409	0.396	0.388	0.482	0.459	0.540
固原	0.648	0.764	0.633	0.605	0.706	0.652	0.663	0.484	0.565	0.538	0.516	0.667	0.579
乌鲁木齐	0.867	0.823	0.761	0.697	0.753	0.729	0.851	0.632	0.640	0.694	0.718	0.622	0.666
克拉玛依	0.978	1.000	1.000	1.000	0.792	1.000	1.000	0.907	0.866	0.806	0.623	0.690	0.728

3. 城市纯技术效率 PTE 评价结果（BCC 模型）

年份 城市	2005	2006	2007	2008	2009	2010	2011	2012	2013	2014	2015	2016	2017
北京	1.000	1.000	1.000	1.000	1.000	1.000	1.000	1.000	1.000	1.000	1.000	1.000	1.000
天津	1.000	1.000	1.000	1.000	1.000	1.000	1.000	1.000	1.000	1.000	1.000	1.000	1.000
石家庄	0.579	0.572	0.755	0.605	0.482	0.545	0.579	0.586	0.664	0.958	0.703	0.713	0.797
唐山	0.825	0.853	1.000	0.745	0.635	0.652	0.706	0.627	0.686	0.728	0.788	0.883	0.939
秦皇岛	0.652	0.653	1.000	0.625	0.581	0.689	0.678	0.625	0.681	0.672	0.638	0.664	0.848
邯郸	0.442	0.433	0.740	0.524	0.456	0.478	0.505	0.508	0.546	0.524	0.556	0.635	0.662

续　表

年份 城市	2005	2006	2007	2008	2009	2010	2011	2012	2013	2014	2015	2016	2017
邢台	0.444	0.482	0.668	0.407	0.361	0.417	0.531	0.513	0.542	0.537	0.541	0.536	0.559
保定	0.663	0.634	0.842	0.499	0.424	0.550	0.527	0.556	0.585	0.624	0.561	0.588	0.655
张家口	0.645	0.479	0.882	0.439	0.452	0.445	0.499	0.541	0.612	0.623	0.661	0.598	0.723
承德	0.465	0.423	0.771	0.385	0.404	0.383	0.499	0.510	0.483	0.565	0.479	0.496	0.462
沧州	0.488	0.555	1.000	0.588	0.674	0.669	0.628	0.691	0.839	0.814	0.799	0.811	0.886
廊坊	0.462	0.537	1.000	0.521	0.561	0.605	0.531	0.573	0.631	0.755	0.861	0.959	0.755
衡水	0.641	0.611	1.000	0.593	0.600	0.585	0.658	0.712	0.829	0.894	0.876	0.806	0.920
太原	0.784	0.810	0.916	0.773	0.820	0.764	0.827	0.704	0.710	0.717	0.695	0.651	0.951
大同	0.557	0.582	0.864	0.629	0.416	0.581	0.599	0.601	0.645	0.677	0.638	0.643	0.782
阳泉	0.747	0.687	1.000	0.772	0.800	0.667	0.705	0.973	0.854	0.895	0.918	0.894	1.000
长治	1.000	0.867	1.000	0.591	0.804	0.539	0.793	0.803	0.865	0.887	0.900	0.926	1.000
晋城	0.635	0.434	1.000	0.995	0.732	0.673	0.852	0.835	0.861	0.874	0.885	0.877	0.952
运城	1.000	1.000	1.000	0.996	0.953	0.557	0.905	0.870	1.000	1.000	1.000	0.932	0.998
忻州	1.000	0.836	1.000	0.784	0.968	0.687	0.852	0.774	0.993	1.000	0.832	0.897	0.934
临汾	1.000	1.000	1.000	0.845	0.711	0.680	0.879	0.895	1.000	0.978	0.978	0.983	0.968
吕梁	1.000	1.000	1.000	0.925	1.000	1.000	1.000	1.000	1.000	1.000	0.968	1.000	0.872
呼和浩特	1.000	1.000	1.000	1.000	1.000	1.000	1.000	1.000	1.000	1.000	1.000	1.000	1.000
包头	0.801	0.821	1.000	1.000	1.000	1.000	0.938	0.996	1.000	1.000	1.000	1.000	1.000
乌海	0.506	0.651	1.000	0.717	0.803	0.552	0.513	0.838	1.000	0.968	0.858	1.000	1.000
赤峰	0.620	0.714	0.895	0.708	0.691	0.735	0.696	0.686	0.713	0.747	0.781	0.798	0.812
通辽	0.630	0.609	1.000	0.575	0.580	0.631	0.626	0.660	0.847	1.000	0.801	0.905	0.895
呼伦贝尔	0.757	0.803	1.000	0.836	0.903	0.990	1.000	1.000	0.897	0.863	0.813	0.988	0.869
巴彦淖尔	1.000	1.000	1.000	1.000	0.805	0.832	0.730	0.816	0.923	0.989	1.000	1.000	0.965
乌兰察布	0.763	0.745	1.000	0.711	0.773	0.768	0.664	0.616	0.964	0.876	0.916	1.000	0.764
沈阳	1.000	1.000	1.000	1.000	1.000	1.000	1.000	1.000	1.000	1.000	1.000	1.000	1.000

续　表

年份城市	2005	2006	2007	2008	2009	2010	2011	2012	2013	2014	2015	2016	2017
大连	0.983	0.977	1.000	1.000	1.000	0.985	0.911	0.927	0.952	0.963	0.975	1.000	1.000
鞍山	0.695	0.834	0.845	0.753	0.689	0.700	0.507	0.475	0.547	0.497	0.555	0.753	0.701
抚顺	0.708	0.696	0.782	0.610	0.637	0.569	0.583	0.601	0.676	0.789	0.814	1.000	1.000
本溪	0.448	0.514	0.622	0.453	0.469	0.607	0.463	0.511	0.606	0.569	0.664	0.646	0.873
锦州	0.931	0.880	0.973	0.809	0.893	0.583	0.688	0.684	0.717	0.718	0.936	1.000	0.978
营口	0.397	0.444	0.722	0.577	0.587	0.552	0.557	0.599	0.770	0.724	0.747	0.711	0.829
阜新	0.682	0.690	0.867	0.640	0.666	0.650	0.502	0.480	0.542	0.644	1.000	1.000	1.000
长春	1.000	0.973	0.970	1.000	0.924	0.893	0.925	0.878	0.921	1.000	0.989	1.000	1.000
吉林	0.687	0.703	0.716	0.767	0.802	0.750	0.739	0.745	0.890	0.887	0.997	0.895	1.000
四平	0.775	0.720	0.871	0.827	0.745	0.617	0.586	0.699	0.810	0.795	0.792	1.000	0.988
通化	0.487	0.490	0.661	0.536	0.554	0.635	0.635	0.696	0.838	0.694	0.712	0.659	0.849
白山	0.825	0.765	0.591	0.570	0.681	0.705	0.825	0.791	0.948	0.933	0.810	0.943	1.000
松原	0.711	0.735	0.726	0.849	0.937	1.000	0.960	0.834	1.000	0.810	0.851	0.958	0.802
哈尔滨	1.000	1.000	1.000	0.948	0.995	1.000	0.926	0.947	1.000	1.000	1.000	1.000	1.000
鹤岗	0.709	0.495	0.527	0.539	0.545	0.494	0.614	0.604	0.982	1.000	1.000	1.000	1.000
大庆	1.000	0.985	0.939	0.963	0.868	1.000	1.000	1.000	1.000	1.000	1.000	1.000	1.000
佳木斯	1.000	1.000	1.000	1.000	1.000	1.000	1.000	1.000	1.000	1.000	1.000	1.000	1.000
七台河	0.481	0.502	0.603	0.577	0.502	0.574	0.820	0.693	0.982	0.902	1.000	0.921	1.000
黑河	1.000	1.000	1.000	1.000	1.000	1.000	1.000	1.000	1.000	1.000	1.000	1.000	1.000
绥化	1.000	1.000	1.000	1.000	1.000	1.000	1.000	1.000	1.000	1.000	1.000	1.000	1.000
上海	1.000	1.000	1.000	1.000	1.000	1.000	1.000	1.000	1.000	1.000	1.000	1.000	1.000
南京	0.991	0.996	1.000	0.991	0.937	0.900	0.969	0.974	1.000	0.820	0.856	0.867	0.957
无锡	1.000	1.000	1.000	1.000	1.000	0.971	1.000	1.000	1.000	0.814	0.852	0.866	0.812
徐州	0.871	0.805	0.897	0.786	0.711	0.869	0.808	0.815	1.000	0.842	0.890	0.936	1.000
常州	0.913	0.937	0.969	1.000	1.000	1.000	0.978	1.000	1.000	1.000	1.000	1.000	1.000
苏州	1.000	0.984	0.935	1.000	1.000	1.000	1.000	1.000	0.949	0.811	0.919	0.938	0.802
南通	0.660	0.661	0.768	0.664	0.832	0.831	0.734	0.823	0.787	0.712	0.661	0.665	0.716
连云港	0.620	0.581	0.637	0.531	0.555	0.594	0.538	0.492	0.658	0.593	0.585	0.640	0.649

续　表

年份 城市	2005	2006	2007	2008	2009	2010	2011	2012	2013	2014	2015	2016	2017
淮安	0.785	0.743	0.746	0.646	0.590	0.705	0.656	0.648	0.713	0.662	0.690	0.752	0.912
盐城	0.816	0.767	0.789	0.986	0.830	0.916	0.872	0.813	1.000	0.889	1.000	0.878	0.948
扬州	0.911	0.960	0.942	0.952	0.943	1.000	1.000	1.000	1.000	1.000	1.000	1.000	1.000
镇江	0.598	0.622	0.647	0.627	0.651	0.708	0.691	0.708	0.882	0.910	0.939	0.969	1.000
泰州	0.691	0.712	0.944	0.737	0.746	0.844	0.759	0.755	1.000	0.904	0.902	0.889	0.911
宿迁	1.000	0.839	0.856	0.818	0.851	0.776	0.760	0.799	0.863	0.649	0.643	0.675	0.641
杭州	0.951	0.896	0.862	0.894	0.837	0.829	0.835	0.806	1.000	1.000	1.000	1.000	1.000
宁波	0.997	0.830	0.810	0.792	0.793	0.804	0.767	0.761	0.878	0.854	0.913	0.944	0.937
温州	1.000	1.000	0.975	0.967	1.000	1.000	0.964	1.000	1.000	1.000	1.000	1.000	0.949
嘉兴	0.549	0.650	0.548	0.566	0.570	0.531	0.566	0.567	0.697	0.696	0.698	0.698	0.661
湖州	0.851	0.783	0.773	0.722	0.675	0.720	0.716	0.708	0.827	0.789	0.770	0.759	0.740
绍兴	0.567	0.545	0.692	0.590	0.600	0.604	0.628	0.626	0.653	0.657	0.669	0.655	0.625
金华	0.843	0.901	0.920	0.808	0.885	0.866	0.844	0.858	1.000	1.000	0.991	0.951	0.941
衢州	0.480	0.530	0.579	0.532	0.560	0.593	0.605	0.653	0.757	0.701	0.627	0.728	0.748
舟山	0.894	1.000	0.856	0.840	0.806	0.895	0.890	0.973	1.000	1.000	1.000	1.000	1.000
台州	1.000	1.000	0.868	0.870	0.879	0.936	0.858	0.877	0.847	0.840	0.808	0.783	0.778
丽水	0.824	0.848	0.983	0.848	0.851	0.954	1.000	1.000	1.000	1.000	1.000	1.000	1.000
合肥	0.980	0.951	1.000	0.986	1.000	1.000	0.887	0.790	0.841	0.812	0.794	0.832	0.716
芜湖	0.666	0.797	0.753	0.656	0.671	0.769	0.690	0.639	0.643	0.675	0.709	0.672	0.696
蚌埠	0.608	0.662	0.789	0.712	0.626	0.662	0.692	0.637	0.645	0.626	0.664	0.659	0.699
淮南	0.454	0.401	0.406	0.501	0.453	0.467	0.469	0.519	0.507	0.544	0.523	0.547	0.659
马鞍山	0.563	0.597	0.912	0.520	0.521	0.603	0.595	0.651	1.000	0.678	0.652	0.713	0.741
淮北	0.578	0.494	0.709	0.589	0.548	0.619	0.542	0.590	0.607	0.632	0.593	0.615	0.836
铜陵	0.590	0.727	1.000	0.575	0.627	0.645	0.647	0.662	0.724	0.705	0.724	0.739	0.768
安庆	0.767	0.664	0.722	0.606	0.601	0.616	0.631	0.703	0.679	0.650	0.713	0.674	0.684
黄山	0.820	0.979	1.000	1.000	1.000	1.000	1.000	1.000	1.000	1.000	1.000	1.000	1.000
滁州	0.556	0.621	0.670	0.571	0.604	0.634	0.601	0.656	0.909	0.597	0.695	0.607	0.638
阜阳	0.717	0.785	0.771	0.682	0.657	0.660	0.617	0.619	0.684	0.665	0.664	0.563	0.735

续　表

年份城市	2005	2006	2007	2008	2009	2010	2011	2012	2013	2014	2015	2016	2017
六安	0.570	0.504	0.679	0.622	0.582	0.629	0.507	0.702	0.711	1.000	0.849	1.000	0.954
池州	0.943	0.892	0.766	0.772	0.869	0.829	0.819	0.921	0.937	0.896	0.988	1.000	0.942
宣城	1.000	1.000	1.000	1.000	1.000	1.000	0.716	0.720	0.783	1.000	1.000	1.000	1.000
福州	1.000	1.000	1.000	1.000	1.000	1.000	1.000	1.000	1.000	1.000	1.000	1.000	1.000
厦门	1.000	0.972	0.854	1.000	0.947	0.934	0.940	0.956	0.803	0.757	0.775	0.815	0.754
莆田	1.000	1.000	1.000	1.000	1.000	1.000	0.998	1.000	1.000	1.000	0.996	1.000	1.000
三明	0.722	0.686	0.531	0.587	0.645	0.646	0.698	0.663	0.902	0.823	0.785	0.866	0.894
泉州	0.899	0.866	0.724	0.710	0.747	0.697	0.674	0.715	0.743	0.726	0.604	0.733	0.644
漳州	0.798	0.884	1.000	0.746	0.685	0.903	0.768	0.699	0.888	0.795	0.774	0.806	0.763
南平	0.852	0.718	0.553	0.571	0.619	0.629	0.733	0.767	0.970	0.945	0.816	0.972	0.851
龙岩	0.735	0.806	0.598	0.681	0.750	0.832	0.777	0.780	1.000	1.000	1.000	1.000	1.000
宁德	1.000	1.000	0.785	0.916	1.000	1.000	1.000	1.000	1.000	0.942	0.947	0.931	
南昌	0.947	0.947	0.891	0.953	0.762	0.775	0.686	0.700	0.615	0.635	0.691	0.690	0.732
景德镇	0.557	0.629	0.868	0.589	1.000	0.590	0.705	0.784	0.747	0.741	0.660	0.712	0.685
萍乡	0.543	0.573	0.651	0.650	0.672	0.650	0.623	0.658	0.846	0.830	0.887	0.883	0.907
九江	0.580	0.546	0.660	0.664	0.635	0.671	0.708	0.682	1.000	0.723	0.733	0.783	0.738
新余	0.493	0.514	0.504	0.582	0.829	1.000	1.000	1.000	1.000	0.820	0.802	0.828	0.803
鹰潭	0.702	0.821	1.000	0.905	0.979	1.000	1.000	1.000	1.000	1.000	1.000	1.000	0.960
赣州	0.647	0.592	0.791	0.481	0.747	0.649	0.553	0.607	0.640	0.511	0.505	0.531	0.510
吉安	0.608	0.651	0.775	0.631	0.724	0.787	0.665	0.679	0.689	0.636	0.615	0.632	0.555
宜春	0.952	0.877	0.854	0.751	0.742	0.536	0.703	0.687	0.753	0.754	0.720	0.720	0.714
抚州	0.750	0.667	0.640	0.629	0.640	0.676	0.729	0.733	0.745	0.768	0.746	0.756	0.552
上饶	0.725	0.737	0.944	0.687	0.830	0.627	0.789	0.785	0.957	0.968	0.652	0.692	0.741
济南	1.000	1.000	1.000	1.000	1.000	1.000	1.000	1.000	1.000	1.000	1.000	1.000	1.000
青岛	1.000	1.000	1.000	1.000	1.000	1.000	1.000	1.000	1.000	1.000	1.000	1.000	1.000
淄博	0.726	0.789	0.847	0.808	0.788	0.783	0.701	0.773	0.929	0.905	0.889	0.893	1.000
枣庄	0.549	0.660	0.723	0.745	0.684	0.685	0.642	0.590	0.636	0.604	0.600	0.603	0.951
烟台	1.000	1.000	1.000	1.000	1.000	1.000	1.000	1.000	0.913	0.847	0.876	0.902	

续 表

年份城市	2005	2006	2007	2008	2009	2010	2011	2012	2013	2014	2015	2016	2017
潍坊	0.589	0.628	0.605	0.541	0.627	0.652	0.651	0.554	0.675	0.671	0.711	0.769	0.696
济宁	0.864	0.760	0.836	0.681	0.615	0.634	0.716	0.971	0.765	0.674	0.687	0.623	0.730
威海	0.923	0.919	0.900	0.782	0.795	0.729	0.768	1.000	0.920	0.938	0.988	0.939	1.000
日照	0.723	0.788	0.725	0.785	0.848	0.906	0.998	0.948	1.000	0.963	0.974	1.000	0.914
莱芜	0.762	0.776	0.822	0.924	0.989	0.861	0.880	0.729	0.894	0.860	0.762	0.858	1.000
临沂	0.829	0.850	0.819	0.790	0.773	0.685	0.754	0.675	0.702	0.688	0.789	0.743	0.758
德州	0.560	0.622	0.875	0.714	0.651	0.589	0.598	0.840	1.000	0.676	0.572	0.605	0.988
聊城	0.602	0.618	0.866	0.560	0.598	0.689	0.562	0.545	0.865	0.587	0.730	0.663	0.909
菏泽	0.526	0.487	0.501	0.508	0.587	0.583	0.632	0.834	0.717	0.768	0.671	0.680	0.761
郑州	0.788	0.856	0.921	0.829	0.769	0.719	0.696	0.682	0.764	0.798	0.766	0.773	0.721
洛阳	0.698	0.567	0.580	0.596	0.655	0.616	0.614	0.614	0.677	0.678	0.665	0.630	0.836
安阳	0.546	0.444	0.501	0.401	0.419	0.434	0.534	0.529	0.658	0.618	0.729	0.728	0.770
鹤壁	0.481	0.417	0.621	0.397	0.417	0.474	0.433	0.502	0.535	0.529	0.551	0.591	0.731
新乡	0.495	0.504	0.628	0.408	0.465	0.521	0.522	0.530	0.638	0.616	0.554	0.761	0.760
濮阳	0.510	0.580	0.976	0.588	0.520	0.517	0.491	0.557	0.624	0.581	0.573	0.805	0.940
许昌	0.605	0.613	1.000	0.516	0.576	0.610	0.528	0.582	0.567	0.539	0.556	0.704	0.862
漯河	0.734	0.738	0.805	0.770	0.697	0.776	0.734	0.955	0.856	0.746	1.000	1.000	1.000
三门峡	0.563	0.539	0.719	0.591	0.592	0.649	0.686	0.627	0.804	0.875	0.830	0.876	0.831
南阳	0.611	0.577	0.609	0.620	0.657	0.662	0.618	0.554	0.567	0.601	0.579	0.680	0.765
商丘	0.506	0.489	0.608	0.587	0.411	0.424	0.612	0.689	0.891	0.898	0.942	0.852	0.601
周口	0.729	0.680	1.000	0.683	0.685	0.715	0.677	0.718	0.684	0.719	0.754	0.886	0.977
驻马店	0.561	0.568	0.750	0.516	0.549	0.532	0.588	0.500	0.504	0.516	0.508	0.570	0.677
武汉	1.000	0.924	0.834	0.912	0.915	0.919	0.938	0.941	0.963	0.995	1.000	1.000	1.000
黄石	0.784	0.700	0.884	0.610	0.559	0.517	0.538	0.611	0.630	0.692	0.616	0.721	0.726
十堰	0.678	0.672	0.844	0.768	0.806	0.778	0.873	0.834	0.829	0.711	0.765	0.779	0.767
宜昌	0.657	0.654	0.654	0.682	0.672	1.000	0.708	0.730	0.799	1.000	0.718	0.692	0.657
襄樊	1.000	0.982	0.816	0.854	0.883	0.846	0.872	0.816	0.813	0.762	0.806	0.779	0.873
鄂州	0.724	0.681	0.557	0.641	0.645	0.623	0.594	0.618	0.899	0.829	0.818	0.873	0.921

续 表

年份 城市	2005	2006	2007	2008	2009	2010	2011	2012	2013	2014	2015	2016	2017
荆门	0.553	0.558	0.520	0.527	0.584	0.588	0.565	0.612	0.710	0.679	0.656	0.685	0.702
孝感	0.703	0.730	0.758	0.716	0.969	0.676	0.689	0.692	0.636	0.523	0.525	0.482	0.489
荆州	0.729	0.724	0.628	0.630	1.000	0.584	0.706	0.659	0.833	0.698	0.695	0.756	0.722
黄冈	0.740	0.664	1.000	0.732	0.843	0.599	0.691	0.735	0.830	0.706	0.708	0.786	0.627
咸宁	0.661	0.629	0.646	0.563	0.581	0.500	0.945	0.584	0.701	0.587	0.634	0.619	0.646
随州	1.000	1.000	1.000	1.000	0.882	0.848	1.000	1.000	1.000	0.997	1.000	1.000	1.000
长沙	1.000	1.000	1.000	1.000	1.000	1.000	1.000	1.000	1.000	1.000	1.000	1.000	1.000
株洲	0.601	0.555	0.635	0.557	0.521	0.613	0.622	0.664	0.642	0.716	0.659	0.608	0.627
湘潭	0.661	0.499	0.731	0.452	0.522	0.513	0.539	0.581	0.750	0.710	0.758	0.783	0.871
衡阳	0.568	0.576	0.734	0.448	0.515	0.471	0.452	0.460	0.518	0.510	0.602	0.628	0.709
邵阳	0.737	0.699	1.000	0.643	0.632	1.000	0.744	0.754	0.675	0.736	0.706	0.693	0.572
岳阳	0.945	0.983	0.676	0.747	0.748	0.839	0.838	0.988	0.924	0.897	1.000	0.952	0.997
常德	1.000	1.000	1.000	1.000	1.000	1.000	1.000	1.000	1.000	1.000	1.000	1.000	1.000
张家界	0.999	1.000	0.951	1.000	0.963	0.976	1.000	1.000	1.000	1.000	1.000	1.000	1.000
益阳	0.638	0.571	0.622	0.649	0.646	0.643	0.684	0.701	0.693	0.704	0.773	0.979	0.782
郴州	0.976	0.933	0.865	0.943	0.772	0.656	0.789	0.783	0.851	0.841	0.967	0.879	0.897
永州	0.648	0.644	0.584	0.555	0.530	0.588	0.632	0.713	0.729	0.747	0.735	0.766	0.689
怀化	0.696	0.753	1.000	0.634	0.545	0.694	1.000	0.689	0.783	0.868	0.812	0.859	0.840
娄底	0.482	0.547	0.791	0.608	0.443	0.547	1.000	0.770	0.761	0.652	0.745	0.675	0.689
广州	1.000	1.000	1.000	1.000	1.000	1.000	1.000	1.000	1.000	1.000	1.000	1.000	1.000
韶关	0.731	0.723	0.866	0.701	0.773	0.830	0.754	0.804	0.768	0.750	0.831	0.766	0.754
深圳	1.000	1.000	1.000	1.000	1.000	1.000	1.000	1.000	1.000	1.000	1.000	1.000	1.000
珠海	0.872	0.871	0.783	0.806	0.818	0.790	0.770	0.759	0.849	0.836	0.922	0.935	0.870
汕头	1.000	1.000	1.000	1.000	1.000	1.000	1.000	1.000	0.994	1.000	1.000	1.000	1.000
湛江	0.855	1.000	1.000	1.000	0.963	1.000	1.000	1.000	1.000	1.000	1.000	1.000	1.000
茂名	1.000	1.000	1.000	1.000	1.000	1.000	1.000	1.000	1.000	1.000	1.000	1.000	1.000
惠州	0.832	0.839	0.685	0.630	0.607	0.646	0.562	0.560	0.568	0.587	0.604	0.583	0.539
梅州	0.945	0.995	0.858	0.635	1.000	1.000	1.000	1.000	1.000	0.999	0.896	0.844	0.844

续表

年份 城市	2005	2006	2007	2008	2009	2010	2011	2012	2013	2014	2015	2016	2017
阳江	1.000	1.000	1.000	1.000	0.936	0.880	1.000	1.000	1.000	1.000	0.931	0.960	1.000
清远	0.609	0.756	0.788	0.702	0.630	0.640	0.694	0.731	0.690	0.718	0.644	0.750	0.803
东莞	1.000	1.000	1.000	1.000	1.000	1.000	1.000	1.000	1.000	0.769	0.918	0.855	0.850
中山	1.000	1.000	1.000	1.000	1.000	1.000	1.000	1.000	1.000	1.000	1.000	1.000	1.000
云浮	0.703	0.726	0.774	0.699	0.885	0.810	0.973	0.674	0.779	1.000	1.000	1.000	1.000
南宁	0.872	0.854	0.807	0.821	1.000	0.715	0.741	0.719	0.748	0.723	0.704	0.686	0.819
北海	0.657	0.787	0.874	0.791	0.726	0.909	1.000	0.780	1.000	1.000	1.000	1.000	1.000
防城港	0.816	0.771	0.663	0.878	0.729	0.867	0.748	0.758	1.000	1.000	1.000	1.000	1.000
贵港	0.686	0.674	0.581	0.623	0.565	0.597	0.718	0.793	0.765	0.794	0.811	0.763	0.886
玉林	0.760	0.701	0.733	0.677	0.629	0.636	0.849	0.921	0.953	0.947	0.933	0.896	0.973
贺州	0.599	0.794	0.852	0.768	0.774	0.759	0.721	0.943	1.000	1.000	1.000	1.000	0.998
河池	0.846	0.825	0.831	0.870	0.818	1.000	0.791	1.000	1.000	1.000	1.000	1.000	0.797
来宾	1.000	1.000	0.697	0.685	0.694	0.732	0.820	0.725	0.797	0.920	0.877	0.874	0.912
海口	1.000	1.000	1.000	1.000	1.000	1.000	1.000	1.000	1.000	1.000	1.000	1.000	1.000
三亚	1.000	1.000	1.000	1.000	1.000	1.000	1.000	1.000	1.000	1.000	1.000	1.000	1.000
重庆	0.795	0.739	0.739	0.812	0.812	0.777	0.912	0.849	0.811	0.787	0.774	0.834	0.875
成都	1.000	1.000	1.000	1.000	0.914	0.870	0.920	0.875	0.891	1.000	0.996	1.000	0.810
自贡	0.944	0.937	1.000	0.848	0.786	0.821	0.973	0.863	1.000	1.000	1.000	1.000	1.000
攀枝花	0.736	0.653	0.641	0.658	0.628	0.603	0.589	0.554	0.658	0.665	0.675	0.644	0.665
泸州	0.638	0.651	0.608	0.669	0.632	0.606	0.627	0.667	0.619	0.665	0.711	0.641	0.783
德阳	0.590	0.617	0.852	0.611	0.548	0.637	0.769	0.683	0.697	0.680	0.678	0.718	0.649
绵阳	0.681	0.702	0.710	0.643	0.595	0.598	0.609	0.678	0.652	0.712	0.656	0.702	0.702
广元	0.473	0.473	0.473	0.627	0.573	0.529	0.677	0.853	0.972	1.000	0.979	0.942	0.853
遂宁	0.787	0.712	0.848	0.934	0.733	0.979	0.932	0.955	1.000	1.000	1.000	1.000	0.905
内江	0.812	0.785	0.836	0.811	0.880	0.918	0.856	0.915	0.858	0.834	0.812	0.790	0.797
乐山	0.600	0.550	0.606	0.545	0.459	0.465	0.559	0.584	0.810	0.765	0.736	0.753	0.788
南充	0.695	0.818	0.815	0.870	0.918	0.815	0.732	0.831	0.747	0.806	0.876	0.681	0.653
眉山	0.551	0.600	0.789	0.657	0.703	0.645	0.719	0.831	0.954	0.916	0.967	0.867	0.849

续 表

年份城市	2005	2006	2007	2008	2009	2010	2011	2012	2013	2014	2015	2016	2017
宜宾	0.662	0.672	0.759	0.728	0.799	1.000	0.728	0.709	0.755	0.760	0.708	0.758	0.746
广安	0.776	0.952	0.857	0.963	0.924	0.914	0.894	0.931	1.000	1.000	1.000	0.957	0.994
达州	0.821	0.782	0.854	0.694	0.683	0.726	0.838	1.000	0.874	0.722	0.632	0.621	0.586
雅安	1.000	1.000	1.000	0.797	0.830	0.878	1.000	1.000	1.000	1.000	1.000	1.000	1.000
巴中	1.000	1.000	1.000	1.000	1.000	1.000	1.000	1.000	1.000	1.000	1.000	1.000	0.990
资阳	0.871	0.877	0.915	0.875	0.915	0.944	1.000	1.000	1.000	1.000	1.000	1.000	1.000
贵阳	0.515	0.551	0.517	0.617	0.608	0.580	0.619	0.538	0.568	0.557	0.630	0.586	0.520
安顺	1.000	1.000	0.986	1.000	0.826	0.936	0.692	0.604	0.661	0.642	0.656	0.810	0.886
昆明	0.850	0.953	0.927	0.714	0.780	0.886	0.862	0.941	0.902	0.899	0.897	0.677	0.727
曲靖	0.721	1.000	0.898	0.954	0.735	0.672	0.802	1.000	1.000	0.737	0.693	0.716	0.789
玉溪	1.000	1.000	1.000	1.000	1.000	1.000	1.000	1.000	1.000	1.000	1.000	1.000	1.000
保山	0.815	0.846	0.773	0.888	1.000	0.971	0.886	1.000	1.000	0.996	0.936	0.859	0.793
昭通	1.000	1.000	1.000	0.986	1.000	0.978	0.849	1.000	1.000	0.972	0.936	0.945	0.795
丽江	1.000	1.000	1.000	0.969	0.975	1.000	1.000	0.980	1.000	1.000	1.000	1.000	1.000
思茅	0.846	0.753	0.752	0.683	0.641	0.762	0.848	0.843	0.924	0.937	1.000	1.000	0.884
临沧	1.000	1.000	1.000	1.000	1.000	1.000	1.000	1.000	1.000	1.000	1.000	1.000	1.000
西安	0.938	0.966	0.919	0.924	0.928	0.940	0.991	0.969	1.000	1.000	1.000	1.000	1.000
铜川	0.935	0.833	0.801	0.723	0.983	1.000	1.000	0.970	1.000	1.000	0.952	0.879	0.887
咸阳	0.452	1.000	1.000	0.873	0.762	0.893	1.000	1.000	1.000	1.000	1.000	1.000	0.742
延安	1.000	1.000	0.958	0.858	0.808	0.748	0.694	0.712	0.769	0.802	0.852	0.857	0.809
榆林	0.897	0.912	1.000	0.783	1.000	1.000	0.873	1.000	1.000	0.939	1.000	1.000	0.960
安康	0.882	0.873	0.928	0.899	0.967	1.000	1.000	1.000	1.000	1.000	0.977	1.000	1.000
商洛	1.000	1.000	0.938	0.970	0.903	0.876	1.000	1.000	1.000	1.000	1.000	1.000	1.000
兰州	0.695	0.698	0.707	0.668	0.811	0.723	0.560	0.622	0.681	0.885	0.708	0.694	0.711
嘉峪关	0.562	0.621	0.712	0.742	0.934	1.000	0.955	0.897	0.754	0.768	0.655	0.476	1.000
白银	0.498	0.508	0.627	0.565	0.522	0.585	0.576	0.620	0.860	0.711	0.702	0.594	1.000
武威	1.000	1.000	0.966	0.919	0.866	0.894	1.000	1.000	0.877	0.957	0.980	1.000	1.000
张掖	0.797	0.773	0.868	0.863	1.000	0.927	0.803	1.000	1.000	0.971	0.852	0.873	1.000

续　表

年份 城市	2005	2006	2007	2008	2009	2010	2011	2012	2013	2014	2015	2016	2017
平凉	1.000	1.000	1.000	1.000	0.843	0.961	0.943	0.808	0.975	0.915	1.000	0.862	0.948
酒泉	0.769	0.832	0.852	0.708	0.900	0.970	0.847	0.817	1.000	0.809	0.805	0.995	0.857
庆阳	1.000	1.000	1.000	1.000	1.000	1.000	1.000	1.000	1.000	1.000	1.000	1.000	1.000
定西	1.000	1.000	1.000	1.000	1.000	1.000	1.000	1.000	1.000	1.000	1.000	1.000	1.000
西宁	0.550	0.700	0.824	0.611	0.756	0.585	0.610	0.653	0.659	0.693	0.705	0.708	0.732
银川	0.606	0.569	0.660	0.617	0.707	0.638	0.557	0.887	0.512	0.554	0.513	0.599	0.582
石嘴山	0.509	0.493	0.582	0.504	0.627	0.525	0.580	0.640	0.679	0.586	0.734	0.747	0.916
吴忠	0.708	0.691	0.837	0.677	0.707	0.758	0.836	0.769	0.751	0.774	0.840	0.802	0.862
固原	1.000	1.000	1.000	1.000	1.000	1.000	1.000	1.000	1.000	1.000	1.000	1.000	1.000
乌鲁木齐	0.887	0.826	0.764	0.702	0.753	0.736	0.856	0.636	0.652	0.700	0.732	0.627	0.685
克拉玛依	0.994	1.000	1.000	1.000	0.827	1.000	1.000	0.992	1.000	0.992	0.799	0.837	1.000

4. 城市规模效率 SE 评价结果

年份 城市	2005	2006	2007	2008	2009	2010	2011	2012	2013	2014	2015	2016	2017
北京	1.000	1.000	1.000	1.000	1.000	1.000	1.000	1.000	1.000	1.000	1.000	1.000	1.000
天津	0.797	0.840	1.000	0.951	1.000	1.000	1.000	1.000	1.000	1.000	1.000	1.000	1.000
石家庄	0.993	0.989	0.984	0.989	0.950	0.999	0.992	0.979	0.990	0.943	0.985	0.975	1.000
唐山	0.943	0.832	1.000	0.818	0.921	0.917	0.941	0.972	0.991	0.995	0.998	0.974	0.983
秦皇岛	0.991	0.999	0.872	0.972	0.963	0.954	0.924	0.893	0.916	0.893	0.953	0.929	0.880
邯郸	0.984	0.962	0.939	0.989	0.971	0.958	0.926	0.892	0.912	0.892	0.901	0.997	0.938
邢台	0.970	0.956	0.828	0.860	0.819	0.724	0.735	0.797	0.817	0.888	0.807	0.820	0.789
保定	0.988	1.000	0.842	0.977	0.995	0.988	0.991	0.990	0.983	0.979	0.957	0.985	0.949
张家口	0.979	0.999	0.908	0.897	0.934	0.909	0.820	0.836	0.868	0.861	0.844	0.836	0.865
承德	0.977	0.993	0.634	0.871	0.830	0.827	0.779	0.789	0.780	0.703	0.615	0.745	0.819
沧州	0.972	0.969	0.741	0.976	0.961	0.996	0.962	0.969	0.968	0.993	0.999	0.992	0.947
廊坊	0.989	0.990	0.697	0.953	0.971	0.943	0.900	0.847	0.897	0.918	0.991	0.989	0.870

续 表

年份 城市	2005	2006	2007	2008	2009	2010	2011	2012	2013	2014	2015	2016	2017
衡水	0.977	0.980	0.884	0.893	0.941	0.690	0.719	0.698	0.893	0.782	0.765	0.955	0.837
太原	0.989	0.976	0.975	0.981	0.986	0.980	0.974	0.994	0.983	0.976	0.975	0.958	0.892
大同	0.997	0.999	0.940	0.921	0.921	0.999	0.999	0.965	0.934	0.928	0.904	0.883	0.797
阳泉	0.962	0.894	0.814	0.780	0.730	0.729	0.730	0.752	0.740	0.755	0.787	0.698	0.692
长治	1.000	0.891	0.994	0.786	0.884	0.859	0.838	0.919	0.884	0.868	0.879	0.864	0.837
晋城	0.914	0.795	0.734	0.926	0.974	0.931	0.941	0.929	0.900	0.880	0.815	0.853	0.679
运城	1.000	1.000	1.000	0.926	0.993	0.748	0.857	0.841	0.843	0.919	0.866	0.909	0.791
忻州	0.872	0.851	0.838	0.680	0.925	0.703	0.652	0.591	0.715	0.759	0.496	0.554	0.689
临汾	1.000	1.000	1.000	0.877	0.924	0.973	0.897	0.925	0.961	0.892	0.834	0.855	0.768
吕梁	1.000	1.000	0.889	0.664	1.000	1.000	0.692	0.705	0.684	0.788	0.559	0.575	0.507
呼和浩特	1.000	1.000	1.000	1.000	1.000	1.000	1.000	1.000	1.000	1.000	1.000	1.000	1.000
包头	0.996	0.996	1.000	1.000	1.000	1.000	0.994	1.000	1.000	1.000	1.000	1.000	0.999
乌海	0.757	0.817	0.662	0.820	0.920	0.928	0.884	0.892	0.998	0.847	0.832	1.000	0.733
赤峰	0.966	0.995	0.892	0.945	0.952	0.951	0.963	0.920	0.894	0.912	0.925	0.945	0.878
通辽	0.810	0.848	0.802	0.863	0.905	0.924	0.882	0.920	0.857	1.000	0.814	0.845	0.837
呼伦贝尔	0.966	0.930	0.906	0.853	0.829	0.791	1.000	0.800	0.891	0.948	0.909	0.964	0.803
巴彦淖尔	1.000	1.000	1.000	0.931	0.915	0.946	0.937	0.884	0.784	0.910	0.897	0.973	0.715
乌兰察布	0.828	0.851	0.653	0.736	0.836	0.673	0.651	0.587	0.793	0.685	0.704	0.722	0.592
沈阳	1.000	1.000	1.000	1.000	1.000	1.000	1.000	0.900	1.000	0.984	1.000	1.000	1.000
大连	0.974	0.983	0.994	1.000	1.000	1.000	0.913	0.905	0.988	0.929	0.947	1.000	1.000
鞍山	0.992	0.944	0.929	0.976	0.988	0.988	0.996	0.944	0.903	0.894	0.878	0.927	0.908
抚顺	0.998	0.998	0.976	0.977	0.946	0.972	0.950	0.939	0.918	0.920	0.901	1.000	1.000
本溪	0.999	0.997	0.850	0.999	0.974	0.984	0.970	0.847	0.809	0.812	0.901	0.865	0.836
锦州	0.983	0.993	0.883	0.954	0.985	0.933	0.898	0.870	0.809	0.804	0.842	1.000	0.716
营口	0.993	0.877	0.841	0.991	0.961	0.984	0.972	0.979	0.958	0.977	0.904	0.950	0.869

续　表

年份城市	2005	2006	2007	2008	2009	2010	2011	2012	2013	2014	2015	2016	2017
阜新	0.844	0.825	0.670	0.860	0.857	0.819	0.794	0.779	0.756	0.818	1.000	1.000	0.742
长春	1.000	0.999	0.984	1.000	1.000	0.972	0.971	0.958	0.985	1.000	0.998	1.000	0.995
吉林	0.961	0.973	0.995	0.968	0.960	1.000	0.988	0.976	0.979	0.996	0.979	0.997	1.000
四平	0.962	0.814	0.705	0.844	0.880	0.887	0.717	0.777	0.770	0.741	0.776	0.950	0.831
通化	0.920	0.900	0.697	0.907	0.857	0.831	0.806	0.811	0.779	0.868	0.762	0.636	0.710
白山	0.962	0.879	0.949	0.918	0.927	0.976	0.803	0.773	0.743	0.731	0.706	0.788	0.823
松原	0.946	0.993	0.991	0.968	0.945	1.000	0.969	0.908	0.777	0.811	0.794	0.786	0.675
哈尔滨	1.000	1.000	1.000	1.000	0.999	1.000	0.995	0.969	1.000	1.000	1.000	1.000	1.000
鹤岗	0.951	0.973	0.881	0.808	0.841	0.763	0.656	0.656	0.501	0.735	0.672	0.497	0.564
大庆	1.000	0.976	0.929	0.943	0.950	1.000	1.000	1.000	1.000	1.000	1.000	1.000	0.987
佳木斯	1.000	1.000	1.000	1.000	1.000	1.000	1.000	1.000	1.000	0.836	0.756	0.874	0.857
七台河	0.969	0.953	0.868	0.917	0.948	0.982	0.802	0.598	0.407	0.516	0.489	0.519	0.684
黑河	0.573	0.523	0.603	0.655	0.624	0.508	0.430	0.184	0.242	0.217	0.187	0.310	0.187
绥化	1.000	1.000	0.944	0.839	0.923	0.727	0.765	0.740	0.892	0.944	0.885	0.977	0.970
上海	1.000	1.000	0.933	1.000	1.000	1.000	1.000	1.000	1.000	1.000	1.000	1.000	1.000
南京	0.930	0.927	0.927	0.904	0.881	0.914	0.852	0.848	1.000	0.956	0.984	0.974	0.988
无锡	1.000	1.000	1.000	0.986	0.997	0.948	0.924	0.939	1.000	0.991	0.945	0.971	0.996
徐州	0.958	0.916	0.993	0.931	0.991	0.999	0.977	0.997	1.000	1.000	0.994	0.965	1.000
常州	0.975	0.971	1.000	1.000	1.000	1.000	0.971	1.000	1.000	1.000	1.000	1.000	1.000
苏州	0.898	0.896	0.984	0.880	0.872	0.908	0.866	0.917	0.897	0.993	0.987	1.000	0.999
南通	1.000	0.999	0.946	0.984	0.985	0.997	0.998	0.998	0.969	0.981	0.986	0.980	0.994
连云港	0.982	0.987	0.908	0.983	0.969	0.991	0.937	0.925	0.852	0.954	0.974	0.996	0.943
淮安	0.991	0.996	0.979	0.989	0.993	0.987	0.984	0.965	0.894	0.963	0.963	0.947	0.999
盐城	0.987	1.000	1.000	0.971	0.987	0.998	0.994	0.997	1.000	0.986	0.966	0.998	0.992
扬州	0.967	0.990	0.979	0.996	0.993	1.000	1.000	1.000	1.000	1.000	1.000	0.998	1.000
镇江	0.988	0.998	0.971	0.998	0.998	0.984	0.977	0.977	0.985	0.975	0.997	0.998	1.000
泰州	0.993	0.997	0.826	0.994	0.981	0.994	0.972	0.948	1.000	0.979	0.955	0.966	0.998
宿迁	1.000	0.997	0.949	0.974	0.929	0.991	0.935	0.922	0.748	0.839	0.875	0.867	0.948

续 表

年份 城市	2005	2006	2007	2008	2009	2010	2011	2012	2013	2014	2015	2016	2017
杭州	0.952	0.940	0.932	0.979	0.983	0.974	0.962	0.986	0.957	1.000	1.000	1.000	1.000
宁波	0.913	0.923	0.961	0.945	0.931	0.988	0.991	0.987	0.992	0.975	0.998	1.000	0.998
温州	1.000	1.000	0.958	0.999	1.000	1.000	0.999	1.000	1.000	1.000	1.000	1.000	0.965
嘉兴	0.989	0.985	0.978	0.971	0.980	0.972	0.943	0.930	0.929	0.906	0.905	0.886	0.953
湖州	1.000	0.998	0.981	0.966	0.947	0.983	0.948	0.934	0.948	0.935	0.933	0.915	0.903
绍兴	0.991	0.994	0.888	0.962	0.946	0.973	0.927	0.926	0.978	0.956	0.984	0.952	0.972
金华	0.982	0.998	0.995	0.978	0.978	0.953	0.917	0.910	0.994	0.985	0.960	0.972	0.955
衢州	0.982	0.938	0.862	0.898	0.894	0.891	0.880	0.868	0.809	0.854	0.857	0.849	0.806
舟山	1.000	1.000	0.960	0.982	0.962	0.997	0.996	0.967	1.000	1.000	1.000	1.000	0.981
台州	1.000	1.000	0.984	0.996	0.984	0.975	0.970	0.966	0.963	0.962	0.966	0.946	0.925
丽水	0.898	0.864	0.755	0.819	0.772	0.852	0.806	0.829	0.940	0.955	0.878	0.806	0.726
合肥	0.995	0.998	0.970	0.982	1.000	1.000	0.896	0.959	0.955	0.933	0.979	0.999	0.988
芜湖	0.999	0.990	0.883	0.999	1.000	0.995	0.987	0.995	0.959	0.950	0.961	0.981	0.998
蚌埠	0.992	0.997	0.703	0.938	0.967	0.961	0.883	0.827	0.844	0.868	0.854	0.859	0.886
淮南	0.990	0.972	0.873	0.963	0.971	0.973	0.920	0.914	0.901	0.880	0.862	0.861	0.806
马鞍山	0.921	0.939	0.772	1.000	0.966	0.975	0.975	0.959	1.000	0.887	0.936	0.869	0.969
淮北	0.948	0.979	0.741	0.976	0.968	0.993	0.993	0.970	0.999	0.973	0.893	0.936	0.896
铜陵	0.984	0.987	0.676	0.909	0.919	0.937	0.967	0.903	0.756	0.824	0.895	0.838	0.908
安庆	0.983	0.966	0.822	0.906	0.912	0.933	0.872	0.805	0.771	0.810	0.871	0.878	0.832
黄山	0.950	0.896	0.899	0.807	0.769	0.735	0.632	0.592	0.616	0.728	0.691	0.674	0.723
滁州	0.952	0.891	0.753	0.880	0.781	0.913	0.845	0.827	0.782	0.720	0.772	0.822	0.748
阜阳	0.938	0.953	0.884	0.937	0.947	0.909	0.893	0.824	0.787	0.857	0.831	0.891	0.869
六安	0.995	0.829	0.780	0.926	0.895	0.839	0.934	0.847	0.830	0.833	0.809	0.772	0.841
池州	0.632	0.645	0.721	0.740	0.704	0.836	0.793	0.748	0.651	0.628	0.685	0.680	0.751
宣城	1.000	1.000	1.000	1.000	1.000	1.000	0.928	0.854	0.691	1.000	1.000	1.000	0.971
福州	1.000	1.000	1.000	1.000	1.000	1.000	1.000	1.000	1.000	1.000	1.000	1.000	1.000
厦门	0.993	0.998	0.976	0.976	0.962	0.925	0.930	0.906	0.965	0.965	0.925	0.852	0.905
莆田	1.000	0.991	0.984	1.000	1.000	1.000	0.977	1.000	1.000	1.000	0.846	1.000	1.000

续 表

年份 城市	2005	2006	2007	2008	2009	2010	2011	2012	2013	2014	2015	2016	2017
三明	0.703	0.797	0.734	0.721	0.688	0.787	0.684	0.706	0.643	0.681	0.727	0.657	0.664
泉州	0.999	0.993	0.973	0.987	0.991	0.997	0.952	0.999	0.995	0.992	0.984	0.979	0.965
漳州	0.979	0.973	0.810	0.907	0.936	0.948	0.986	0.869	0.879	0.847	0.888	0.856	0.825
南平	0.742	0.739	0.785	0.761	0.692	0.677	0.578	0.542	0.642	0.625	0.776	0.710	0.828
龙岩	0.933	0.955	0.932	0.909	0.934	0.906	0.918	0.893	0.803	0.869	0.911	0.878	0.940
宁德	1.000	0.812	0.815	0.713	0.677	0.743	0.777	0.789	0.743	0.696	0.684	0.776	0.819
南昌	0.925	0.998	0.900	0.975	0.982	0.991	0.982	0.981	0.970	0.986	0.998	0.995	0.976
景德镇	0.974	0.999	0.741	0.902	1.000	0.957	0.922	0.876	0.884	0.871	0.912	0.909	0.651
萍乡	0.918	0.854	0.760	0.883	0.866	0.903	0.901	0.916	0.853	0.893	0.861	0.898	0.818
九江	0.999	0.983	0.825	0.998	0.983	0.974	0.966	0.957	1.000	0.957	0.975	0.978	0.934
新余	0.937	0.934	0.810	0.985	0.950	0.920	0.982	0.970	0.921	0.884	0.891	0.904	0.906
鹰潭	0.819	0.739	0.642	0.675	0.645	0.797	0.801	0.703	0.730	0.762	0.665	0.796	0.589
赣州	0.950	0.871	0.585	0.877	0.931	0.882	0.936	0.895	0.939	0.901	0.959	0.922	0.922
吉安	0.905	0.918	0.646	0.782	0.675	0.775	0.693	0.666	0.672	0.674	0.617	0.708	0.591
宜春	0.963	0.952	0.915	0.906	0.843	0.869	0.879	0.841	0.830	0.813	0.844	0.859	0.769
抚州	0.952	0.877	0.873	0.902	0.877	0.952	0.879	0.831	0.816	0.806	0.784	0.865	0.673
上饶	0.801	0.747	0.549	0.769	0.884	0.966	0.884	0.885	0.823	0.742	0.884	0.888	0.753
济南	1.000	1.000	1.000	1.000	1.000	1.000	0.995	0.993	1.000	1.000	1.000	1.000	1.000
青岛	0.950	0.962	1.000	1.000	0.973	1.000	0.991	0.992	1.000	1.000	1.000	1.000	1.000
淄博	0.964	0.985	0.983	0.968	0.955	0.950	0.946	0.952	1.000	0.999	0.995	0.981	1.000
枣庄	0.904	0.976	0.931	0.925	0.999	0.995	0.976	0.982	0.980	0.988	0.958	0.986	0.995
烟台	1.000	1.000	1.000	1.000	1.000	1.000	0.924	0.936	1.000	0.969	0.997	1.000	0.990
潍坊	0.988	0.998	0.994	0.998	0.996	0.999	0.972	0.959	0.963	0.983	0.984	0.999	0.977
济宁	0.989	0.987	0.995	0.991	0.987	0.993	0.974	0.998	0.982	0.981	0.999	0.994	0.961
威海	0.986	0.985	0.926	0.997	0.985	0.998	0.994	1.000	0.947	0.999	0.970	0.998	1.000
日照	0.989	0.958	0.957	1.000	0.993	0.957	0.988	0.978	1.000	0.958	0.944	1.000	0.963
莱芜	0.965	0.948	0.972	0.987	0.990	0.999	0.976	0.988	1.000	0.976	0.982	0.994	1.000
临沂	0.995	0.996	0.997	0.995	0.991	0.999	0.997	0.998	0.983	0.991	0.994	0.992	0.996

续 表

年份 城市	2005	2006	2007	2008	2009	2010	2011	2012	2013	2014	2015	2016	2017
德州	0.995	0.979	0.959	0.942	0.953	0.967	0.923	0.932	1.000	0.948	0.956	0.965	0.981
聊城	0.995	0.995	0.939	0.955	0.963	0.871	0.849	0.848	0.778	0.859	0.899	0.913	0.949
菏泽	0.925	0.908	0.913	0.883	0.876	0.906	0.838	0.882	0.912	0.933	0.799	0.934	0.949
郑州	0.982	0.930	0.982	0.919	0.942	0.882	0.892	0.941	0.999	0.953	0.932	0.942	0.996
洛阳	0.987	0.998	0.955	0.989	0.985	0.998	0.991	1.000	0.994	0.970	1.000	0.998	0.976
安阳	0.999	0.991	0.930	0.861	0.891	0.888	0.835	0.928	0.977	0.915	0.874	0.842	0.888
鹤壁	0.863	0.888	0.647	0.876	0.869	0.847	0.793	0.805	0.767	0.668	0.777	0.752	0.621
新乡	1.000	1.000	0.871	0.950	0.929	0.952	0.908	0.903	0.933	0.934	0.929	0.985	0.919
濮阳	0.953	0.962	0.728	0.950	0.833	0.878	0.861	0.754	0.689	0.690	0.652	0.443	0.400
许昌	1.000	0.978	0.405	0.865	0.893	0.881	0.835	0.840	0.836	0.738	0.717	0.972	0.978
漯河	0.997	0.985	0.905	0.967	0.959	0.915	0.912	0.903	0.947	0.773	0.903	1.000	1.000
三门峡	0.738	0.769	0.691	0.639	0.688	0.586	0.530	0.694	0.657	0.610	0.626	0.911	0.810
南阳	1.000	0.966	0.970	0.980	0.987	0.963	0.955	0.945	0.935	0.937	0.914	0.868	0.926
商丘	0.909	0.820	0.922	0.892	0.859	0.787	0.786	0.880	0.935	0.890	0.896	0.772	0.900
周口	0.936	0.989	0.586	0.880	0.911	0.840	0.932	0.727	0.741	0.723	0.701	0.694	0.732
驻马店	0.999	0.978	0.696	0.924	0.865	0.805	0.719	0.707	0.750	0.690	0.646	0.603	0.607
武汉	1.000	0.921	0.962	0.953	0.936	0.998	0.923	0.933	1.000	0.974	1.000	1.000	1.000
黄石	1.000	0.954	0.767	0.907	0.882	0.830	0.901	0.871	0.863	0.892	0.862	0.869	0.860
十堰	0.999	0.984	0.899	0.934	0.953	0.897	0.901	0.859	0.865	0.892	0.834	0.873	0.753
宜昌	1.000	0.976	0.980	0.971	0.964	1.000	0.989	0.975	0.982	1.000	0.984	0.995	0.952
襄樊	1.000	0.986	0.985	0.994	0.996	0.994	0.991	0.994	0.990	0.998	0.987	0.997	0.978
鄂州	0.883	0.871	0.827	0.887	0.869	0.849	0.994	0.898	0.994	0.982	0.895	0.857	0.802
荆门	0.991	0.902	0.888	0.858	0.909	0.843	0.822	0.785	0.744	0.725	0.778	0.736	0.816
孝感	0.952	0.937	0.779	0.827	0.987	0.771	0.817	0.722	0.866	0.779	0.814	0.847	0.644
荆州	0.960	0.944	0.965	0.916	1.000	0.928	0.897	0.854	0.861	0.853	0.902	0.822	0.882
黄冈	0.862	0.867	0.610	0.852	0.748	0.883	0.910	0.717	0.694	0.802	0.720	0.711	0.548
咸宁	0.934	0.872	0.695	0.795	0.746	0.786	0.816	0.736	0.755	0.742	0.676	0.744	0.667
随州	1.000	1.000	1.000	1.000	0.916	0.867	0.846	0.860	0.895	0.809	0.862	0.866	0.958

续　表

年份 城市	2005	2006	2007	2008	2009	2010	2011	2012	2013	2014	2015	2016	2017
长沙	1.000	1.000	1.000	1.000	1.000	1.000	1.000	1.000	1.000	1.000	1.000	1.000	1.000
株洲	0.997	0.963	0.890	0.984	0.995	0.960	0.937	0.898	0.912	0.921	0.915	0.959	0.930
湘潭	0.973	0.986	0.808	0.951	0.978	0.960	0.949	0.940	0.881	0.902	0.903	0.868	0.921
衡阳	0.993	0.999	0.882	0.906	0.937	0.899	0.957	0.940	0.967	0.917	0.965	1.000	0.917
邵阳	0.971	0.942	0.605	0.900	0.895	1.000	0.798	0.805	0.791	0.760	0.789	0.849	0.709
岳阳	0.998	0.998	0.946	0.967	0.962	0.978	0.941	0.928	0.930	0.956	0.935	0.929	0.932
常德	1.000	1.000	1.000	1.000	1.000	1.000	1.000	1.000	1.000	1.000	1.000	1.000	1.000
张家界	0.869	1.000	0.880	0.944	0.613	0.844	0.833	0.826	0.841	0.706	0.749	1.000	1.000
益阳	0.987	0.942	0.973	0.892	0.934	0.969	0.973	0.958	0.895	0.908	0.884	0.922	0.865
郴州	0.918	0.987	0.995	0.948	0.942	0.933	0.954	0.916	0.931	0.955	0.941	0.897	0.905
永州	0.975	0.924	0.854	0.908	0.901	0.894	0.817	0.863	0.751	0.751	0.799	0.829	0.817
怀化	0.916	0.882	0.589	0.762	0.738	0.692	0.599	0.880	0.842	0.841	0.858	0.918	0.915
娄底	0.965	0.998	0.757	0.745	0.801	0.826	0.772	0.614	0.643	0.696	0.737	0.701	0.664
广州	1.000	1.000	1.000	1.000	1.000	1.000	1.000	1.000	1.000	1.000	1.000	1.000	1.000
韶关	0.998	1.000	0.999	0.973	0.973	0.899	0.907	0.852	0.916	0.953	0.840	0.914	0.803
深圳	1.000	1.000	1.000	1.000	1.000	1.000	1.000	1.000	1.000	1.000	1.000	1.000	1.000
珠海	0.965	0.952	0.919	0.985	0.964	0.955	0.959	0.945	0.902	0.913	0.869	0.839	0.865
汕头	1.000	1.000	1.000	1.000	1.000	1.000	1.000	1.000	1.000	0.970	1.000	1.000	0.996
湛江	0.891	1.000	1.000	1.000	1.000	1.000	1.000	1.000	1.000	1.000	1.000	0.995	1.000
茂名	1.000	1.000	1.000	1.000	1.000	1.000	1.000	1.000	1.000	1.000	1.000	1.000	0.971
惠州	0.941	0.840	0.926	0.952	0.979	0.944	0.987	0.977	0.973	0.972	0.972	0.978	0.915
梅州	0.819	0.914	0.636	0.803	1.000	0.691	0.786	0.878	1.000	0.882	0.782	0.800	0.807
阳江	1.000	1.000	1.000	1.000	0.895	0.896	1.000	0.927	0.942	0.812	0.856	0.891	0.814
清远	0.943	0.834	0.792	0.933	0.898	0.935	0.862	0.843	0.882	0.897	0.895	0.865	0.774
东莞	1.000	1.000	1.000	1.000	1.000	1.000	1.000	1.000	1.000	0.988	0.998	0.994	0.922
中山	1.000	1.000	1.000	1.000	1.000	1.000	1.000	1.000	1.000	1.000	1.000	1.000	0.996
云浮	0.630	0.658	0.534	0.598	0.532	0.561	0.526	0.529	0.523	1.000	0.918	0.530	0.550
南宁	0.969	0.895	0.936	0.971	1.000	0.997	0.995	0.985	0.976	0.986	0.983	0.959	0.950

续　表

年份 城市	2005	2006	2007	2008	2009	2010	2011	2012	2013	2014	2015	2016	2017
北海	0.995	0.986	0.889	0.942	0.855	0.981	0.918	0.941	0.851	1.000	0.965	0.908	1.000
防城港	0.738	0.796	0.860	0.827	0.890	0.873	0.911	0.809	0.706	0.797	0.796	0.842	1.000
贵港	0.949	0.955	0.985	0.879	0.918	0.873	0.817	0.760	0.822	0.804	0.854	0.918	0.817
玉林	0.998	0.978	0.900	0.886	0.901	0.974	0.868	0.789	0.819	0.831	0.813	0.844	0.824
贺州	0.876	0.652	0.659	0.750	0.704	0.705	0.787	0.599	0.597	0.611	0.753	0.685	0.611
河池	0.600	0.600	0.530	0.614	0.461	1.000	0.462	0.452	0.435	1.000	1.000	1.000	0.572
来宾	0.952	0.808	0.766	0.744	0.701	0.680	0.787	0.751	0.728	0.605	0.669	0.737	0.597
海口	1.000	1.000	1.000	1.000	1.000	1.000	1.000	1.000	1.000	1.000	0.868	1.000	1.000
三亚	0.895	1.000	1.000	1.000	1.000	1.000	1.000	1.000	1.000	1.000	1.000	1.000	1.000
重庆	0.855	0.854	0.740	0.724	0.799	0.896	0.786	0.809	0.844	0.890	0.890	0.878	0.954
成都	0.877	1.000	1.000	1.000	0.936	0.998	0.952	0.961	0.999	1.000	0.974	0.917	1.000
自贡	1.000	0.988	1.000	0.936	0.962	1.000	0.923	0.894	0.948	1.000	0.973	1.000	0.968
攀枝花	0.948	0.889	0.834	0.836	0.782	0.856	0.800	0.848	0.766	0.760	0.785	0.859	0.775
泸州	0.987	0.938	0.913	0.918	0.934	0.961	0.950	0.933	0.934	0.911	0.885	0.915	0.877
德阳	0.965	0.993	0.643	0.938	0.880	0.862	0.850	0.838	0.836	0.852	0.777	0.864	0.827
绵阳	0.972	0.984	0.947	0.989	0.967	0.999	0.979	0.942	0.936	0.913	0.882	0.941	0.908
广元	0.990	0.955	0.917	0.745	0.724	0.738	0.636	0.698	0.616	0.731	0.666	0.700	0.805
遂宁	0.916	0.847	0.830	0.907	0.918	0.907	0.826	0.741	0.771	0.777	0.641	0.732	0.784
内江	0.947	0.901	0.866	0.891	0.876	0.969	0.879	0.901	0.900	0.810	0.873	0.902	0.803
乐山	0.980	0.928	0.945	0.931	0.968	0.907	0.874	0.852	0.909	0.875	0.875	0.886	0.822
南充	0.993	0.949	0.906	0.858	0.922	0.859	0.888	0.772	0.838	0.814	0.751	0.855	0.826
眉山	0.929	0.877	0.652	0.772	0.850	0.857	0.739	0.754	0.729	0.739	0.848	0.857	0.809
宜宾	0.995	0.929	0.945	0.941	0.935	0.826	0.906	0.966	0.939	0.888	0.875	0.921	0.896
广安	0.951	0.814	0.833	0.793	0.821	0.944	0.872	0.877	0.802	0.747	0.727	0.820	0.787
达州	0.717	0.714	0.593	0.737	0.683	0.615	0.570	0.631	0.607	0.806	0.783	0.887	0.869
雅安	0.649	0.817	0.836	0.588	0.516	0.605	0.737	0.610	0.609	0.622	0.615	0.671	0.587
巴中	1.000	1.000	0.867	0.792	0.800	0.981	0.974	0.901	0.634	1.000	0.948	0.657	0.551
资阳	0.899	0.862	0.809	0.892	0.846	0.979	1.000	1.000	1.000	1.000	1.000	1.000	0.889

续　表

年份 城市	2005	2006	2007	2008	2009	2010	2011	2012	2013	2014	2015	2016	2017
贵阳	0.999	0.955	0.968	0.927	0.910	0.902	0.916	0.962	0.951	0.965	0.943	0.952	0.960
安顺	1.000	1.000	0.779	0.997	0.700	0.512	0.539	0.504	0.637	0.679	0.801	0.856	0.868
昆明	0.999	0.999	0.997	0.994	0.998	0.996	1.000	0.949	1.000	0.993	0.997	0.999	0.995
曲靖	0.999	1.000	0.976	0.976	0.890	0.899	0.891	1.000	1.000	0.955	0.954	0.989	0.978
玉溪	1.000	1.000	1.000	1.000	1.000	1.000	1.000	1.000	1.000	1.000	1.000	1.000	0.977
保山	0.868	0.869	0.865	0.742	0.666	0.720	0.657	0.759	0.734	0.636	0.652	0.755	0.659
昭通	1.000	1.000	0.896	0.718	0.722	0.796	0.707	0.699	0.742	0.686	0.723	0.763	0.751
丽江	0.485	0.475	0.493	0.482	0.411	0.490	0.508	0.459	0.534	0.444	0.567	0.589	0.396
思茅	0.797	0.670	0.622	0.596	0.553	0.596	0.588	0.623	0.531	0.421	0.430	0.447	0.416
临沧	0.963	0.923	0.804	0.723	0.694	0.511	0.549	0.631	0.683	0.476	0.697	0.673	0.620
西安	0.991	1.000	0.982	0.996	0.986	0.998	0.995	0.979	1.000	1.000	1.000	1.000	1.000
铜川	0.822	0.721	0.744	0.739	0.919	1.000	0.976	0.943	1.000	1.000	0.924	0.959	0.773
咸阳	0.970	1.000	1.000	0.975	0.974	0.962	0.933	1.000	1.000	1.000	1.000	1.000	0.817
延安	1.000	1.000	0.937	0.854	0.838	0.974	0.870	0.862	0.872	0.796	0.736	0.739	0.832
榆林	0.833	0.868	0.897	0.712	1.000	1.000	0.980	1.000	1.000	0.983	0.977	0.943	0.885
安康	0.797	0.742	0.625	0.652	0.693	0.690	0.841	0.841	0.767	0.927	0.884	0.864	0.773
商洛	0.746	0.729	0.648	0.618	0.873	0.757	0.737	0.783	0.787	0.801	0.810	0.663	0.490
兰州	0.990	0.983	0.975	0.978	0.975	0.966	0.955	0.995	0.961	0.965	0.962	0.979	0.933
嘉峪关	0.690	0.715	0.749	0.709	0.747	0.658	0.695	0.770	0.655	0.606	0.580	0.659	0.566
白银	0.929	0.933	0.725	0.862	0.767	0.693	0.664	0.680	0.598	0.622	0.622	0.786	0.508
武威	1.000	1.000	0.808	0.811	0.748	0.752	0.946	0.965	0.779	0.789	0.724	0.761	0.632
张掖	0.799	0.868	0.798	0.792	0.804	0.602	0.527	1.000	1.000	0.600	0.521	0.607	0.472
平凉	1.000	0.914	1.000	0.759	0.738	0.625	0.636	0.604	0.527	0.597	0.602	0.548	0.430
酒泉	0.686	0.671	0.697	0.698	0.789	0.834	0.805	0.776	0.708	0.637	0.547	0.502	0.521
庆阳	0.759	1.000	1.000	1.000	1.000	1.000	1.000	1.000	0.939	1.000	1.000	0.992	
定西	1.000	0.990	0.831	0.699	1.000	0.998	1.000	1.000	1.000	0.759	0.787	0.858	0.481
西宁	0.948	0.930	0.861	0.859	0.877	0.870	0.873	0.830	0.789	0.810	0.831	0.837	0.888
银川	0.933	0.984	0.941	0.963	0.977	0.964	0.965	0.884	0.951	0.951	0.975	0.952	0.923

续　表

年份 城市	2005	2006	2007	2008	2009	2010	2011	2012	2013	2014	2015	2016	2017
石嘴山	0.704	0.735	0.740	0.824	0.814	0.816	0.878	0.767	0.808	0.760	0.756	0.816	0.674
吴忠	0.654	0.655	0.399	0.464	0.461	0.384	0.426	0.532	0.527	0.501	0.574	0.572	0.626
固原	0.648	0.764	0.633	0.605	0.706	0.652	0.663	0.484	0.565	0.538	0.516	0.667	0.579
乌鲁木齐	0.977	0.997	0.997	0.992	0.999	0.991	0.994	0.994	0.981	0.991	0.981	0.992	0.973
克拉玛依	0.985	1.000	1.000	1.000	0.958	1.000	1.000	0.914	0.866	0.812	0.780	0.824	0.728

参 考 文 献

[1] UNEP. Decoupling Natural Resource Use and Environmental lmpacts from Economic Growth[R]. 2011.

[2] Camagni R, Salone C. Network Urban Structures in Northern Italy: Elements for a Theoretical Framework[J]. Urban Studies, 1993, 30(6).

[3] Castells Manuel. The Rise of the Network Society[M]. Oxford: Blackwell, 1996: 1–556.

[4] Arundel, A, Kemp R. Measuring Eco-Innovation[C]//United Nations University — Maastricht Economic and Social Research Institute on Innovation and Technology (MERIT). United Nations University — Maastricht Economic and Social Research Institute on Innovation and Technology (MERIT), 2009.

[5] Grossman, G. M., Krueger, A. B. Environmental Impact of a North American Free Trade Agreement[Z]. NBER Working Paper, 1991, No. 3914.

[6] Panayotou, T. Empirical Tests and Policy Analysis of Environmental Degradation at Different Stages of Economic Development [Z]. International Labour Office Technology and Employment Programme, Working Paper, 1993, WP238.

[7] Costanza, R, et al. Modeling Complex Ecological Economic Systems: Toward an evolutionary, dynamic understanding of people and nature[J]. BioScience, 1993, 43(8).

[8] Cole, M. A. Limits to Growth, Sustainable Development and Environmental Kuznets

Curve: An Examination of Environmental Impact of Economic Development[J]. Sustainable Development, 1999, (7).

[9] Vukina, T., Beghin J. C., Solakoglu, E. G. Transition to Markets and the Environment Effects of the Change in the Composition of Manufacturing Output [J]. Environment and Development Economics, 1999, 4(4).

[10] Chavas, J. P. On Impatience, Economic Growth and the Environmental Kuznets Cutve: a Dynamic Analysis of Resource Management[J]. Environmental and Resource Economics, 2004, (28).

[11] Hettige, H., Dasgupta S., Wheeler, D. What Improves Environmental Compliance? Evidence from Mexico Industry [J]. Journal of Environmental Economics and Management, 2000, 39(1).

[12] Torras. M., Boyce, J. K. Income Inequality, and Pollution: a Reassessment of the Environmental Kuznexs Curve[J]. Ecological Economics, 1998, (25).

[13] Dinda, S. A Theoretical Basis for the Environmental Kuznets Curve[J]. Ecological Economics, 2005, (53).

[14] Rebecca M. Henderson, Kim B. Clark. Architectural Innovation: The Reconfiguration of Existing Product Technologies and the Failure of Established Firms[J].1990.

[15] Pelin Demirel, Effie Kesidou, Stimulating different types of eco-innovation in the UK: Government policies and firm motivations[J]. Ecological Economics, 2011, 3.

[16] ZHU J. Data envelopment analysis vs principal component analysis: an illustrative study of economic performance of Chinese cities[J]. European journal of operational research, 1998, 111.

[17] Charnes A, Cooper W W, Li S. Using data envelopment analysis to evaluate efficiency in the economic performance of Chinese cities[J]. Socio-Economic Planning Sciences, 2006, 23(6).

[18] A. Charnes, W. W. Cooper, E. Rhodes. Evaluating Program and Managerial Efficiency: An Application of Data Envelopment Analysis to Program Follow Through[J]. Management Science, 2011, 27(6).

[19] Charnes A, Cooper W W, Rhodes E. Evaluating Program and Managerial Efficiency:

An Application of Data Envelopment Analysis to Program Follow Through[M]. INFORMS, 1981.

[20] Kaoru Tone. A slacks-based measure of efficiency in data envelopment analysis [J]. European Journal of Operational Research, 2001, 130(3).

[21] Tone K. A slacks-based measure of super-efficiency in data envelopment analysis [J]. European Journal of Operational Research, 2002, 143(1).

[22] Per Andersen, Niels Christian Petersen. A Procedure for Ranking Efficient Units in Data Envelopment Analysis[J]. Management Science, 1993, 39(10).

[23] Reid & M. Miedzinski, 2008; OECD, 2009.

[24] Our Towns and Cities: The Future. Department for Communities and Local Government[R/OL]. (2006)[2011-12-20]. http://www.eukn.org/dsresource?objectid=153726.

[25] Manchester City Council. The Manchester Community Strategy 2002-2012[R]. Manchester City Council, Manchester, 2002.

[26] Leeds City Council/Leeds TEC. The Leeds Economy Handbook 2000[R]. Leeds City Council/Leeds TEC, Leeds, 2000.

[27] Roseland M. Dimensions of the Future: An Eco-city Overview. Eco-city Dimensions, Edited by Roseland[M]. New Society Publishers, 1997.

[28] Skaa A P, Zawadzki K, et al. Evaluation of the Bio-indicator Suitability of Polygonum Avicul Are in Urban Areas[J]. Ecological Indicators, 2013, 24.

[29] Kennedy C, Sgouridis S. Rigorous Classification and Carbon Accounting Principles for Low and Zero Carbon Cities[J]. Energy Policy, 2011, 39.

[30] Berke D Godschalk. Searching for the Good Plan: A Meta-Analysis of Plan Quality Studies[J]. Journal of Planning Literature, 2009, 23(3).

[31] Metro's Regional Framework Plan(RFP)-Sumary of 2040 Growth Concept.

[32] The City of New York. One New York — The Plan for a Strong and Just City [Z]. nyc.gov/onenyc.

[33] Urban Land Institute, Reality Check: A Guide for District Councils[R]. Washington, D.C., 2007.

[34] Yanitsky, The city and ecology[M]. Moskow, Nanka, 1987.

[35] Richard Rdgister, Ecocity: Berkeley[M]. North Atlantic Books, U. S. A. 1987.

[36] Register R. Eco-city Berkeldy: Building Cities for A Healthier Future[M].CA: North Atlantic Books, 1987.

[37] Deng Ling. Liu DengJuan. Practices and Exploration of the Ecological Civilization Development Road with Chinese Characteristics Written at the 20th Anniversary of Rio Declaration[C]. Proceedings of International Conference on Social Science and Environmental Protection(SSEP), 2012-11-9.

[38] Erling Holden. Ecological footprints and sustainable urban form[J]. Journal of Housing and the Built Environment, 2004, 19(1).

[39] Kim Nam-choon. Ecological restoration and revegetation works in Korea[J]. Landscape and Ecological Engineering, 2005, 1(1).

[40] De Groot, H. L. F., Withagen, C. A., Zhou, M. Dynamics of China's Regional Development and Pollution: an Investigation into the Environmental Kuznets Curve [J]. Environment and Development Economics, 2004, (9).

[41] Arrow, K., Bolin, B, et al. Economic Growth, Carrying Capacity and the Environment [J]. Science, 1995, (268).

[42] Lieb, C. M. The Environmental Kuznets Curve and Flow versus Stock Pollution: the Neglect of Future Damages[J]. Environmental & Resource Economics, 2004, (29).

[43] Maddison, D. Environmental Kuznets Curve: A Spatial Econometric Approach [J]. Journal of Environmental Economics & Management, 2006, 51(2).

[44] Egli, H., Steger, T. M. A Dynamic Model of the Environmental Kuznets Curve: Turning Point & the Public Policy[J]. Environmental & Resource Economics, 2007, (36).

[45] Daly, H. E. J. Cobb. For The Common Good: Redirecting the Economy Towards Community, the Environment, and a Sustainable Future[M]. Boston, Beacon Press, 1989.

[46] Lafferty W M, Eckerberg K. From the earth summit to local agenda 21: working towards sustainable development[J]. Earthscan Library Collection, 1998, 26(1).

[47] Lawn P A, Sanders R D. Has Australia surpassed its optimal macroeconomic scale? Finding out with the aid of "benefit" and "cost" accounts and a sustainable net benefit index[J]. Ecological Economics, 1999, 28(2).

[48] Philip A. Lawn. An Assessment of the Valuation Methods Used to Calculate the Index of Sustainable Economic Welfare (ISEW), Genuine Progress Indicator (GPI), and Sustainable Net Benefit Index (SNBI)[J]. Environment, Development and Sustainability, 2005, 7(2).

[49] Bruyninckx H. Sustainable Development: the Institutionalization of a Contested Policy Concept[M]. Palgrave Advances in International Environmental Politics. Palgrave Macmillan UK, 2006.

[50] Happaerts S. Sustainable development and subnational governments: Going beyond symbolic politics?[J]. Environmental Development, 2012, 4.

[51] Steve Connelly. Mapping Sustainable Development as a Contested Concept[J]. Local Environment, 2007, 12(3).

[52] Bruyn S M D, J. C. J. M van den Bergh, Opschoor J B. Economic growth and emissions: reconsidering the empirical basis of environmental Kuznets curves[J]. Ecological Economics, 1998, 25(2).

[53] Tapio P. Towards a theory of decoupling: degrees of decoupling in the EU and the case of road traffic in Finland between 1970 and 2001[J]. Transport Policy, 2005, 12(2).

[54] 构建人与自然和谐发展的现代化建设新格局——党的十八大以来生态文明建设的理论与实践[J].环境经济,2016,(Z4).

[55] 中华人民共和国中央人民政府.国家新型城镇化规划(2014—2020)[Z].2014-3-16.

[56] 党的中央国务院关于加快推进生态文明建设的意见[N].人民日报,2015-5-6(1).

[57] 习近平.绿水青山就是金山银山[N].人民日报,2016-5-9(9).

[58] 胡锦涛.高举中国特色社会主义伟大旗帜　为夺取全面建设小康社会新胜利而奋斗[R].中国共产党第十七次全国代表大会上的报告,2007-10-15.

[59] 胡锦涛.坚定不移沿着中国特色社会主义道路前进　为全面建成小康社会而奋斗[R].中国共产党第十八次全国代表大会上的报告,2012-11-8.

[60] "十三五"生态环境保护规划[J].环境经济,2016,(ZA).

[61] 新一轮棚改在提速[N].人民日报,2014-8-18(2).

[62] 刘国光.中外城市知识辞典[M].北京：中国城市出版社,1991.

[63] 张良,戴扬.经济转型理论研究综述[J].开放导报,2006(6).

[64] [英]K.J.巴顿.城市经济学：理论和政策[M].北京：商务印书馆,1984.

[65] [美]沃纳·赫希.城市经济学[M].北京：中国社会科学出版社,1990.

[66] [日]山田浩之.城市经济学[M].大连：东北财经大学出版社,1991.

[67] 邓玲.努力探索中国特色生态文明发展道路[N].中国社会科学报,2012-3-22.

[68] [比]热若尔·罗兰.转型与经济学[M].北京：北京大学出版社,2002.

[69] 邓南圣,吴峰.工业生态学——理论与应用[M].北京：化学工业出版社,2002.

[70] 刘建萍.刘宗波.建设美丽中国 实现永续发展[N].光明日报,2013-1-5.

[71] 夏光.对生态文明的两点理论认识[N].中国科学报,2012-12-3.

[72] 胡鞍钢,周绍杰.绿色发展：功能界定、机制分析与发展战略[J].中国人口·资源与环境,2014(1).

[73] 世界银行.1992年世界发展报告：发展与环境[M].北京：中国财政经济出版社,1992.

[74] 王雅莉,张明斗.慢城、竞争性城市化与城市绿色转型[J].理论探讨,2012(4).

[75] 李玲,仇方道,朱传耿,马随随.城市发展转型研究进展及展望[J].地域研究与开发,2012,31(2).

[76] 李彦军,叶裕民.城市发展转型问题研究综述[J].城市问题,2012,(5).

[77] 仇保兴.城市生态化改造的必由之路——重建微循环[J].城市观察,2012(6).

[78] 刘平.文化创意驱动城市转型发展的模式及作用机制[J].社会科学,2012(7).

[79] 李鹏梅.我国工业生态化路径研究[D].天津：南开大学,2012.

[80] 任俊霖,谭霞.知识城市：中国城市转型的路径选择[J].重庆科技学院学报(社会科学版),2011(21).

[81] 娄玉芹.环境友好型社会视野中的循环经济[J].科技管理研究,2008(6).

[82] 邓华,段宁."脱钩"评价模式及其对循环经济的影响[J].中国人口·资源与环境,2004(6).

[83] 佘群芝.环境库兹涅茨曲线的理论批评综论[J].中南财经政法大学学报,2008(1).

[84] 李程骅.国际城市转型的路径审视及对中国的启示[J].华中师范大学学报(人文社会

科学版),2014,53(2).

[85] 李程骅.现代服务业推动城市转型:战略引领与路径突破[J].江海学刊,2012(2).

[86] 柳泽,周文生,姚涵.国外资源型城市发展与转型研究综述[J].中国人口资源与环境,2011(11).

[87] 许信胜,牛妍.资源型城市经济转型的国际经验和对我国的启示[J].兰州交通大学学报(社会科学版),2005(10).

[88] 赵新宇,等.论资源枯竭型地区接续替代产业的选择原则[J].当代经济研究,2009(7).

[89] 李洁,王琴梅.人力资本积累视角下的资源枯竭型城市的经济转型[J].中国经贸导刊,2010(14).

[90] 张慧琴.山西煤炭资源型城市发展中的问题和对策[J].大众商务,2010(2).

[91] 杨东峰,殷成志.如何拯救收缩的城市:英国老工业城市转型经验及启示[J].国际城市规划,2013(6).

[92] 石敏俊,李元杰,张晓玲,相楠.基于环境承载力的京津冀雾霾治理政策效果评估[J].中国人口·资源与环境,2017,27(9).

[93] 蔡萌,汪宇明.基于低碳视角的旅游城市转型研究[J].人文地理,2010(5).

[94] 高莉.基于智慧型低碳旅游的旅游城市转型研究[J].中外企业家,2013(14).

[95] 刘力.可持续发展与城市生态系统物质循环理论研究[D].长春:东北师范大学,2002.

[96] 董宪军.生态城市研究[D].北京:中国社会科学院研究生院,2000.

[97] 原华君.生态城市的概念及发展回顾[A].中国地理学会2004年学术年会暨海峡两岸地理学术研讨会论文摘要集[C].2004.

[98] 魏后凯.论中国城市转型战略[J].城市与区域规划研究,2011(1).

[99] 沈清基,顾贤荣.绿色城镇化发展若干重要问题思考[J].建设科技,2013(5).

[100] 吴良镛.21世纪建筑学的展望[J].城市规划,1998(6).

[101] 程伟.探寻城市发展的新模式——生态城市[J].中国建设信息,2005(17).

[102] 张文博,邓玲,尹传斌."一带一路"主要节点城市的绿色经济效率评价及影响因素分析[J].经济问题探索,2017(11).

[103] 全国主体功能区划,转引自吉林省人民政府关于印发吉林省主体功能区规划的通知[N].吉林政报,2013-8-15.

[104] 朱晓娟,环保模范城市离生态城市还有多远——浅谈青岛的生态城市建设规划

[J].生态经济(学术版),2006(2).

[105] 杨伟,宗跃光.生态城市理论研究述评[J].生态经济,2008(5).

[106] 马世骏,王如松.社会—经济—自然复合生态系统[J].生态学报,1984,4(1).

[107] 王如松.城市生态学.现代生态学透视,马世骏主编[M].北京:科学出版社,1990.

[108] 王如松.高效.和谐——城市生态调控原则与方法[M].长沙:湖南教育出版社,1988.

[109] 黄光宇,陈勇.论城市生态化与生态城市[J].城市环境与生态城市,1999.12(6).

[110] 黄光宇,陈勇.生态城市概念及其规划设计方法研究[J].城市规划,1997(6).

[111] 陈予群,生态城市建设的思路和对策[J].生态经济,1997(3).

[112] 黄肇义.杨东援.国内外生态城市理论研究综述[J].城市规划.2001,25(1).

[113] 仁倩岚.生态城市:城市可持续发展模式浅议[J].长沙大学学报,2000,14(2).

[114] 李铁.生态城市看着绿远远不够[J].环境经济,2013(10).

[115] 杨保军,董珂.生态城市规划的理念与实践——以中新天津生态城总体规划为例[J].城市规划,2008(8).

[116] 王建国.生态原则与绿色城市设计[J].建筑学报,1997(7).

[117] 曲格平.建立城市循环经济体系[J].经济工作导刊,2001(5).

[118] 韩强.绿色城市的人文底蕴[J].广东社会科学,2003(4).

[119] 魏后凯,张燕.全面推进中国城镇化绿色转型的思路与举措[J].经济纵横,2011(9).

[120] 梁俊强,梁浩.新型城镇化的重要模式——绿色建筑产业新城[J].建设科技,2013(7).

[121] 彭伟明,邹辉霞.全面推进城镇化的绿色转型[N].光明日报,2013-5-12(7).

[122] 田文富.生态文明建设的路径选择探析[J].辽宁师范大学学报(社会科学版),2008(2).

[123] 方发龙.生态文明背景下区域经济增长方式的转变[J].经济体制改革,2008(6).

[124] 郑文婷.试论生态文明的产业结构[J].学理论,2010(12).

[125] 李慧明,左晓利,王磊.产业生态化及其实施路径选择[J].南开学报(哲学社会科学版),2009(3).

[126] 侯君舒.实施生态文明战略 走可持续发展道路[J].前线,2008(3).

[127] 肖洪.城市生态建设与城市生态文明[J].生态经济,2004(7).

[128] 何天祥,廖杰,魏晓.城市生态文明综合评价指标体系的构建[J].经济地理,

2011(11).

[129] 董战峰,杨春玉,吴琼,高玲,葛察忠.中国新型绿色城镇化战略框架研究[J].生态经济,2014,30(2).

[130] 张许颖,黄匡时.以人为核心的新型城镇化的基本内涵、主要指标和政策框架[J].中国人口.资源与环境,2014,24(S3).

[131] 宋连胜,金月华.论新型城镇化的本质内涵[J].山东社会科学,2016(4).

[132] 汪泽波,陆军,王鸿雁.如何实现绿色城镇化发展?——基于内生经济增长理论分析[J].北京理工大学学报(社会科学版),2017,19(3).

[133] 李志英,王勇华,陈菁华.推进城市生态化建设,构建生态文明城市[J].科技信息(科学教研),2007(28).

[134] 任致远.关于城市生态文明建设的拙见[J].上海城市规划,2013(1).

[135] 王如松.城市生态文明的科学内涵与建设指标[J].前进论坛,2010(10).

[136] 王杰.中国城市生态文明建设的问题及出路[J].郑州大学学报(哲学社会科学版),2015,48(2).

[137] 陈剑.大力调整产业结构 建设生态文明城市[J].投资北京,2007(11).

[138] 汪涛.资源型城市走生态文明之路的路径选择——以安徽省铜陵市为例[J].科技资讯,2007(34).

[139] 吴奇修.资源性城市竞争力的重塑和提升[M].北京:北京大学出版社,2008.

[140] 钱振华,成刚.数据包络分析SBM超效率模型无可行解问题的两阶段求解法[J].数学的实践与认识,2013,43(5).

[141] 张颖照.城市转型与服务业发展:国际经验与启示[R].中国服务业发展报告No.8——服务业:城市腾飞的新引擎,北京:社会科学文献出版社,2010.

[142] 杨东峰,殷成志.如何拯救收缩的城市:英国老工业城市转型经验及启示[J].国际城市规划,2013(6).

[143] 陈柳钦.低碳城市发展的国外实践[J].环境保护与循环经济,2011(1).

[144] 蒋荷新,邓继光.全球城市产业结构演变规律及上海的差距——教育结构视角[J].城市发展研究,2015,22(2).

[145] 刘德清.太原:一个老工业城市的转型之路[J].中国城市经济,2009(9).

[146] 太原市人民政府.太原市国民经济和社会发展第十一个五年规划纲要[Z].2006-

5-11.

[147] 费洪平,李淑华.我国老工业基地改造的基本情况及应明确的若干问题[J].宏观经济研究,2000(5).

[148] 高伯文.改革开放以来老工业基地改造的路向选择与分析[J].中国经济史研究,2008(4).

[149] 国务院办公厅.关于中部六省比照实施振兴东北地区等老工业基地和西部大开发有关政策范围的通知[Z].2007-1-1.

[150] 国家发展和改革委员会.国务院振兴东北地区等老工业基地领导小组办公室.东北地区振兴规划[Z].2007-8-20.

[151] 金凤君,陈明星."东北振兴"以来东北地区区域政策评价研究[J].经济地理,2010(8).

[152] 新华网.老工业基地沈阳在振兴战略中转型崛起[EB/OL].http://news.xinhuanet.com/local/2012-08/11/c_11 2693350.htm,2012-8-11.

[153] 王国锋.信息经济是浙江转型升级的战略选择[N].浙江日报,2014-6-25.

[154] 徐埔.瞄准经济转型发展的着力点[N].杭州日报,2014-7-17.

[155] 新华网.贵阳云岩区东线打造全国首个清洁能源低碳节能示范区[EB/OL].2012-4-18.http://www.gz.xinhuanet.com/2008htm/xwzx/2012-4/18/content_25087053_1.htm.

[156] 香宝.贵阳市生态功能区划[M].中国环境科学出版社,2010.

[157] 科技传媒网.城市——能源革命最好的"实验室"[EB/OL].http://www.itmsc.cn/archives/view-126285-1.html.2016-10-11.

[158] 蔡博峰.世界城市碳排放总量控制和交易体系的启示[J].环境保护,2011(23).

[159] 徐雪,罗勇.中国城市的绿色转型与繁荣[J].经济与管理研究,2012(9).

[160] 诸大建.中国城市如何实现绿色转型[N].解放日报,2013-10-6.

[161] 刘纯彬,张晨.资源型城市绿色转型内涵的理论探讨认[J].中国·人口资源与环境,2009(5).

[162] 朱远.城市发展的绿色转型:关键要素识别和推进策略选择[J].东南学术,2011(5).

[163] 王艳秋,胡乃联,周永占.资源型城市绿色转型的行为协调研究——基于多维博弈视角[J].经济与管理研究,2012(9).

[164] 王艳秋,胡乃联,苏以权.我国资源型城市绿色转型能力评价[J].技术经济,2012(5).

[165] 卢强,吴清华,周永章,周慧杰.广东省工业绿色转型升级评价的研究[J].中国人口资源与环境,2013(7).

[166] 肖宏伟,李佐军,王海芹.中国绿色转型发展评价指标体系研究[J].当代经济管理,2013(8).

[167] 肖文,王平.我国城市经济增长效率与城市化效率比较分析[J].城市问题,2011(2).

[168] 戴永安,董刚.基于三阶段 DEA 模型的中国城市效率研究[J].技术经济,2012,31(7).

[169] 李艳军,华民.中国城市经济的绿色效率及其影响因素研究[J].城市与环境研究,2014(2).

[170] 卢丽文,宋德勇,李小帆.长江经济带城市发展绿色效率研究[J].中国人口·资源与环境,2016,26(6).

[171] 李永立,吴冲.考虑非期望产出弱可处置性的随机 DEA 模型[J].管理科学学报,2014,17(9).

[172] 张军,章元.对中国资本存量 K 的再估计[J].经济研究,2003(7).

[173] 李培,邓慧慧.京津冀地区人口迁移特征及其影响因素分析[J].人口与经济,2007(6).

[174] 邵军,徐康宁.我国城市的生产率增长、效率改进与技术进步[J].数量经济技术经济研究,2010,27(1).

[175] 聂玉立,温湖炜.中国地级以上城市绿色经济效率实证研究[J].中国人口·资源与环境,2015(S1).

[176] 成钢.数据包络分析方法与 MaxDEA 软件[M].北京:知识产权出版社,2014.

[177] H.钱纳里,M.赛尔昆.城市发展的格局:1950—1970[M].北京:中国财政经济出版社,1989.

[178] 蔡孝箴.城市经济学[M].天津:南开大学出版社,1998.

[179] 戴维·皮尔斯.现代经济学词典[M].北京:北京航空航天大学出版社,1988.

[180] 张银银.创新驱动长三角地区产业结构升级研究[D].成都:四川大学,2014.

[181] 诸大建.基于 PSR 方法的中国城市绿色转型研究[J].同济大学学报(社会科学版),2011(4).

[182] 赵民,陶小马.城市发展和城市规划的经济学原理[M].北京:高等教育出版社,2001.

[183] 张婷麟,孙斌栋.全球城市的制造业企业部门布局及其启示——纽约、伦敦、东京和上海[J].城市发展研究,2014,21(4).

[184] 李程骅.中国城市转型研究[M].北京:人民出版社,2013.

[185] 邓玲,张文博.合理借鉴发达国家经验[N].人民日报,2014-11-16(5).

[186] 范芝芬.城市规模分布与中国城市体系的垂直和水平扩张[M].许学强.中国乡村城市转型与协调发展.北京:科学出版社,1996.

[187] 纪爱华.基于生态城市的城市最优规模理论研究与实证分析[D].青岛:中国海洋大学,2014.

[188] 宋彦,唐瑜,丁国胜,陈燕萍.规划文本评估内容与方法探讨——以美国城市总体规划文本评估为例[J].国际城市规划,2015(S1).

[189] 章征涛,宋彦,阿纳博·查克拉博蒂.公众参与式情景规划的组织和实践[J].国际城市规划,2015(5).

[190] 张伟,张宏业等.生态城市建设评价指标体系构建的新方法——组合式动态评价法[J].生态学报,2014(8).

[191] 王云,陈美玲等.低碳生态城市控制性详细规划的指标体系构建与分析[J].城市发展研究,2014(1).

[192] 王伟.生态城市评价指标体系及应用研究[J].西北大学学报(自然科学版),2011(8).

[193] 吴颖婕.中国生态城市评价指标体系研究[J].生态经济,2012(12).

[194] 李海龙,于立.中国生态城市评价指标体系构建研究[J].城市发展研究,2011,7(18).

[195] 许华,司家玮.聚焦生态城市建设[J].生态经济,2016(3).

[196] 中国城市科学研究会.中国生态城市发展现状与态势[R].2013-6-25.

[197] 蒋艳灵,刘春腊.中国生态城市理论研究现状与实践问题思考[J].地理研究,2015(12).

[198] 叶文虎.迈向生态文明时代[N].中国科学报,2012-12-3.

[199] 刘湘溶.我国生态文明发展战略研究[M].北京:人民出版社,2013.

[200] 陆小成.中国城市绿色转型:内涵阐释与主体选择[J].唐山学院学报,2013(4).

[201] 沈清基.论基于生态文明的新型城镇化[J].城市规划学刊.2013(1).

[202] 刘湘溶,罗常军.努力走向社会主义生态文明新时代[N].光明日报,2012-12-1.

[203] 仇保兴.兼顾理想与现实——中国低碳生态城市指标体系构建与实践示范初探

[M].北京：中国建筑工业出版社,2012.

[204] 李娟.中国特色社会主义生态文明建设研究[M].北京：经济科学出版社,2013.

[205] 沈满洪,程华.陆根尧.生态文明建设与区域经济协调发展战略研究[M].北京：科学出版社,2012.

[206] 郇庆治.城市可持续性与生态文明：以英国为例[J].马克思主义与现实,2008(2).

[207] 秦诗立.智慧经济：正待开辟的大蓝海[N].浙江日报,2014-7-10(9).

[208] 李康.生态文明与城市生态化[J].城市发展研究,2004(5).

[209] 胡晓琳.中国省际环境全要素生产率测算、收敛及其影响因素研究[D].南昌：江西财经大学,2016.

[210] 陈晨,夏显力.基于生态足迹模型的西部资源型城市可持续发展评价[J].水土保持研究,2012,19(1).

[211] 刘学谦.杨多贵.周志田.可持续发展前沿问题研究[M].北京：科学出版社,2010.

[212] 吴健生,李萍,张玉清.基于生态足迹的城市地域可持续发展能力评价——以深圳为例[J].资源科学,2008(6).

[213] 康晓光.马庆斌.城市竞争力与城市生态环境[M].北京：化学工业出版社,2007.

[214] 高伯文,改革开放以来老工业基地改造的路向选择与分析[J].中国经济史研究,2008(4).

[215] 邓玲.我国生态文明发展战略及其区域实现[M].北京：人民出版社,2014.

[216] 张文博,邓玲.基于目标——行动路线的生态城市实现路径研究[J].经济问题,2017(8).

[217] 张晨.我国资源型城市绿色转型复合系统研究[D].天津：南开大学,2010.

[218] 李晓燕,邓玲.城市低碳经济综合评价探索——以直辖市为例[J].现代经济探讨,2010(2).人大复印资料全文转载.

[219] 蒋正华,安和平."新常态"视域下贵阳市生态文明建设研究[J].改革与开放,2017(1).

[220] 胡彪,王锋,李健毅,等.基于非期望产出SBM的城市生态文明建设效率评价实证研究——以天津市为例[J].干旱区资源与环境,2015,29(4).

[221] 张兵.长波框架下美国经济走势分析[J].世界经济研究,2011(8).

[222] 卫兴华.创新驱动与转变发展方式[J].经济纵横,2013(7).

[223] 尤芬,胡惠林.论技术长波理论与文化产业成长周期[J].上海交通大学学报(哲学社

会科学版),2007(4).

[224] 张景奇,孙萍,徐建.我国城市生态文明建设研究述评[J].经济地理,2014,34(8).

[225] 蓝庆新,彭一然,冯科.城市生态文明建设评价指标体系构建及评价方法研究——基于北上广深四城市的实证分析[J].财经问题研究,2013(9).

[226] 金英姬,宋玉霞,陈艳.我国资源型城市推进生态文明建设的探讨——以煤炭城市为例[J].经济问题探索,2013,26(5).

[227] 刘志林,戴亦欣,董长贵,等.低碳城市理念与国际经验[J].城市发展研究,2009,16(6).

[228] 单卓然,黄亚平."新型城镇化"概念内涵、目标内容、规划策略及认知误区解析[J].城市规划学刊,2013(2).

[229] 陈勇.生态城市理念解析[J].城市发展研究,2001(1).

[230] 李迅,刘琰.低碳、生态、绿色——中国城市转型发展的战略选择[J].城市规划学刊,2011(2).

[231] 李萌,李学锋.中国城市时代的绿色发展转型战略研究[J].社会主义研究,2013(1).

[232] 杜受祜.气候变化下我国城市的绿色变革与转型[J].社会科学研究,2014(6).

[233] 石敏俊,刘艳艳.城市绿色发展:国际比较与问题透视[J].城市发展研究,2013,20(5).

[234] 韩艳萍,于浩.太原市政府绿色治理的创新实践[J].山西财经大学学报,2011(s4).

[235] 李琳,刘莹.中三角城市群与长三角城市群绿色效率的动态评估与比较[J].江西财经大学学报,2015(3).

[236] 李平.环境技术效率、绿色生产率与可持续发展:长三角与珠三角城市群的比较[J].数量经济技术经济研究,2017(11).

[237] 张庆费.城市绿色网络及其构建框架[J].城市规划学刊,2002(1).

[238] 仇保兴.从绿色建筑到低碳生态城[J].城市发展研究,2009,16(7).

[239] 莫琳,俞孔坚.构建城市绿色海绵——生态雨洪调蓄系统规划研究[J].城市发展研究,2012,19(5).

[240] 尹海伟,徐建刚.上海公园空间可达性与公平性分析[J].城市发展研究,2009,16(6).

[241] 周艳妮,尹海伟.国外绿色基础设施规划的理论与实践[J].城市发展研究,2010,17(8).

[242] 周毅.中国城市化特征描述、分析与评价[J].甘肃社会科学,2010(3).

[243] 单卓然,黄亚平."新型城镇化"概念内涵、目标内容、规划策略及认知误区解析[J].城市规划学刊,2013(2).

[244] 方时姣.以生态文明为基点转变经济发展方式[J].经济管理,2011(6).

[245] 刘东,封志明,杨艳昭.基于生态足迹的中国生态承载力供需平衡分析[J].自然资源学报,2012(4).

[246] 黄勤,杨爽.通过产业转型升级加快推进新型城镇化建设[J].经济纵横,2014(1).

[247] 孙毅,景普秋.资源型区域绿色转型模式及其路径研究[J].中国软科学,2012(12).

[248] 王小鲁.中国城市化路径与城市规模的经济学分析[J].经济研究,2010(10).

[249] 凌亢,王浣尘,刘涛.城市经济发展与环境污染关系的统计研究——以南京市为例[J].统计研究,2001,18(10).

[250] 陈钊,陆铭.从分割到融合:城乡经济增长与社会和谐的政治经济学[J].经济研究,2008(1).

[251] 卫兴华,侯为民.中国经济增长方式的选择与转换途径[J].经济研究,2007(7).

[252] 李锴,齐绍洲.贸易开放、经济增长与中国二氧化碳排放[J].经济研究,2011(11).

[253] 肖龙,侯景新,肖叶甜.基于卡马格尼模型的有效城市规模研究——以中国81个城市为样本的实证分析[J].人文地理,2017(5).

[254] 杨孟禹,蔡之兵,张可云.中国城市规模的度量及其空间竞争的来源——基于全球夜间灯光数据的研究[J].财贸经济,2017,38(3).

[255] 陶爱萍,江鑫.城市规模对劳动生产率的影响——以中国267个城市为例[J].城市问题,2017(8).

[256] 刘修岩,李松林.房价、迁移摩擦与中国城市的规模分布——理论模型与结构式估计[J].经济研究,2017(7).

[257] 陈志端.新型城镇化背景下的绿色生态城市发展[J].城市发展研究,2015,22(2).

[258] 尚勇敏,曾刚,倪外,等.中国典型城市经济增长方式的特征与选择[J].经济与管理研究,2015(2).

[259] 邓智团.经济欠发达城市如何应对快速城市化——巴西库里蒂巴的经验与启示[J].城市发展研究,2015,22(2).

[260] 王永芹.中国城市绿色发展的路径选择[J].河北经贸大学学报,2014(3).

[261] 裴雪姣.国外城市绿色管理的经验及对中国的启示[J].湖北社会科学,2012(11).

图书在版编目(CIP)数据

生态文明建设视域下城市绿色转型的路径研究 / 张文博著 .— 上海：上海社会科学院出版社，2022
ISBN 978 - 7 - 5520 - 3548 - 3

Ⅰ.①生… Ⅱ.①张… Ⅲ.①城市经济—绿色经济—转型经济—研究—中国 Ⅳ.①F299.21

中国版本图书馆 CIP 数据核字(2021)第 064280 号

生态文明建设视域下城市绿色转型的路径研究

著　　者：张文博
责任编辑：熊　艳
封面设计：周清华
出版发行：上海社会科学院出版社
　　　　　上海顺昌路 622 号　邮编 200025
　　　　　电话总机 021 - 63315947　销售热线 021 - 53063735
　　　　　http://www.sassp.cn　E-mail:sassp@sassp.cn
排　　版：南京展望文化发展有限公司
印　　刷：上海天地海设计印刷有限公司
开　　本：710 毫米×1010 毫米　1/16
印　　张：15.75
字　　数：227 千
版　　次：2022 年 2 月第 1 版　2022 年 2 月第 1 次印刷

ISBN 978 - 7 - 5520 - 3548 - 3/F・656　　　　　定价：88.00 元

版权所有　翻印必究